本书系湖南省哲学社会科学基金一般项目"湖南民族地区文化与旅游融合发展研究"（项目编号：18YBA352）、怀化学院科学研究项目"新时代湖南民族地区文化与旅游融合发展的路径研究"（项目编号：HHUY2019-16）的阶段性研究成果。

| 光明社科文库 |

新时代湖南民族地区
文化与旅游融合发展研究

田光辉　姜又春◎著

光明日报出版社

图书在版编目（CIP）数据

新时代湖南民族地区文化与旅游融合发展研究 ／ 田
光辉，姜又春著 . -- 北京：光明日报出版社，2020.6
（光明社科文库）
ISBN 978 - 7 - 5194 - 5810 - 2

Ⅰ . ①新… Ⅱ . ①田…②姜… Ⅲ . ①民族地区—旅
游文化—旅游业发展—研究—湖南 Ⅳ . ①F592.764

中国版本图书馆 CIP 数据核字（2020）第 102743 号

新时代湖南民族地区文化与旅游融合发展研究
XINSHIDAI HUNAN MINZU DIQU WENHUA YU LYUYOU RONGHE
FAZHAN YANJIU

著　　者：田光辉　姜又春			
责任编辑：郭思齐		责任校对：刘舒婷	
封面设计：中联学林		特约编辑：万　胜	
责任印制：曹　净			

出版发行：光明日报出版社
地　　址：北京市西城区永安路 106 号，100050
电　　话：010 - 63139890（咨询），010 - 63131930（邮购）
传　　真：010 - 63131930
网　　址：http://book. gmw. cn
E - mail：guosiqi@ gmw. cn
法律顾问：北京德恒律师事务所龚柳方律师

印　　刷：三河市华东印刷有限公司
装　　订：三河市华东印刷有限公司
本书如有破损、缺页、装订错误，请与本社联系调换，电话：010 - 63131930

开　　本：170mm × 240mm
字　　数：253 千字　　　　　印　　张：15.5
版　　次：2020 年 6 月第 1 版　　印　　次：2020 年 6 月第 1 次印刷
书　　号：ISBN 978 - 7 - 5194 - 5810 - 2
定　　价：95.00 元

自　序

　　党的十九大报告提出："要坚定文化自信，推动社会主义文化繁荣兴盛。"近年来，随着人们生活水平的提升，人们对自身生活目标的追求也在发生变化，更多的娱乐活动促进了人们对旅游的向往。在我国市场经济发展背景下，文化和旅游的深度融合，对文化旅游发展有着重要的推动作用，文化旅游产业逐渐成为国民经济支柱产业之一。与此同时，文化旅游产业在建设与发展中得到了更多资金投入，促进自身更好发展，为我国经济的高速发展奠定了良好的基础。

　　湖南省少数民族人口 700 多万，占全省总人口的 10.23%，少数民族人口在全国排第 6 位。湖南省民族地区包括 1 个自治州（湘西土家族苗族自治州，辖龙山县、永顺县、保靖县、花垣县、古丈县、凤凰县、泸溪县和吉首市）、7 个自治县（通道侗族自治县、江华瑶族自治县、城步苗族自治县、新晃侗族自治县、芷江侗族自治县、靖州苗族侗族自治县、麻阳苗族自治县）、3 个比照民族自治地方享受有关优惠政策的县区（桑植县、永定区、武陵源区）、6 个少数民族人口过半县（绥宁县、会同县、沅陵县、江永县、石门县、慈利县）和 84 个民族乡。湖南少数民族聚居地一般在湖南的中西部。在漫长的历史岁月中，多个民族繁衍生息在湖南民族地区大地上，创造了丰富多彩的民族传统文化，留下了珍贵的历史文化遗产。湖南民族地区文化作为一种独特的文化，凝聚着湖南民族地区多民族人们的观念、智慧和意志，蕴涵着十分丰富的时代价值。在湖南民族地区多民族形成、发展的不同时段，湖南民族地区多民族文化影响着多民族人们的社会生产与生活方式，影响着湖南民族地区多民族人们的生存状态，它贯串于湖南民族地区多民族的历史、文化、政治、经济的发展进程中，并深深影响着湖南民族地区多民族的发展。

　　湖南民族地区物质和非物质文化遗产丰富，如凤凰古城、龙山里耶秦简遗址、通道侗族古建筑群、会同高椅古村、城步古苗文石刻、土家族摆手舞、茅古斯舞、铜铃舞、梯玛歌、咚咚喹、哭嫁歌、张家界国际山歌节、慈利板板龙灯、"三月三"情人节、"四月八"牛王节、"六月六"伏羊节、苗族歌鼟、德夯鼓文化节、城步山歌节、侗族大歌、大戊梁歌会、芦笙舞、瑶族长鼓舞、盘王大歌、盘王节、桑植杖鼓舞、桑植民歌等。湖南民族地区的发展历史和文化传统有着独特的特点，当前，湖南民族地区文化资源的开发利用并不是很理想，许多民族传统文化资源面临着消失的危险，缺少科学、系统的发展体系，制约了文化资源的开发利用。湖南民族地区文化资源蕴含着独特的文化内涵，其价值不可估量。可是，随着社会经济的发展和进步，湖南民族地区传统社会也发生了巨大的变化。湖南民族地区年轻一代中外出打工甚至在外发展的人逐渐增多，再加上湖南民族地区少数民族民间老艺人的相继去世，湖南民族地区价值巨大的民族文化遗产面临着失传的危险。因此，保护和传承湖南民族地区民族文化遗产迫在眉睫。各级政府应科学制定相关的政策，加强保护力度；各级立法机关应制定相关法律法规、地方性法规和旅游管理条例，明确湖南民族地区文化遗产的产权，建立和完善湖南民族地区文化遗产法律保护体系；各级政府应坚持"重传承、轻市场，保护第一、开发第二，先规划、后建设"的基本原则，建立和完善促进湖南民族地区文化旅游产业发展的政策体系，积极挖掘和申报新的遗产项目，积极抢救性挖掘、保护和传承湖南民族地区文化遗产，提升湖南民族地区文化软实力。在交通、能源、水利、生态环保、基础设施、农业生产和社会事业等方面，项目的安排上制定民族地区差别化支持政策。适当放宽湖南民族地区具备旅游资源优势、有市场需求的部分行业准入限制，对在湖南民族地区开发利用旅游资源项目，予以优先审批核准、优先审批设置旅游资源开发权，可以申请减缴或免缴开发权使用费，加大文化旅游产业扶持力度，以此提升湖南民族地区文化旅游产业的地位，将湖南民族地区文化旅游产业培育成为有规模、有实力、可持续发展的重要支柱产业。开发休闲度假产品，建成休闲度假旅游目的地。完善旅游管理体系，提高服务水平，加大对外宣传力度，提高文化旅游收益，使湖南民族地区文化与旅游融合发展、文化旅游产业增长由数量规模型转向质量效益型、文化旅游产业总体实力不断增强。

　　总之，湖南民族地区文化旅游资源丰富，做好文化与旅游融合发展，盘活存量、创新增量，构建具有湖南民族地区特色的文化旅游产业发展体系，探索推进湖南民族地区文化和旅游高质量融合发展的新路径，是新时代湖南加快文化强省建设步伐、加快建设富饶美丽幸福新湖南的重要使命。

田光辉

2019 年 7 月

目　录
CONTENTS

绪　论

21世纪文化旅游发展迅速，文化旅游产品以其丰富的文化内涵、相当的发展规模和精深的人文底蕴独占鳌头，成为最具竞争力的优势产品。寻求文化享受已成为当前旅游者的一种风尚，旅游需求消费的重心正在由观光型向文化型、保健型和生态型等方面转化。文化旅游是指以鉴赏异国异地传统文化、追寻文化名人遗踪或参加当地举办的各种文化活动为主要目的的旅游。文化旅游产业是一种特殊的综合性产业，因其关联度高、涉及面广、辐射力强、带动性大而成为当前社会经济发展中最具活力的新兴产业。

2017年2月3日，国家发改委、国土部、文化部等单位联合印发了《"十三五"时期文化旅游提升工程实施方案》，针对文化旅游面临的突出矛盾，方案提出，着力解决广播电视覆盖、民文出版等突出问题，到2020年，在公共文化服务、遗产保护利用、旅游设施方面取得显著提升。近年来，我国旅游行业持续迎来政策利好，人民生活水平的提高也为旅游业发展提供了持续动力。2017年，国内旅游市场高速增长，入出境市场平稳发展，供给侧结构性改革成效明显，国内旅游人数50.01亿人次，比2016年同期增长12.8%；入出境旅游总人数2.7亿人次，同比增长3.7%；全年实现旅游总收入5.40万亿元，增长15.1%。2018年上半年，国内旅游人数28.26亿人次，比2017年同期增长11.4%；入出境旅游总人数1.41亿人次，同比增长6.9%；国内旅游消费规模达2.45万亿元，同比增长12.5%。

随着中国旅游业的转型，湖南民族地区文化与旅游融合发展的需求越来越明显。湖南民族地区物质和非物质文化遗产丰富，如凤凰古城、龙山里耶秦简遗址、通道侗族古建筑群、会同高椅古村、城步古苗文石刻、土家族摆手舞、茅古斯舞、铜铃舞、梯玛歌、咚咚喹、哭嫁歌、张家界国际山歌节、慈利板板龙灯、"三月三"情人节"四月八"牛王节"六月六"伏羊节、苗族歌鼟、德夯鼓文化节、城步山歌节、侗族大歌、大戊梁歌会、芦笙舞、瑶族长鼓舞、盘王大歌、盘王节、桑植杖鼓舞、桑植民歌等。湖南民族地区文化旅游业发展如火如荼，各地充分挖掘自身文化旅游的优秀资源，以提供更丰富、更多样化、更富趣味性的旅游产品。文化与旅游融合能够有效挖掘和保护湖南民族地区文化内涵，文化创意能够提升湖南民族地区文化旅游的价值，进一步带动湖南民族地区文化旅游产业的发展。

当前一部分长年生活在拥挤喧嚣的城市中的人，过着节奏紧张、竞争激烈的生活，他们渴望放松情绪，希望返璞归真，回归自然，因而生态旅游、农家乐、农业观光游等应运而生，并逐步成为时尚。湖南民族地区文化与旅游融合发展，要在搞好自然生态游、田园风光游、农业观光游的基础上，着力开发有关生态文化、健康娱乐、度假休闲、会务和商务型旅游产品，以及独具文化特色的旅游商品。湖南民族地区文化旅游资源丰富多样，开发利用潜力巨大。湖南民族地区文化与旅游融合发展，要将湖南民族地区丰富的文化资源与当下人们精神需求和生活方式相结合，形成"一地一品、一地一色"的文化旅游品牌；要推进博物馆、展览馆、纪念馆、名人故居、剧院、图书馆等文化资源及公共文化服务设施进行宜游化改造，提升文化旅游服务水平；要深入调查研究，大力加强对文化旅游资源的开发利用，使蕴含在文化旅游资源中的文化潜能得以充分释放；要充分依靠艺术手段和科学手段，将文化旅游资源进行艺术化处理，使文化旅游资源的文化内涵能够生动、形象地展示出来，真正把湖南民族地区文化旅游提高到一个新水平。

第一章

文化与旅游融合发展的理论基础

第一节　文化、旅游、文化旅游的内涵

一、文化

（一）文化的定义

文化，就词的释意来说，文就是"记录，表达和评述"，化就是"分析、理解和包容"。文化的特点是有历史、有内容、有故事。不少哲学家、社会学家、人类学家、历史学家和语言学家一直努力，试图从各自学科的角度来界定文化的概念。文化是非常广泛且最具人文意味的概念，简单来说，文化就是地区人类的生活要素形态的统称，即衣、冠、文、物、食、住、行等。可以认为，文化是指一个国家或民族在历史上形成并传承至今的风土人情、传统习俗、生活方式、文学艺术、行为规范、思维方式、价值观念等。目前在中国学术界，文化的概念因学科、研究视野的不同而理解有异。文化有广义和狭义之分，广义的文化是指"人类社会历史实践过程中所创造的物质财富和精神财富的总和"，狭义的文化是指"社会的意识形态，以及与之相适应的制度和组织机构"。① 在中国民族学界，将文化理解为"文化是人们在体力劳动和脑力劳动过程中所创造出来的一切财富，包括物质文化和精神文化，以及人们所具有的各种生产技

---

① 林耀华.民族学通论（修订本）[M].北京：中央民族大学出版社，1997：384.

能、社会经验、知识、风俗习惯等"①。

总之，根据不同的理解，文化有不同的分类。二元结构说将文化分为"物质文化和精神文化"，三元结构说通常将文化分为"实物文化、行为文化、观念文化"或"物质文化、制度文化、精神文化"，四元结构说通常将文化分为"物质文化、精神文化、规范文化、智能文化"或"物质文化、制度文化、精神文化、行为文化"。② 为了论述方便，本书采用三分法，将文化分为"物质文化、制度文化和精神文化"。

（二）文化的功能

文化作为一种精神力量，能够在人们认识世界、改造世界的过程中转化为物质力量，对社会发展产生深刻的影响。这种影响，不仅表现在个人的成长历程中，而且表现在民族和国家的历史中。先进的、健康的文化对社会的发展产生巨大的促进作用；反动的、腐朽没落的文化则对社会的发展起着重大的阻碍作用。文化在社会中的作用是广泛而深入的。当今世界，各国之间综合国力竞争日趋激烈。文化在综合国力竞争中的地位和作用越来越突出。文化的力量深深熔铸在民族的生命力、创造力和凝聚力之中，成为综合国力的重要标志。

丰厚的文化底蕴，是一个民族生生不息、繁荣发展的基础。我国有着几千年的文明历史，形成了优秀的文化风格。中华民族是礼仪之邦，自尊自强、智慧、勤劳、友善。文化维护了一个民族的大团结，维护了社会的长期稳定和繁荣。文化的社会功能是其重要的功能。

第一，文化在社会中的首要功能就是凝聚所有个体使之成为社会大家庭的一分子，大家有着共同的生活模式、风俗乃至信仰。在长期活动中，人们对同一种现象会有同一种认识、同一种看法，对同一个问题也往往会有同一种解决方法。这就是所谓社会的思维定式。文化的长期熏陶，已形成了人们的一种心理素质，而且世代相传。文化的社会功能，首要的就是凝聚作用，这也是人之所以称为社会性动物的显著标志。

第二，文化之所以有凝聚功能，还因为文化宣扬了社会的价值取向。这通常表现在，人们对道德的理解。这是人们通过文明的发展得出的经验。文化宣

---

① 林耀华. 民族学通论（修订本）［M］. 北京：中央民族大学出版社，1997：384.
② 林耀华. 民族学通论（修订本）［M］. 北京：中央民族大学出版社，1997：390 – 391.

扬的价值取向主要体现在道德上。文化的社会功能中的道德功能，对社会形成、发展、稳定、繁荣都有着十分重要的意义。

第三，文化还有效益功能，主要体现在文化对社会的直接管理功能。人们通过文化的灌输，形成特定的社会心理，就可以不需要强制力来实现社会的有序性。例如，古代统治者通过宗教来实现人们的自我管理。在构建和谐社会的今天，文化的教育仍然重要，这是不言而喻的。

第四，优秀文化能丰富人的精神世界、增强人的精神力量、促进人的全面发展。人创造了文化，文化也在塑造人。优秀文化能够丰富人的精神世界。积极参加健康有益的文化活动，不断丰富自身的精神世界，是培养健全人格的重要途径。随着物质生活需要逐步得到满足，优秀文化对促进人的全面发展的作用日益突出。

第五，文化还具有旅游功能。一方面，文化的本质决定了文化的旅游功能。文化作为人类劳动和智慧创造的结晶，贯串着人类的发展和演化的整个过程，从而构成了世界丰富多彩的文化类型及其内涵。另一方面，文化的基本类型决定了文化旅游资源的存在形式。物质文化为旅游发展提供了大量的文物古迹和历史遗存。行为文化为旅游业提供了多样化的民俗风情。精神文化、心态文化或观念文化，是极具吸引力的旅游资源。从旅游开发建设的角度看，要依据各种不同的文化类型，以不同的视角去考虑和发掘各种资源的文化内涵，构建特色鲜明的旅游产品。

（三）文化的特征

1. 文化的地域性特征

人类在与大自然做斗争中，由于特定地域条件的影响与制约，经过漫长的演化，形成了独具特色的文化内涵。在我国古代就有"五里不同风，十里不同俗"之说。即居住在不同自然条件的人们，生活的结构、交往的范围和对象都会不同，以致形成带有强烈地域特点的文化形式，这些便会对人类的各种行为包括旅游活动产生诸多影响。

2. 文化的民族性特征

每个民族都有自己的文化传统，正是这种独特的文化传统，使一个民族与其他民族区别开来。各个民族都生活在特定的环境中，不同的环境造就了人们不同的生产、生活方式，形成了不同的语言、文字、艺术、道德、风俗习惯，构成了不同的民族文化，成为民族旅游发展的潜力之所在。

3. 文化的时代性特征

在不同的历史发展阶段，文化的内容和功能是不同的。根据不同的时代特征，可以划分出许多类型。在我国，人们通常将历史文化分为"原始文化""农业文化"和"现代化文化"，分别代表"原始社会""农业社会"和"工业社会"的特征。人类文化进化的类型与层次的多样化，是构成世界多样性的原因，也是旅游活动产生和发展的直接诱因。

4. 文化的继承性特征

人类为了生存繁衍，会把自己积累的生产、生活经验与技能代代传承。而下一代人从上一代人那里，不仅继承了有形的物质遗产，还承袭了传统的价值观念、思维习惯、情感模式和行为规范。经过潜移默化的内化过程，将其沉淀于显意识和潜意识底层，文化由此得以保存并流传下来，从而积累了深厚的历史文化资源。

5. 文化的变异特征

一方面，人类在继承前辈所创造的文化成果的同时，又在新的历史条件下从事新的文化创造；另一方面，文化的交流也以更快的速度推动文化变迁。在科技发达的现代社会里，文化交流的范围之广、频率之快是前所未有的，人类几乎每时每刻都在进行观念的分化和融合，这种文化的变异性为旅游开发提供了丰富的文化型旅游资源。

二、旅游

（一）旅游的定义

当今学术界，关于旅游的定义众多。一般对旅游一词的解释是，指"人们因消遣性原因或目的而离家外出旅行的活动"。艾斯特（1942）认为："旅游是非定居者的旅行和暂时逗留而引起的现象和关系的总和。这些人不会导致长期定居，并且不会牵涉任何赚钱的活动。"学者李天元认为："旅游是人们出于移民和就业任职以外的其他原因离开常住地前往异地的旅行和暂时逗留活动，以及由此所引起的各种现象和关系的总和。"世界旅游组织定义（1991）："旅游是人们为了休闲、商务或其他目的离开他们惯常环境，到某些地方停留在那里，但连续不超过一年的活动。"

学界普遍认为，1841 年托马斯·库克组织团体火车旅游是近代旅游业的开端。也正是从那时候开始，旅游逐渐成为大众的一项基本权利。随着旅游业的发展，国内外学界和机构都对如何界定旅游业的概念做出了积极尝试。例如，世界旅行和旅游理事会（WTTC）提出，旅游业是为游客提供服务和商品的企业，包括接待（旅馆、餐馆）、交通、旅游经营商和旅游代理商、景点、为游客提供供给的其他经济部门。就国内对旅游业概念的界定而言，从统计层面来看，影响比较大的是《中国大百科全书·经济学》《辞海》，以及原国家旅游局给出的界定。这类界定指明了旅游行业包括的范围，将旅游业定义为"以旅游资源和服务设施为条件，为旅游者在旅行游览中提供各种服务性劳动而取得经济收益的经济部门"，并指出旅游业主要包括旅行社、旅游饭店、旅游交通。国家统计局在《国家旅游及相关产业统计分类（2018）》中将旅游业界定为：直接为游客提供出行、住宿、餐饮、游览、购物、娱乐等服务活动的集合，并界定了旅游业的范围包括旅游出行、旅游住宿、旅游餐饮、旅游游览、旅游购物、旅游娱乐和旅游综合服务。其实质就是"旅游六要素"的统计。

（二）旅游的特征

1. 异地性

旅游是人类一种空间移动，是在异地的暂时性的生活方式，即不能离开居住地到目的地永久居住。而异地性就是到定居地以外的任何地方领略不同地区间的差异性。异地性不仅指地理位置的不同，更重要的是只因地区不同而造成的旅游资源的差异性。差异性越大，异地吸引力就越强。

2. 业余性

即许多国家学者讲的闲暇性。这种提法，从主观目的上是想把为业务目的的旅行、考察活动摒弃于旅游之外，但是为科学目的的考察，不论在古今中外都是一种旅游项目。因为旅游目的之一就是"求知"，既包括业余性的求知，也包括业务范围内的旅游求知活动。因此，对旅游的业余性规定大体是正确的，但在实际中又难以区分。特别是在我国，利用开会、出差旅游的人很多。据统计，到北京来旅游的人，41% 是会务旅游者。外国利用国际会议旅游的人也很多。如 1985 年，在法国巴黎召开的国际会议有 274 个，英国伦敦 238 个，比利时布鲁塞尔 219 个，瑞士日内瓦 212 个。这些参加国际会议的人，既是为了某一专业目的而去的会务者，也是一个利用会议参加旅游活动的游览者。英国、法国、比利时等国家正是利用这种方式，获得了一笔可观的旅游收入。如 1985 年，巴黎举行国际会议收入 70 亿法郎，其中 30 亿法郎为专题会议收入。

3. 享受性

旅游是一种高级的精神享受，是在物质生活条件获得基本满足后出现的一种追享欲求。有一位社会学家说，旅游者的心理中有"求新、求知、求乐"，这是旅游者心理的共性。旅游者不远千里而来，就是想领略异地的新风光、新生活，在异地获得平时不易得到的知识与快乐。

4. 知识性

旅游给大家带来很多见识，增进了对各地的了解，丰富了人文知识。这才是旅游的真谛。

5. 休闲性

目前高速运转的生活工作频率，使人越来越感到生活压力过大，所以需要一些假日放松自己，到海滨城市享受阳光、沙滩、大海、蓝天和白云。

6. 暂时性

旅游只是到一个地方进行短暂的观光，并不是长期地居住或在当地工作落户。

7. 综合性

旅游业是集"行、游、住、吃、购、娱"等服务为一体的综合性大产业，其综合性是由旅游活动的综合性决定的。这种综合性的特点，使得同一个旅游目的地对旅游业必须实行全行业管理。

（三）旅游的文化属性

旅游是人类认识自然、改造自然、驾驭自然的一种生动反映。旅游活动从本质上讲是一种文化活动。无论是旅游消费活动还是旅游经营活动都具有强烈的文化性。只有挖掘出文化内涵，它才会具备吸引旅游者的魅力。

1. 旅游主体的文化本质

人类在基本生存需求满足之后，随着收入的增长，必然追求更高的物质享受和精神享受。旅游作为一种跨时空的消费活动，它的广泛出现是经济发展驱使的结果。从历史发展的观点看，经济发展固然为社会进步提供了物质基础，但是社会发展最根本的是社会文化与观念的革命。当今世界旅游活动的兴盛，从客观条件看，是全球经济发展的结果，从深层次看，则是文化观念转变的结果。

2. 旅游客体的文化含量

旅游资源按基本成因和属性，大而言之可分为自然资源和人文资源两大类。人文旅游资源，无论是实物形态的文物古迹还是无形的民族风情、社会风尚，均属于文化的范畴。由各种自然环境、自然要素、自然物质和自然现象构成的自然景观，只有经过人为的开发利用，才能由潜在旅游资源变为现实的旅游资源。即使是自然美，也必须通过鉴赏来反映和传播，而鉴赏是一种文化活动，因此，自然旅游资源同样也具有文化性。

3. 旅游媒体的文化特征

旅游者可以说是文化消费者，以追求精神享受为目的。因此，旅游业的核心产品应是文化产品或文化含量高的产品，旅游经营者只有为消费者提供高质量的文化产品，才能从交换中实现盈利的目的。在市场经济条件下，旅游资源的开发者不仅要了解旅游资源本身的特征和功能，还必须了解游客所追求的文化特征，开发出满足各类游客的文化旅游产品。随着全球旅游业的发展和我国乡村振兴战略的提出，我国旅游产业日益繁荣，少数民族文化旅游资源也日益受到各地政府的重视。传承少数民族优秀传统文化、推动文化繁荣发展的研究，有利于促进民族地区社会治理、维护民族地区社会和谐稳定。当前，在全球，旅游产业已经成为增长速度最快、成长性最强、可持续品质最高的产业，是名副其实的第一产业；在我国，旅游产业的地位也从一般性产业上升到新兴产业，还将发展为国家战略型支柱产业。但从总体上看，国内旅游业当前存在诸如没有定力的冒险思维、没有创意的投机思维、没有个性的平庸思维、没有灵感的机械思维等问题。因此，旅游行业的发展需要创新，需要从创意、创义、创美艺、创诗意、创禅意、创快意、创效益等方面进行创新。旅游产品是旅游产业的核心构成要件。游客消费旅游产品的目的是获得不同于日常生活的体验和感受。旅游产品是一个整体概念，由旅游资源、旅游设施、旅游服务和旅游商品等多种要素组合而成。①

三、文化旅游

近年来，由于体验经济的繁荣对旅游目的地的文化体验在旅游活动中日益

---

① 孙国学，赵丽丽. 旅游产品策划与设计［M］. 北京：中国铁道出版社，2016.

重要，文化旅游在全球范围内不断向深度和广度发展。1985 年，世界旅游组织对文化旅游的定义是"本质上出于文化动机而产生的人的旅游活动"。广义上，文化旅游指在寻求和参与全新或更深文化体验基础上的一种旅游形式；狭义上，文化旅游指基于一种特殊文化现象的旅游活动，主要表现为遗迹遗址旅游、建筑设施旅游、人文风俗节庆旅游、博物馆旅游和特色商品旅游等。吸引游客的文化因素主要包括手工艺品、语言、传统、烹饪、艺术与音乐、历史、劳动、建筑、亲教、教育、服饰和休闲活动等。面对消费升级背景下的文化旅游，必须从"旅游 + 文化"模式中寻找契机。

目前，文化 IP（指辨识度高、具有变现能力的文化符号）成为旅游产业增长新爆点，越来越受到年轻人的喜欢。随着游客对景点文化含量要求的提升，文化旅游持续升温。但是，据调查，文化旅游同样出现了结构性矛盾。调查显示，87.7% 的受访者体验过文化旅游。制定旅游路线时，82.1% 的受访者会选择去有大文化 IP 背景的景点，其中 18.6% 的受访者会经常去；而 61.9% 的受访者认为文化旅游市场形势单调重复，千篇一律。也就是说，一方面，文化旅游的供给端数量并不少；另一方面，其需求端的质量又不能让人满意，这意味着，游客在呼唤文化旅游消费升级。比如，从文化旅游产品类别来看，受访者最喜欢美食主题（61.3%）和民宿主题旅游（56.6%）；从文化旅游产品特点来看，受访者对能深入参与体验的文化旅游产品最感兴趣（60.5%）。但是，不管是美食主题还是民宿主题，同样暴露出文化旅游元素单一化、同质化的问题。因此，破解文化旅游的结构性矛盾势在必行。首先，一个成熟的旅游市场应该具有更加丰富的市场细分，具有多层次、立体式的产品结构。旅游企业要主动进入"颗粒度"竞争时代，通过细分打造具有高辨识度的文化旅游品牌。文化旅游行业越来越细分，意味着企业要从根本逻辑上抛弃过去一味做大的惯性，转而向做深、做透、做精准转化。其次，文化旅游的钙质在于精神气质的体现。公益性项目恰恰是目的地精神气质的呈现，如果没有这些元素，文化旅游目的地就会显得过度商业化。把与文化旅游目的地元素互补的公益项目纳入，游客会觉得文化游游更有味道。再次，要在满足游客的体验感并延长这种体验感上不断创新。独特的地域化特点加上互动化模式是值得注意的地方。比如，现在许多景点，往往会有文艺演出，但表演内容大同小异。但若于此加入地方戏的演出，就很地域化，否则只止于表演，只能暂时吸引游客。而改变一下形式，让表演与游客互动起来，甚至通过简单辅导，游客也可串演一把，那么游客的体验感就深了，体验时间自然也长了。

文化旅游业是一项涉及"吃、住、行、游、购、娱"六要素的综合性产业，文化旅游企业的有形产品，除了要具备实用的功能外，还必须满足顾客求美、求新、求知的文化功能。当前旅游业发展的一个突出特点是旅游文化性竞争日益激烈，利用文化来发展旅游，繁荣经济，已成为世界旅游发展的大趋势和主潮流。旅游市场营销，除加大产品的文化内涵外，营销人员自身的文化素质、言谈举止、礼节礼仪都要体现一个民族、一个区域的文化特征，给人以鲜明的高品位文化形象。旅游目的地要营造一种浓厚的文化氛围，借以提高旅游区的品位和档次。

第二节　文化与旅游的关系

一、文化关系着旅游产品的竞争力

文化是旅游发展的灵魂，旅游是文化发展的依托。旅游产品的竞争力最终体现为文化的竞争。只有把旅游与文化紧密结合起来，这样的旅游产品才更具有生命力。这个基本规律对于民族文化资源的旅游开发，更是表现得极为突出和典型。例如，张家界的《魅力湘西》展示了少数民族文化的独特魅力，是对民族文化充分理解和挖掘运用的典型。2016年，张家界魅力湘西接待游客超过110万人次，在业界形成了较强的品牌美誉度和影响力，改版升级后的《张家界魅力湘西》节目整体基调仍分为浪漫湘西、神秘湘西、激情湘西、快乐湘西四大部分，一举创下接待观演人数115万人的观演纪录。《魅力湘西》用文化软实力提升了张家界乃至湖南在国际上的知名度和美誉度。再如，通道县的大型原生态侗族歌舞《哆嘎哆吧·欢乐侗乡》，自2011年4月27日起，在湖南通道侗族自治县万佛山·侗寨国家级风景名胜区精彩上演，深受游客好评。节目以通道侗族的创世传奇为开篇，以和谐、开放的狂欢为结尾，将山水风景、民族风情与革命历史巧妙地连接起来融为一体，深深地植根于通道侗族自治县的文脉、地脉、人脉、史脉之中，又一脉相承地刷新着人们的观念，使一歌一曲、一山一水、一草一木都具有了神秘的魔力，具有史诗般的架构。通道县大型原生态侗族歌舞《哆嘎哆吔·欢乐侗乡》给百里侗文化长廊新增了一道原生态人文风情线。

二、文化的本质决定了文化的旅游功能

文化作为人类劳动和智慧创造的结晶，贯串于人类发展和演化的整个过程，从而构成了世界丰富多彩的文化类型及其内涵。这些异彩纷呈的文化现象，其特质有三个。第一，文化是人的创造物，而不是自然物，它是一种社会现象，而不是自然现象。比如，原始的名山大川等自然物，不是文化，但经过人们用自己的智慧进行设计和加工后所产生的园林、景观则是一种文化，从而使旅游产品和文化融为一体。第二，文化是人类社会活动所创造的，为社会所普遍享用，具有强烈的大众性，为广大游客的参与提供了可能。第三，文化不是游离存在的，它体现在人们的社会实践活动的方式之中，体现在所创造的物质产品和精神产品中。比如，中国的万里长城、埃及的金字塔体现的文化，不在于它们的外在建筑材料，而主要在于它们所体现的人类的科技水平和成就，以及审美观念，从而极大地扩充了旅游的文化含量。

三、旅游文化并不是旅游和文化的简单相加

旅游文化是一种全新的文化形态，它是环绕旅游活动有机形成的物质文明和精神文明的总和。它以一般文化的内在价值为依据，以行、吃、住、游、购、娱六大要素为依托，以旅游主体、旅游客体、旅游中介间的相互关系为基础，始终作用于旅游活动整个过程。首先，旅游文化包括人们对旅游的理论研究成果，如旅游、旅游管理、旅游心理学、旅游地学、旅游学、旅游影视艺术等，具有为旅游业奠基和定向的作用。其次，旅游文化是在与多学科的结合、碰撞、融会过程中形成的学科和专业，它主旨鲜明、内容丰富、研究内容独具特色。此外，它还肩负着为旅游业服务，提高旅游品位和格调的任务。旅游产业和文化产业密不可分。自有旅游活动以来，旅游与文化就从未分离。文化是旅游的灵魂，旅游是文化的重要载体；没有文化的旅游就没有魅力，而没有旅游的文化则缺少活力。旅游的优势体现在市场，文化的优势体现在内涵。站在旅游的角度看，抓住文化就抓住了核心价值；站在文化的角度看，抓住旅游就抓住了

一个巨大市场。旅游产业和文化产业相互融合，相得益彰，共同繁荣。

文化活动本身也可以转化为旅游活动，两者属于天生的耦合关系。初级的文化消费寻求感官刺激，中级的文化消费寻求精神愉悦，高级的文化消费寻求自我发现与实现。无论哪一级别的文化消费，都与人们开展旅游活动的本底诉求相契合。特别是人们在旅程中更易于、乐于、敢于释放情绪，以全感官、全身心投入，激发出远超平日的文化消费意愿、诉求和潜力。而这既对文化旅游提出更高供给要求，也令文化旅游实现更大经济贡献。我们在成都吃火锅、泡茶馆，是对川人热情达观生活方式的认可；我们在巴黎左岸逛书店、喝咖啡，是对法式理想主义文化气息的钟情；我们在藏区转神山、转经筒，是对阔别已久的原真自然与人文美好的自觉行动。实际上，旅游就是游客出于对某种文化内核的青睐，主动消费的一种表现形式。

四、旅游和文化密不可分

文化是旅游的灵魂，蕴含在旅游活动中。综观旅游发展史，虽然各个时期都有自己独特的表现形式，但在本质上却有许多共同之处，即旅游者在旅游活动中所追求的文化享受。文化有很强的民族性和发展性，任何民族都有自己的文化，它们的地域性决定了文化的差异性。但是，地域文化在发展过程中，必然相互联系、相互交流，而人类的旅游活动，就是各种文化相互交流、相互结合的运动。旅游的主旨和内涵，主要在于文化。因此，组织旅游和参与旅游的一切活动，必然与文化紧密结合在一起。

文化的内涵和外延远大于旅游，旅游只是文化的一个部分。文化是旅游的内核，旅游只是文化的承载体之一。泰勒认为，人具有生物性和文化性这两种属性。那么，发乎生物性的探索和发乎文化性的感悟，便构成旅游体验。任何自然旅游资源要转化为旅游产品，都必然要引入人的活动，人的活动就构成文化本身。通过旅游活动，更加广泛深入地感触物质和非物质文化资源，这才是旅游价值的真谛。

第三节　采用理论与研究方法

一、采用理论

（一）文化生态学理论

关于文化生态，已有许多学者做过精辟的论述。《中国大百科全书·社会学》中"文化生态"一词的解释为："文化生态是指影响文化产生、发展的自然环境、科学技术、生计体制、社会组织及价值观念等变量构成的完整体系。它不只讲自然生态，而且讲文化与上述各种变量的共存关系。"[1] "文化生态是影响文化生存、发展的各要素的有机统一体，它包括文化的自然生态（或自然环境）和社会生态（或称文化生态、社会环境）两方面。其中自然生态包括地理环境、气候条件、生物状貌等要素，文化生态包括科技水平、生产方式、生活方式、政治制度、社会组织、社会思想等要素。"[2] 早期的文化生态学诞生于美国，当时主要探讨的是人类与自然环境之间的关系。20世纪以来，计算机信息技术飞速发展，数字网络技术越发完善，文化研究也逐渐趋于多样性。随着生态文化研究向多学科的渗透以及全球生态危机意识增强，社会文化学家也重新审视人类行为文化与生态学之间的联系。美国学者 J. H. 斯图尔德在1955年提出了"文化生态学"的概念，指出它主要是"从人类生存的整个自然环境和社会环境中的各种因素交互作用研究文化产生、发展、变异规律的一种学说"（司马云杰，1987）。

现代的文化生态学认为，人类并不是被动地、消极地去适应环境，而是有意识地改变着环境。生态文化学研究不再强调环境对文化的影响，而是更多地强调文化对环境的影响和文化与环境双向作用的协调性。人类在开发利用自然环境的同时应不以破坏生态环境为原则，人类也是生态环境的一部分，文化与

---

① 中国大百科全书总编辑委员会. 中国大百科全书·社会学 [M]. 北京：中国大百科全书出版社，1991：471.

② 段超. 再论民族文化生态的保护和建设 [J]. 中南民族大学学报（人文社会科学版），2005（4）.

环境之间的作用是一个长期的过程，不同时期生态环境与文化之间的关系也不一样。

文化的历史是人类与自然生态环境之间不断实现双向适应、不断完成本质统一的过程。所以生态文化学也应不断向新的领域扩展，不断吸收新的有利因素。同时，科学的进步，也逐渐催生了一大批新鲜事物，形成了一种新的媒体环境，所以生态环境学不仅对传统的自然环境进行研究，也开始对由于数字革命催生的媒体环境进行探讨。

(二) 文化变迁理论

文化变迁，一般来说是某一社会由于其内在的原因或由于和其他文化接触而引起的变迁。通常把创新、传播、进化、涵化、冲突、调适和融合等纳入这一动态的过程中予以分析和研究，其中既有外在的变迁，也有内在的变迁。某一社会外部发展或接触的变迁一般源自借用或传播，而某一社会内部发展的变迁，一般源自发现或发明。世界上任何一个民族或族群都在不断发展与变化，体现民族或族群特征的文化特点因而也会随之变化。引起一个民族或族群的文化发生改变的原因，要么是由于民族或族群社会内部的发展，要么是由于不同民族或族群之间的接触。人类学家们往往认为，文化的变迁是人类一切文化的永存现象，文化的均衡是相对的，而变化发展是绝对的。人类社会的文化变迁与社会变迁密切相关。文化变迁，在英国社会人类学中多用社会变迁这一概念指代，社会变迁是指社会各方面现象的变化，包括社会制度的结构或功能发生的改变。而文化变迁总是与社会变迁相伴随的，所以有的人类学家用"社会文化变迁"一词来指代文化变迁或社会变迁。

文化变迁的过程或途径通常包括进化、发明、发现、传播或借用等。进化是由一个社会内部发展所引起的，一个社会文化的进化自然地也会引起文化变迁，而文化进化的过程就是文化变迁的过程。一个社会里人们的发明是指对先前的材料和条件进行新的综合，从而产生出一种新的东西。发现往往是指使某些已经存在的但不为人所了解的事物变得为人所知，有些发现和发明是无意识的、偶然的，而有些发现和发明是有意识的革新。发现和发明可以在一个社会的内部产生，也可以在外部产生而被一个社会所接受。当一个社会接受了发现和发明并且有规律地加以运用时，就会引起文化变迁。传播是文化变迁过程的重要内容。早期进化论者不仅强调发明和发现，也指出了传播的作用。摩尔根说：“所有的重大发明和发现都会自行向四方传播。”泰勒也讲：“文化的传播法则。”马林诺夫斯基认为，社区内部所引起的文化变迁是由于独立进化，不同文化接触产生的文化变迁则是由于传播。

（三）融合理论

融合是一种经济现象，对该现象的研究始于信息产业领域。1997年欧洲委员会发布了绿皮书，对产业融合现象进行了深入分析后认为，传统的政府管制、现有的市场和技术方面存在的问题，都是制约融合发展的因素，但是融合的趋势不可阻挡，而且会扩展到更多的领域，甚至会对世界经济的融合起到催化作用。融合形成的原因错综复杂，随着社会分工、经济增长、交易成本、资源依赖、消费市场等诸多因素的发展变化，产业间的融合经历了“萌芽—形成—迅速成长”的历程，现已成为产业发展的现实选择。植草益（2001）认为，产业融合是在技术创新和降低行业间贸易壁垒的推动下，毫无关联的产业（或市场的产品）产生替代关系，形成相互竞争的一种现象。Wirtz（2001）通过对媒体产业与通讯业的融合研究发现，产业融合的过程可分为两个阶段：价值链的分解阶段（即在专业化分工的基础上，产业不断细分，价值链出现解构）和重构阶段（在基于价值的基础上，新技术、新需求、新机制驱动价值链重构，实现新的价值与功能的开发）。

（四）文化产业理论

从理论上来讲，西方学者认为，文化产业是以经营符号性商品和信息为主的活动，这些商品的基本经济价值源于它们的文化价值，并形成了一个从创意、生产到再生产和交易的过程的巨大产业链，这不仅包括了传统的广播、电视、出版、视觉艺术等文化产业，还包含了如互联网等高新技术产业。文化产业越来越成为高科技产业的内容，而高科技产业则成为这些文化产业的载体。文化产业在经济和社会发展中的地位和作用越来越重要，已经被国际学界公认为朝阳产业，在许多发达国家已成为国民经济的支柱产业之一。

国际上有关于“文化产业”概念的提法。世界各国和国际组织根据自身实际及发展重点对文化产业的概念有不同理解，分别在其经济规划和政策制定中使用“文化产业”“文化创意产业”“版权产业”“文化和休闲产业”。总体上看，世界主要国家和国际组织对文化及相关产业的定义各有不同，使用范围宽窄不一，尚未形成完全统一的严格标准。

　　国内对文化产业的研究起步较晚，20 世纪 90 年代才开始对文化产业理论进行探索和研究，并开始关注西方文化产业理论研究方面的变化和最新发展情况。我国对"文化产业"的认识经历了一个渐进发展的过程。"文化产业"在我国最早提及是在 1992 年，国务院办公厅综合司编著由中国政法大学出版社出版的《重大战略决策——加强发展第三产业》一书中。这是我国政府部门第一次使用"文化产业"的概念。1998 年，原文化部设立了文化产业司，标志着文化产业正式纳入政府工作体系。2004 年，国家统计局对"文化及相关产业"进行了界定。2009 年 9 月，国务院颁布《文化产业振兴规划》，标志着文化产业成为我国重点发展的前沿性、战略性产业。在国家"十三五"（2016—2020）规划纲要中，明确了"十三五"期间要实现"公共文化服务体系基本建成，文化产业成为国民经济支柱性产业"的目标。从统计实践的角度看，我国对文化产业的统计性界定最早体现于 2004 年由国家统计局颁布的文化产业统计指标体系。文化产业被定义为从事文化产品的生产、流通和提供文化服务的经营性活动的行业总称。对文化资源进行生产、将文化事业进行产业化、从而向社会提供文化产品和服务是文化产业的特征，其目的是为了满足人民群众日益增长的精神文化生活需要。随着经济的发展，文化产业的定义和行业范围也有所调整。2012 年，国家统计局对文化及相关产业的定义进行了进一步完善，指出文化及相关产业是为社会公众提供文化产品和文化相关产品的生产活动的集合，并于 2018 年沿用了这一定义。总体而言，文化产业大致可以分为三类：第一类是文学创作、艺术表演，科学研究等精神意义的生产活动；第二类是新闻出版、广播影视、互联网、手机通讯等精神意义的传播和销售活动；第三类是提供物质材料、进行设备制造等活动，他们为生产活动和传播活动提供条件和手段。

　　习近平同志在党的十九大报告中充分肯定了十八大以来我国文化事业和文化产业取得的重大成绩，明确指出中国特色社会主义进入了新时代，并以"我国社会主要矛盾已经转化为人民日益增长的美好生活需要和不平衡不充分的发展之间的矛盾"这一崭新论断为新时代做了基本判断。我国文化产业处在一个历史发展新时期的入口，我们必须认清新形势、拿出新思路、制定新战略，才能不辱使命，取得更大的成绩。习近平同志在党的十九大报告中指出："要深化文化体制改革，完善文化管理体制，加快构建把社会效益放在首位、社会效益和经济效益相统一的体制机制。"

上述各种理论与观点，在本研究中可根据需要随时运用，以深化问题的思考和探讨，在承接历史回溯的基础上，认知文化与旅游融合发展，从而进一步分析湖南民族地区的文化与旅游融合发展。

二、研究方法

本书主要采用经济学、民族学、历史学、文化学、社会学和人口学等多学科的方法进行研究，对具有代表性的文化与旅游融合发展进行历时性的纵向梳理，并在共时性的背景下进行适当的比较研究。具体研究方法如下。

（一）文献研究法

收集、整理、分析国内外已有的正史、典籍、实录、地方志、历代的笔记、文集、族谱、档案等历史文献资料和最新研究成果，使本研究站在一个较高的起点上。

（二）实地田野调查和个案分析法

根据研究的需要，进行实证性田野调查，分析湖南民族地区文化与旅游融合发展的情况，分析湖南民族地区文化与旅游融合发展的内容及影响因素。田野调查是民族学的主要研究方法之一。笔者曾多次到湖面民族地区进行实地调查，采用访谈和参与观察等民族学调查方法，收集了丰富的文字和图片资料，并对多个具有典型性的调查地点进行了深入调查，获得了大量数据，以佐证本书的观点。

（三）定性与定量相结合的方法

笔者多次深入田野点开展调研累计达 5 个月，在具体调查过程中，共发放问卷 700 份，收回有效问卷 678 份。样本分布基本合理、符合研究需要。访谈 120 人以上，其中深入访谈 30 余人。此外，笔者还深入田野点多次参与观察，参与当地的活动，获得了大量的第一手资料。笔者希望能够为湖南民族地区文化与旅游融合发展研究提供一批第一手的新鲜个案和个人的分析，为学界在相关理论上的进一步归纳做一些基础性的贡献。在本书中，对于问卷调查所获得的资料进行定量分析，对于访谈所获得的资料进行定性分析。采用定性与定量相结合的方法，拓展研究范围和尺度，分析湖南民族地区文化与旅游融合发展的规律，以促进湖南民族地区文化与经济社会的进一步发展。

第四节　文化与旅游融合发展的时代意义及价值

一、文化与旅游融合发展的时代意义

文旅产业来自文化与旅游的结合。当前，文旅产业已经形成很强的市场动能，并成为我国国民经济中越来越重要的支柱产业。根据国家旅游局数据，2017 年国内旅游人数 50.01 亿人次，比上年同期增长 12.8%；入出境旅游总人数 2.7 亿人次，同比增长 3.7%；全年实现旅游总收入 5.40 万亿元，增长 15.1%。初步测算，全年全国旅游业对 GDP 的综合贡献为 9.13 万亿元，占 GDP 总量的 11.04%。此外，旅游直接就业 2825 万人，旅游直接和间接就业 7990 万人，占全国就业总人口的 10.28%。

文化与旅游融合发展，得益于党的宣传文化工作方针政策的实施。研究拟订文化和旅游工作政策措施，统筹规划文化事业、文化产业、旅游业发展，深入实施文化惠民工程，组织实施文化资源普查、挖掘和保护工作，维护各类文化市场包括旅游市场秩序，加强对外文化交流，推动中华文化"走出去"等策略，有利于开启中国文化旅游产业的新时代。

据不完全统计，目前，全国各类文化旅游基金数量已经超过 100 家，规模上百亿的已经超过 10 家。文化旅游产业已逐步演变为一个多方位、多层面、多维度的综合性大产业。从消费需求来看，文化旅游逐渐成为人们生活追求的新时尚。文化与旅游融合发展，对实现现有资源的最佳配置与有效管理，为旅游产业注入全新的丰厚文化底蕴，为文化事业的发展传承塑造鲜活的产业形态，具有重大的现实意义。

新时代要进一步释放大众旅游需求，激活数量巨大、类型多样、丰富多彩的文化资源存量，迈入文化产业化发展新阶段。面对众多的旅游新需求，特别是目的地生活方式的深度体验需求，文化、旅游、生态等部门和地方政府要有新思维和新动能。推动文化产业与旅游产业融合发展，是党中央、国务院做出的重大决策部署，是推动两个产业转型升级提质增效的重要途径，尤其在稳增长调结构促改革惠民生的背景下，进一步推动文化产业与旅游产业深度融合具有重要的意义。

文化产业与旅游产业的融合是一个长期发展过程，不可能一蹴而就。推动两个产业长期持久的融合发展，必须进一步强化一体化发展理念，实现两个产业基础资源、生产要素、产业链各个环节的有效融合，实现理念、载体、市场的共享融通，形成一体化的组织结构、管理体制、发展规划和政策措施，做到你中有我、我中有你。一体化发展理念一方面要求立足当下，增强紧迫感，争取融合发展取得现实的实际效果，另一方面要求立足长远，持之以恒地推动融合发展，使两者不断地在发展中融合，在融合中发展，最终成为国民经济的支柱产业。强化一体化发展理念，要求进一步增强自觉性和紧迫感，不断在深度和广度上促进文化与旅游相融合。

湖南民族地区先民在历史发展进程中，克服自然环境中的种种艰难困苦，敬畏自然，不断学习，在开拓奋斗中前行。历史上湖南民族地区先民栉风沐雨、开拓进取的民族精神对现代湖南民族地区社会来说，是非常宝贵的精神财富。在湖南民族地区文化旅游产业发展中，如果把这种民族精神开发成充满感染力的体验活动，可以使游客感受到湖南民族地区先民开拓进取的精神和付出的艰辛，唤起游客的使命感，进而升华为强烈的爱国情怀。

从久远历史中走来的湖南民族地区各民族，积淀了丰富多样的文化艺术财富，并通过各种载体在民间传承下来。时至今日，这些文化艺术财富具有很大的历史文化与旅游开发价值。湖南民族地区丰富的文化艺术财富，通过现代科技手段可以在文化旅游中展演，让游客体验湖南民族地区文化艺术财富的博大精深与无穷魅力。这些体验活动在湖南民族地区旅游景区中动态的传承与发展，既能推广湖南民族地区的优秀传统文化，又能为湖南民族地区文化旅游产业的发展增添新动力。

湖南民族地区先民在过去的辛苦劳作和生活中创造了众多优秀的民俗文化，这些民俗文化是湖南民族地区人民勤劳朴实、以人为本、与人为善的纯洁品质和人生观的体现。对这些民俗文化进行开发和研究，可以从中提炼出丰富多样的文化旅游产品和旅游纪念品，这对湖南民族地区文化的推广具有强大的推动作用，并且能够极大地丰富湖南民族地区文化旅游产品的种类。通过旅游活动开发好湖南民族地区这些宝贵的文化旅游资源，能使游客体验到湖南民族地区浓郁的民俗风情，既弘扬了湖南民族地区优秀传统文化，又能带动当地经济的快速发展。湖南民族地区民俗文化资源有服饰、饮食和民间技艺等。如湖南民族地区开发文化旅游产品，离不开特色饮食文化，游客品尝特色饮食也是对湖南民族地区历史文化的美好体验。

总之，湖南民族地区丰富的文化旅游资源对文化旅游产品开发具有重大的价值。湖南民族地区丰富的文化旅游资源为文化旅游产品开发提供了众多的素材。通过文化旅游产品的开发，能让更多的人体验到湖南民族地区优秀传统文化的精髓。近年来，湖南民族地区在保护文化旅游资源的同时，也对文化旅游资源进行一些文化旅游产品开发活动，为湖南民族地区文化旅游产业的发展做出了一定程度的贡献和突破。在进行湖南民族地区文化旅游产品开发活动过程中，一些充满民族传统文化气息的文化旅游产品备受游客欢迎和喜爱，对湖南民族地区文化的传播和推广起到了很大的作用。

二、文化与旅游融合发展的价值

改革开放40多年来，中国的世界印象已从单一世界资源大国提升到多元化大国，尤其是旅游强国的高度共识。与此同时，市场需求也发生了深刻转变，从单纯的以观光览胜为主要动机，演变为观光与休闲体验并重的格局。站在当今全域旅游、文旅融合的大背景下，未来中国旅游业将如何持续优质发展？

文化和旅游融合发展能促使旅游业从资源、技术和资金驱动型向创新驱动和文化驱动型转变；从依靠硬性的资源要素转向依靠文化、高级人力资本、品牌、服务、环境等软性的资源要素。实现这一发展方式转变的文化旅游，可以让文化以旅游为载体，转化成现代旅游产品和时尚消费产业。

文物是根，文化是魂，旅游是体。文化与旅游不可分割。旅游与文化深度融合是大势所趋。文化旅游既不能"没文化"，也不能"太文艺"；既要尊重文化发展规律，也要遵循旅游市场规律；既要盘活文化的生命力，也要在市场竞争中获得应有的收益。文化和旅游融合发展是文化转化和产业拓展关键。文化是旅游的灵魂，旅游是文化的载体。没有文化的旅游是浅显的、空洞的旅游，没有旅游的文化是难以创造完整价值链的文化。文化和旅游融合发展有利于旅游产业转型升级，依托充满地域特色的历史文化资源，将文化内涵贯串到旅游全过程，实现旅游形式和文化内容统一。用独特的文化品格和文化魅力诠释旅游，有利于凸显旅游产品特色，提升竞争力和吸引力，加快旅游业转型升级，实现可持续发展；有利于文化产业加速繁荣。旅游作为当今世界最广泛、最大众的交流方式，必然是展示文化、传播文化、发展文化的重要载体。大力发展文化旅游，可以创新文化形态、丰富文化内涵、加速文化繁荣，有利于湖南民族地区形象全面提升。旅游吸引力强、旅游品牌知名度高的地方，往往是有独特文化品格和文化魅力的地方，发展文化旅游能够向游客充分展示湖南民族地区的厚重文化、秀美山水、淳朴民风、发展活力，有利于优秀文化弘扬传承。旅游是文化的重要载体，旅游资源中蕴含着丰富的文化内涵，旅游资源的开发过程，也是对文化的抢救、传承和弘扬的过程。

由于湖南民族地区文化底蕴深厚，语言、服饰、建筑、饮食、礼仪等习俗都保存完好，依托优美的自然风光，结合生态、民俗、传统手工艺等丰富的文化资源，开发文化旅游产品，让各地游客体验民族文化，围绕文化旅游产业，进行种、养、加工以及开办客栈、农家乐，采取"生态＋文化""景区＋农家""农庄＋游购""公司＋农户"等发展模式，对湖南民族地区丰富的文化旅游资源进行深入挖掘，对服饰、建筑、饮食、习俗等文化旅游商品进行创意设计、包装和销售，不断开发高质量的文化旅游产品，可以充分发挥文化旅游资源的作用，使湖南民族地区焕发出蓬勃生机和无限活力。

第五节　文化与旅游融合发展的基本思想

一、高质量发展思想

新时代，高质量发展是文化旅游肩负的历史使命。近年来，受国内外多重因素影响，很多行业出现萎缩。然而，文化和旅游业始终保持两位数增长，特别是国内旅游逆势上扬，支撑旅游业总体持续高速发展。然而，必须认识到，伴随互联网、大数据、数字媒体等先进技术成长，新一代客群对于文化和旅游消费具备前所未有的习惯、偏好和能力。当前文化旅游也存在系列问题，例如，仍以观光旅游为主，门票和索道是主要收入来源；人次平均过夜天数显著偏低；难觅能够真正兼顾满足全家人诉求的一站式旅游景区和度假区；文化场所、资源的旅游产品转化仍不充分；等等。为了充分且可持续发挥文化和旅游的综合效益，需要从本质入手，真正掌握文化和旅游融合发展的规律所在，实现文化旅游的高质量发展。文化旅游高质量发展旅游目的地的打造应坚持几条原则。

（一）文旅资源的融合

文化之于旅游消费的价值在于差异，差异来自一方水土的原真禀赋，对文化差异的自信与彰显由此成为关键，即要以地域文化为核心实现优越且可持续的旅游价值。文化和旅游各有自身产业价值逻辑，文化产业溢价能力强且变现渠道多，旅游产业在地消费感染力和带动性强，实现产业融合的关键则是匹配两条产业价值链的契合点。传统上的原态文化展示说教面对旅游消费市场缺乏用户价值。新一代客群偏好沉浸感和互动性，特别是出其不意的时空转换往往更具吸引力，而寓教于乐的关键在于"虚拟的真实"，要引导主动探索而非被动接受。

（二）文化传承

文化传承对于传统文化的延续，是旅游者进行观光、体验、学习及创新的原动力。文化传承要兼顾原真性、活态性和融合性。原真性是当然前提，但活态性是真正诉求，"求真重里而不重表"。在实际操作中，保护是前提，市场为导向，并要与科技、体育、农业等多产业融合，才能可持续发展。

（三）生活方式的延续与复兴

生活方式浓缩地域历史文化的内涵精髓，是人与自然、社会相处的智慧结晶，是最典型的文化形态。传统生活方式的延续与复兴，是休闲度假与文化体验的重要方式。对生活方式的体验过程，必然发生"主客交往"，而这正是旅游活动的重要文化魅力和意义之所在。

（四）地域性的坚守

地域特色的保护是文化与旅游产业融合发展"无可取代的源头"，地域性带来差异性，才有吸引力。如意大利威尼斯手工艺、云南丽江东巴文化、福建土楼生活方式等，都得到了较好的保护和延续。这些深入人心的"地域文化图景"，才是从海量竞争中脱颖而出，始终保持吸引力的根本保障。

旅游业作为湖南民族地区的重要产业，对其他相关旅游附加产业具有明显带动作用，尤其是对劳动力就业的吸纳力度十分显著。但在湖南民族地区旅游业发展过程中，文化与旅游结合的不紧密成为当前湖南民族地区旅游业发展的软肋。文化是旅游的灵魂，旅游是文化的体验载体。旅游业是湖南民族地区经济增长的主要支撑力量之一和未来发展的经济增长极。因此，湖南民族地区文化旅游高质量发展要在"创新、协调、绿色、开放、共享"五大发展理念的指导下，综合运用民族学、人类学、民俗学、文献学、地理学、文化遗产学等多学科的相关理论和方法，推进湖南民族地区多元文化的创造性转化和创新性发展，使之在湖南民族地区文化与旅游发展的各个方面、各个环节融合。加强文化与旅游资源产品、市场的全面整合，做到资源优化整合、产品一体化发展，使湖南民族地区多元文化与旅游交相辉映，不断推进湖南民族地区文化与旅游融合发展，以文带旅，以旅促文，优势互补，着力提升文化和旅游产业生产力，促进湖南民族地区文化与旅游融合发展。湖南民族地区生态优越，文化多姿多彩，龙舟文化、福寿文化、夜郎文化、屈原文化、和平文化、红色文化、稻作文化、侗苗民俗文化等地域文化特色鲜明，是全国重要的文化产业带之一。湖南民族地区旅游资源丰富，旅游业发展迅速，文化与产业融合是解决当前湖南民族地区旅游产业发展问题、促进湖南民族地区旅游产业提质增效的重要途径，也是推进湖南民族地区全域旅游发展、推动旅游产业供给侧改革、提供高质量旅游产品与服务的必由路径。把文化与旅游产业融入湖南民族地区经济社会发展全局，借鉴新公共管理理论、治理理论、整体政府理论、网格化理论等理论，加快文化与旅游融合，推进旅游向全景全业全时全民的全域旅游转变，努力把湖南民族地区打造成独具特色的旅游目的地势在必行。

二、可持续发展思想

1972 年，在斯德哥尔摩举行的联合国人类环境研讨会上，云集了全球的工业化和发展中国家的代表，共同界定人类在缔造一个健康和富生机的环境上所享有的权利。自此以后，各国致力界定可持续发展的含意。可持续发展要求人类在向自然界索取、创造富裕生活的同时，不能以牺牲人类自身生存环境作为代价。可持续发展是人类对工业文明进程进行反思的结果，是人类为了克服一系列环境、经济和社会问题，特别是全球性的环境污染和广泛的生态破坏，以及它们之间关系失衡所做出的理性选择。"经济发展、社会发展和环境保护是可持续发展的相互依赖互为加强的组成部分"，中国共产党和中国政府对这一问题也极为关注。1991 年，中国发起召开了"发展中国家环境与发展部长会议"，发表了《北京宣言》。1992 年 6 月，在里约热内卢世界首脑会议上，中国政府庄严签署了环境与发展宣言。1994 年 3 月 25 日，中华人民共和国国务院通过了《中国 21 世纪议程》。为了支持议程的实施，同时还制定了《中国 21 世纪议程优先项目计划》。1995 年，中华人民共和国党中央、国务院把可持续发展作为国家的基本战略，号召全国人民积极参与这一伟大实践。

三、深度融合思想

湖南民族地区文化与旅游融合发展要找准文化和旅游工作的最大公约数、最佳连接点，宜融则融、能融尽融。各领域、多方位、全链条深度融合，实现资源共享、优势互补、协同并进，形成发展新优势。

（一）推进理念融合

思想是行动的先导。要把理念、观念融合放在首要位置，从思想深处、从根子上打牢文化和旅游融合发展的基础，推动文化和旅游深融合、真融合。首先，要树立以文促旅的理念，文化需求是旅游活动的重要动因，文化资源是旅游发展的核心资源，文化创意是提升旅游产品质量的重要途径，文化的生产、传播和消费与旅游活动密切相关。通过思想道德观念的提升、文化资源的利用、文化创意的引入，能够提升旅游品位、丰富旅游业态、增强产品吸引力，拓展旅游发展的空间。通过公共文化机构、对外文化交流等平台的使用，能够促进旅游推广，为游客提供更加丰富的服务。其次，要树立以旅彰文的理念，旅游是文化建设的重要动力，是文化传播的重要载体，是文化交流的重要纽带。发挥旅游的产业化、市场化优势，能够丰富文化产品供给方式、供给渠道、供给类型，带动文化产业发展、文化市场繁荣；发挥旅游公众参与多、传播范围广等优势，能够扩大文化产品和服务的受众群体和覆盖面，对内更好传播中国特色社会主义文化、弘扬社会主义核心价值观，对外增强国家文化软实力、提升中华文化影响力再者，要树立和合共生的理念，文化是旅游的灵魂，旅游是文化的载体，二者相辅相成、互相促进。文化和旅游要相互支撑、优势互补、协同共进，才能形成新的发展优势、新的增长点，才能开创文化创造活力持续迸发、旅游发展质量持续提升、优秀文化产品和优质旅游产品持续涌现的新局面，才能更好满足人民美好生活新期待、促进经济社会发展、增强国家文化软实力和中华文化影响力。

（二）推进产业融合

首先，要促进业态融合，实施"文化＋""旅游＋"战略，推动文化、旅游及相关产业融合发展，不断培育新业态。深入实施"互联网＋"战略，推动文化、旅游与科技融合发展。统筹推进文化生态保护区和全域旅游发展，推动传统技艺、表演艺术等门类非遗项目进重点旅游景区、旅游度假区；推进红色旅游、旅游演艺、文化遗产旅游、主题公园、文化主题酒店等已有融合发展业态提质升级。其次，要促进产品融合，加大文化资源和旅游资源普查、梳理、挖掘力度，以文化创意为依托，推动更多资源转化为旅游产品。推出一批具有文化内涵的旅游商品。建立一批文化主题鲜明、文化要素完善的特色旅游目的地。支持开发集文化创意、度假休闲、康体养生等主题于一体的文化旅游综合体。推出更多研学、寻根、文化遗产等专题文化旅游线路和项目。再者，要持续释放大众文化和旅游需求，建立促进文化和旅游消费的长效机制，顺应居民消费升级趋势，积极培育网络消费、定制消费、体验消费、智能消费、时尚消费等消费新热点，完善行业标准体系、服务质量评价体系和消费反馈处理体系。

（三）推进市场融合

首先，要促进市场主体融合，鼓励文化机构和旅游企业对接合作，支持文化和旅游跨业企业做优做强，推动形成一批以文化和旅游为主业、以融合发展为特色、具有较强竞争力的领军企业、骨干企业。优化营商环境，促进创新创业平台和众创空间服务升级，为文化和旅游领域小微企业、民营企业融合发展营造良好政策环境。其次，要促进市场监管融合，对融合发展的新业态，要及时加强关注、引导，不断更新监管理念。建设信用体系，实施各类专项整治、专项保障活动，开展重大案件评选、举报投诉受理、证件管理等工作，要将文化市场、旅游市场统一考虑和研究。

（四）推进服务融合

协同推进公共文化服务和旅游公共服务、为居民服务和为游客服务，发挥好综合效益，是深化文化和旅游融合发展的重要内容。首先，要统筹公共服务设施建设管理，探索建设、改造一批文化和旅游综合服务设施，推动公共文化设施和旅游景区的厕所同标准规划、建设、管理。其次，要统筹公共服务机构功能设置，在旅游公共服务设施修建、改造中，增加文化内涵、彰显地方特色。利用公共文化机构平台，加大文明旅游宣传力度。再者，要统筹公共服务资源配置，推动公共服务进旅游景区、旅游度假区。如构建主客共享的文化和旅游新空间；在游客聚集区积极引入影院、剧场、书店等文化设施；统筹实施一批文化和旅游服务惠民项目。

第二章

湖南民族地区文化资源

"民族是人们在历史上形成的一个有共同语言、共同地域、共同经济生活以及表现于共同文化上的共同心理素质的稳定的共同体。"① 我国民族学界在对此认同的基础上，又从民族形成的充要条件、基本特征和本质属性等方面进行了更系统、完善的补充和表述，提出了民族是包含"四个共同"特征并具有相同的时代属性、社会属性、稳定属性和生物属性的稳固的人们共同体。② 2005 年 5月，我国民族工作会议上"民族"的定义是，在一定的历史发展阶段形成的稳定的人们共同体，一般来说，民族在历史渊源、生产方式、语言、文化、风俗习惯以及心理认同等方面具有共同的特征。湖南是多民族省份，湖南民族地区居住着汉族、土家族、苗族、瑶族、侗族、白族、回族等 56 个民族。其中，大多聚居在湘西和湘南山区，少数杂居在湖南省各地。据 2010 年第六次人口普查，湖南少数民族人口 655.14 万人，占全省总人口的 9.97%，占全国少数民族总人口的 5.76%；全省民族自治地方人口 459.03 万人，占全省总人口的 6.9%，其中少数民族 346.31 万人，占自治地方人口的 75.44%，占全省少数民族人口的 52.86%。人口在 1 万人以上的少数民族有土家族、苗族、侗族、瑶族、白族、回族、壮族等 7 个民族，共 650.18 万人，占全省少数民族人口的 99.24%。湖南是全国土家族、苗族、侗族、瑶族、白族等少数民族主要分布区域，5 个民族人口均超过 10 万人（其中土家族、苗族人口在 100 万以上），占本民族全国人口的比重分别为：土家族 32.79%、苗族 23.05%、侗族 28.88%、瑶族

---

① 斯大林. 斯大林全集：第二卷 [M]. 北京：人民出版社，1953：294.
② 杨建新. 中国少数民族通论 [M]. 北京：民族出版社，2005：14 – 17.

27.04%、白族6.23%。其中世居的有汉族、苗族、土家族、侗族、瑶族、回族、壮族、白族等9个民族，世居少数民族大多数居住在湘西、湘南和湘东山区。全省少数民族分布呈"大杂居、小聚居"格局，14个市州、122个县市区均分布有少数民族。民族地区包括1个自治州（湘西土家族苗族自治州，辖龙山县、永顺县、保靖县、花垣县、古丈县、凤凰县、泸溪县和吉首市）、7个自治县（通道侗族自治县、江华瑶族自治县、城步苗族自治县、新晃侗族自治县、芷江侗族自治县、靖州苗族侗族自治县、麻阳苗族自治县）、3个比照民族自治地方享受有关优惠政策的县区（桑植县、永定区、武陵源区）、6个少数民族人口过半县（绥宁县、会同县、沅陵县、江永县、石门县、慈利县）和84个民族乡。民族自治地方和民族地区分别占全省面积的17.8%和28%。少数民族人口100万以上的有湘西土家族苗族自治州、怀化市、张家界市；100万以下10万以上的有永州市、邵阳市、常德市。湘西土家族苗族自治州、怀化市、张家界市、永州市、邵阳市、常德市等6市州集中了全省96.34%的少数民族人口。

湖南省少数民族聚居区名录

一、民族自治地方（1州7县）

1州：湘西土家族苗族自治州（辖吉首市、凤凰县、花垣县、保靖县、古丈县、泸溪县、永顺县、龙山县等8个县市）

7县：通道侗族自治县、新晃侗族自治县、靖州苗族侗族自治县、芷江侗族自治县、麻阳苗族自治县、城步苗族自治县、江华瑶族自治县

二、享受民族自治地方待遇的县区（1县2区）

桑植县、永定区、武陵源区

三、民族乡（不含民族自治地方和享受民族自治地方待遇的县或区的民族乡）（75个）

怀化市（16个）

辰溪县（5个）：罗子山瑶族乡、苏木溪瑶族乡、上蒲溪瑶族乡、后塘瑶族乡、仙人湾瑶族乡

会同县（6个）：炮团侗族苗族乡、宝田侗族苗族乡、蒲稳侗族苗族乡、金子岩侗族苗族乡、漠滨侗族苗族乡、青朗侗族苗族乡

洪江市（2个）：深渡苗族乡、龙船塘瑶族乡

沅陵县（2个）：二西苗族乡、火场土家族乡

中方县（1个）：蒿吉坪瑶族乡

邵阳市（15个）

绥宁县（8个）：河口苗族乡、麻塘苗族乡、东山侗族乡、鹅公岭侗族苗族乡、寨市苗族侗族乡、乐安铺苗族侗族乡、关峡苗族乡、长铺子苗族乡

隆回县（2个）：山界回族乡、虎形山瑶族乡

洞口县（3个）：罗溪瑶族乡、长塘瑶族乡、大屋瑶族乡

新宁县（2个）：麻林瑶族乡、黄金瑶族乡

永州市（20个）

蓝山县（6个）：荆竹瑶族乡、湘江源瑶族乡、浆洞瑶族乡、汇源瑶族乡、犁头瑶族乡、大桥瑶族乡

江永县（4个）：松柏瑶族乡、千家峒瑶族乡、兰溪瑶族乡、源口瑶族乡

宁远县（4个）：九嶷山瑶族乡、棉花坪瑶族乡、桐木漯瑶族乡、五龙山瑶族乡

道　县（3个）：横岭瑶族乡、洪塘营瑶族乡、审章塘瑶族乡

金洞管理区（1个）：晒北滩瑶族乡

新田县（1个）：门楼下瑶族乡

双牌县（1个）：上梧江瑶族乡

张家界市（7个）

慈利县（7个）：高峰土家族乡、金岩土家族乡、许家坊土家族乡、三官寺土家族乡、阳和土家族乡、甘堰土家族乡、赵家岗土家族乡

郴州市（10个）

桂阳县（1个）：白水瑶族乡

北湖区（2个）：保和瑶族乡、仰天湖瑶族乡

宜章县（1个）：莽山瑶族乡

资兴市（2个）：回龙山瑶族乡、八面山瑶族乡

汝城县（3个）：文明瑶族乡、延寿瑶族乡、三江口瑶族乡

临武县（1个）：西山瑶族乡

常德市（4个）

鼎城区（1个）：许家桥回族维吾尔族乡

汉寿县（1个）：毛家滩回族维吾尔族乡

桃源县（2个）：枫树维吾尔族回族乡、青林回族维吾尔族乡

衡阳市（1个）

常宁市（1个）：塔山瑶族乡

株洲市（1个）

炎陵县（1个）：中村瑶族乡

益阳市（1个）

桃江县（1个）：鲊埠回族乡

在漫长的历史岁月中，多个民族在湖南民族地区大地繁衍生息，创造了丰富多彩的民族传统文化，留下了珍贵的历史文化遗产，这些民族传统文化作为一种独特的文化，凝聚着湖南民族地区多民族人们的观念、智慧和意志，蕴涵着十分丰富的时代价值。湖南民族地区的多民族文化在湖南民族地区多民族形成、发展的不同时段，影响着多民族人们的社会生产与生活方式，影响着湖南民族地区多民族人们的生存状态。多民族文化贯串于湖南民族地区多民族的历史、文化、政治、经济的发展进程，并深深影响着湖南民族地区多民族的发展。湖南民族地区文化资源包括民族文化、红色文化与和平文化等。本章主要分析这三种文化形态。《中国大百科全书·民族卷》将民族文化定义为："一个民族在长期的历史发展中共同创造并赖以生存的文明成果。"也就是说，民族文化主要是指组成一个民族的人们在长期的社会实践中创造和发展起来的具有自己民族形式和特点的文化，即物质财富和精神财富的总和。一个民族的文化，是该民族智慧的结晶，凝聚着该民族的感情、意志和追求，体现了民族精神，构成该民族的要素，成为一个民族的标志，对民族的进步和社会的发展具有重要的作用。湖南民族地区的各民族文化是湖南民族地区各民族人民群众共同创造的，经过长期的历史发展演进最终积淀形成的。湖南民族地区的各民族文化和湖南民族地区的红色文化与和平文化一样，各有特色、内容丰富。

第一节 苗族文化

湖南苗族人口 206.0426 万人（2010 年），主要分布在湘西土家族苗族自治州（80 多万），其他地方的苗族居住较为分散，一般以一个或几个村寨为单位，和其他民族交错杂居。其中，杂居区的苗族多数都是聚族而居，自立村寨，很少与其他民族合村共寨。苗族大多居住在边远山区，但由于分布地域广阔，各地自然环境差异也较大，海拔从 1000 多米降至 400 米左右，年平均温度为 15℃，无霜期长，四季分明，雨量充沛，适于水稻和林木生长。

沅水流域苗族中的苗族族群，作为沅水流域的世居居民，数千年来，繁衍生息在沅水流域这片土地上，创造了灿烂丰富的文化，极具特色。如独特的语言——乡话（一种比较复杂的语言），以及盘瓠文化、龙舟文化、跳香、敬傩神、哭嫁、斗鸟、山歌、傩戏、辰河戏等，都具有一定的艺术价值和研究价值。这些独特的、原生态的文化习俗，构成了苗族多姿多彩的民俗文化。首先，苗族族群保持了独立的族群语言。目前，湖南民族地区有 30 多万人仍然通行特殊的乡话。其次，苗族族群保持了独特的族群习俗。娱乐习俗主要有赛龙舟、唱山歌等，信仰习俗主要有敬始祖神、五谷神等，婚嫁习俗主要有哭嫁等，节岁习俗主要有跳香等。再者，苗族族群保持了独特的服饰。苗族喜穿青蓝布挑花服饰，包花布头帕，系围裙，捆腰带，戴银饰。这些民族服饰美观大方，独具特色。

此外，苗族具有悠久的汉文化浸润的历史。苗族不仅有著名的"学富五车，书通二西"的成语出处——二西藏书洞，还有让人探索不止的苗族传统文化。相传，苗族地区民间赛龙舟是为了纪念始祖盘瓠。苗族地区传统龙舟赛源于远古，历经几千年，已形成"偷料""关头""赏红""抢红""砸船""两大观点""三大流派"等一部厚重的"龙舟经"，构成博大精深的传统龙舟文化。

当然，苗族的声乐文化也极为浓厚。苗族山歌腔调繁多，异彩纷呈。苗族人爱唱山歌，石岗界一带有对歌数昼夜的记载。苗族山歌大多曲调高亢嘹亮，节奏自由悠长，歌词朴实、想象奇特、比喻巧妙，生动鲜活。苗族的劳动号子达数十种之多，最著名的当属"船工""车水"和"盘木"三大号子。

苗族文化博大精深，保护、继承和发扬苗族族群的传统文化，既是保护苗族文化多样性的需要，也是丰富我国文化宝库的需要。

一、文学、艺术和医学

苗族是个喜爱歌舞的民族，音乐舞蹈和苗戏等具有悠久历史。史籍上早有"男吹芦笙女振铃"的记载。苗族"飞歌"享有盛名，现已作舞台演唱或谱曲演奏。器乐分打击乐和管弦乐两类，以木鼓、皮鼓、铜鼓和芦笙最为驰名，此外还有芒筒、飘琴、口弦琴、木叶和各种箫笛。舞蹈有芦笙舞、板凳舞、猴儿鼓舞等，以芦笙舞最为普遍，技巧很高。

苗族人民创造了丰富多彩、风格独特的民间文学和艺术。民间文学主要有诗歌和传说故事，多以口头传说流传至今。诗歌一般是五言体，间有七言体或自由体，大多只讲调而不押韵，一般曲调简单，变化不大，节奏也不太严格，篇幅长短不拘，分别为古歌、理词、巫歌、苦歌、反歌、情歌和儿歌等。苗族的诗歌和古老的传说故事不仅提供了丰富的民族民间文学资料，也是研究苗族历史的重要参考资料。

苗族人民创立了自己的医学，把人体的疾病分为内科36症、外科72疾，治疗方法20余种。苗药医治骨折、蛇伤、毒箭射伤、刀枪伤等有神速之效。苗药多用生药，现采现用。

二、礼仪

苗族有崇尚礼仪、从善如流的习惯，并由此形成了尊老爱幼、热情好客的社会风尚。苗族有谚语："逢老要尊老，逢小要爱小，老爱小，小爱老，敬老得寿，爱小得福，处处讲礼貌，才成好世道。"这一谚语深刻反映了苗族是一个很讲礼节、很注重道德风尚的族群。在苗族地区，如有客人来访，苗族人会杀鸡宰鸭盛情款待，若是远道来的贵客，则往往还会先请客人饮牛角酒。吃鸡时，鸡头要敬给客人中的长者，鸡腿要赐给年纪最小的客人。苗族人民对于长辈老人特别尊重，遇到走村串寨的老人，无论是谁，只要进到自家屋里来，必定热情接待。首先给老人让座，然后敬茶、点烟，问寒问暖，使老人感到像回到了自己的家一样。若是路上遇见了的老人，不论认识与否，都亲切地打招呼，并让道给老人先走。如果遇上家族或亲戚，则必须按辈分称呼，不能随便呼长叫短，否则将被视为无礼而受到耻笑、斥责。当然，爱幼也是苗族的一种美德。爱幼，一般是指父母对子女的教育、管教，使之成人。所谓"成人"就是子女长大后开始务正业、做好事。所以，养育子女成人，是做父母的优良品德。如果做父母的不把自己的子女抚养成人，那就是缺德的行为，人们就会加以谴责。不过，爱幼，也包括社会上的人们对孩子的爱护和管教。

三、服饰

苗族服饰样式丰富，色调繁多，以色彩艳丽出名。早在《后汉书》《晋记》等书中，就有关于五溪苗族"好五色衣裳"的记载。唐代大诗人杜甫也写下了"五溪衣裳共云天"的记载。盛赞苗族服饰足与天上彩云媲美。现在的苗族妇女仍喜穿绣花衣裳。苗族的衣服以绣花草为主，色调素净，服饰质料主要是棉布、麻布，也有部分是丝绸。苗族姑娘喜戴银饰，挽发髻于头顶，常戴制作精美的银花冠，银冠下沿圈挂银花带，下垂一排小银花坠，脖子上戴的银项圈多以银片打制花和小银环连套好几层而成。银锁和银压领戴前胸，而胸前、背后戴的是银披风，下垂许多小银铃。这些银饰品大多是本民族男工匠打制。其用途有银冠、银衣、银项圈、银手镯、银耳环等几类。论工艺，有粗件和细件之别。精件主要是项圈、手镯，细件主要是银铃、银花、银雀、银蝴蝶、银针、银泡、银锁、银链、耳坠等。当然这种区分方式不是绝对的，如空心、泡花的项圈也是精工制成的作品。苗家姑娘盛装的服饰常常有数公斤重，有的是几代人积累继承下来的。耳环、手镯都是银制品，只有两只衣袖才呈现出以火红色为主基调的刺绣，但袖口还镶嵌着一圈较宽的银饰。素有"花衣银装赛天仙"的美称。苗族的挑花、刺绣、织锦、蜡染、剪纸、首饰制作等工艺美术品，艳丽多彩。苗族的蜡染工艺，已有千年历史，新中国成立后已发展到能染彩色图案，并向国外出口。苗家银饰的工艺，华丽考究、巧夺天工，充分显示了苗族人民的智慧和才能。

苗族的服饰各地不完全相同，但男子多用布包头，身穿短衣裤，而苗族妇女的穿戴则普遍比较讲究，尤其是盛装，极为精美，花饰很多，衣裙上面绣制的各种图案，古色古香，异彩纷呈。具体而言，现代苗族服饰男装比较简便，一般搭配为头包头巾，上身穿小领对襟短衣，下身穿长齐小腿肚的裤子，多用青蓝二色，和本地汉族男子差别不大。但女装相对而言稍显复杂，有百多种样式，为国内各民族所少见。大致可分为两类。第一类，是传统的古老形式，在头饰上以挽发髻盘扎于头顶，上插木梳及其他妆饰物，类似云髻为多。比较华丽，仅头饰就有几十种，内容丰富多彩，是苗族最具特色的部分。第二类，是头上包头帕，上身穿长裤，衣缘、衣袖、裤脚都镶"花边"。衣服两肩及胸前、背肩上绣"花边"，胸前系上绣花围腰一幅，服饰多为青色或蓝色，也有用深灰色和黑色。第二类比第一类素净，用料少、费工少，是清代中叶改装后逐渐兴起的样式，是一种经过改造而具有苗族特点的满人服。过去衣身又长又大，袖管也很大，经过长期改良，现今已变成紧身窄袖、曲线优美的服装了，再加上精致的银饰衬托，更是锦上添花。

服饰作为一种物质文化现象，其产生与变化总是与社会的经济发展变化相适应的。苗族传统服饰是苗族人长期适应生存环境的产物。自古以来，苗族人就在沅水流域的广大地区繁衍生息。苗族地区土地肥沃，气候四季分明，热量充足，雨水集中，严寒期短，暑热期长，为农业生产提供了便利，使苗族人地区形成了稻作农耕文化。苗族人在适应稻作农耕的生产生活实践中，逐渐形成了"男朴女繁"的传统服饰特点，男性服饰较为简单，而女性的服饰通常变化多样，并多以刺绣图案作装饰。苗族人离不开包头帕是保暖和保持头发清洁卫生的需要，而服饰的身、袖、腿较宽松，则是为适应苗族人地区的气候、环境、稻作农耕等自然条件。苗族服饰有男女老少之分，但没有贵贱之分。这反映了在古代社会中，人们无贵贱之分、共同劳动、平等共处的社会地位。苗族男女在生产中有明显的劳动分工。因为苗族男子主要从事田间的体力劳动，所以在穿着上就较为简单；苗族妇女主要从事家务劳动或比较轻松的农活，服饰常常较为纷繁复杂，工艺技巧也较高。

苗族服饰历史悠久，独具特色。改革开放以来，随着收入水平的提高，苗族人用于衣着类的支出大幅度提高。一方面，苗族人制作服饰的衣料更加多样化。除苗族人地区传统的棉布外，还有从外地引进的化纤布、混纺布等，其中化纤布成为主流的布料。有的还用毛料和更高级的衣料制作服装。部分苗族青年还追赶潮流，穿皮鞋、高跟鞋、抹口红和烫发者逐渐增多。另一方面，随着沿海发达地区成衣加工业的发展，大量的各式各样的成衣涌进苗族地区，从市场上购买成衣很方便，购料加工服装基本被取代。但出于经济的考虑，一些老人和经济条件较差的苗族人依然习惯于购料加工服装。总之，随着苗族地区人们收入的增加，苗族人的穿着打扮已越来越多姿多彩。苗族人曾经"一衣一季"的服装消费方式逐渐被"一季多衣"所取代，人们日常大都穿着从集市或服装商城购买，如夹克衫、衬衫、西装、皮鞋等，青年还喜欢穿休闲运动装、羽绒服、棉衣、牛仔裤、运动鞋和高跟鞋等，服装的款式越来越丰富多彩，极大体现了苗族的个性化和时代特点。

四、婚俗

苗族人民恋爱自由、婚姻自主。男女青年有以歌为媒、自由恋爱的传统。即男女双方通过对歌，彼此若有意，就互赠礼品作为定情信物。他们用歌声倾诉爱慕之情，寻觅理想的伴侣。过年、三月三、四月八、五月端午、六月六、八月中秋、九月重阳、十月年、还傩愿，以及赶场、扯猪草、挑野菜、摘野果等，都成了苗族青年男女谈情说爱的良机。

苗族青年男女虽恋爱自由，但十分注意伦理道德。仅是谈恋爱，就有五道关口，通过"五关"之后才禀知父母。其一是要问姓氏、婚否。若是同姓，则以兄弟姐妹相称，不能嬉戏；对已有对象或订了婚的人，只要知情，一般不去夺人所爱。其二是歌词联姻。要是词不达意，讲话粗鲁、下流，会遭到对方讥笑，因而被拒之门外。其三是文明聚会。情侣相邀约会，对坐交谈唱歌，双方必须保持相当的距离。其四是互赠信物。经多次聚会，彼此了解，才互赠信物以表心意。如屈原《离骚》中所写："解佩以结言兮，令謇修以为礼。"其五是海誓山盟。除明察暗访，还要吃血酒或打碗折草盟誓，方道出真情实意，结成终身伴侣。另外，苗族人民婚姻虽十分自主，但很讲究道德观念。苗族有一定的习惯法规，代代相传，已成为人们的行为准则。例如，不许"先奸后娶"，违者重罚，并将其示众，以儆效尤；办了"订婚酒"后，一诺千金，不得反悔；订婚或结婚以后，谁要夺其心爱，犯其妻妾，则举刀相向。因此，历来苗族男女社交自由而婚姻秩序井然。由于恋爱自由，婚姻自主，苗族人民的家庭温馨和谐，夫妻相敬如宾。

五、食俗

饮食是人类生存的根本。苗族的饮食文化是苗族文化中的一朵奇葩。可惜，因历史记载的零散而难以完整、准确地进行学术追溯。苗族饮食文化的形成与发展受到自然环境和生产力水平等多种因素的影响。但总而言之，在长期的繁衍生息过程中，苗族逐渐产生了与当地自然条件和经济生活相适应的具有自身特点的饮食文化。

火的使用，使苗族先民能吃上熟食，告别了茹毛饮血的时代。熟食有利于人体消化吸收、减少肠胃疾病，极大地促进了苗族先民体质、智力的发展。当今，苗族地区许多家庭还在使用鼎、罐与甑子等器皿作为炊具。

苗族人民饮食和生活习惯关系紧密。在自然经济条件下，苗族先民种植的作物主要有水稻、小麦、玉米、小米、黄豆、红薯和洋芋等。这些作物也是苗族先民的主要食物。直到新中国成立前夕，有的苗族地区农村群众仍习惯每天只吃两餐。但在农忙时节，由于劳动强度较大，早晨要加一顿"过早"。据说"过早"餐大多是糯米做的汤圆，吃汤圆有五谷丰登、吉祥如意之意。另外，苗族多饮家酿糯米甜酒，也酿米酒、谷酒、苞谷酒、高粱酒等黄酒，其味柔软绵长。其中，城区居民多饮曲酒、葡萄酒，20世纪80年代开始饮啤酒、香槟、可乐、橘汁；而农村仍以饮家酿黄酒为主，兼及曲酒。

苗族的时令食品繁多。"冬至"节前后熏制腊肉。除夕前备粑粑、炒米、糖徽、甜酒、腊八豆。农历正月十五日吃"元宵"，五月端阳吃粽子，八月中秋杀鸭吃月饼。此外，有些地方的苗族有吃"合合菜"习俗，"合合菜"又叫"一锅炊"，即将炒熟的肉鱼等各种菜肴，倒入钵或锅内，主客围火炕而食，以鱼肉杂糅为美味。有研究认为，在西汉前期，中国的传统饮食还是蒸、煮，炒菜还未出现，故而吃"合合菜"这种传统饮食习惯，有可能传承于西汉前期中国传统的食物制作流程，它很可能与西汉初期《美食方》记载的食物制作流程有关。

苗族有杀年猪的习惯。每年年尾腊月时侯，苗族人民无论家境贫富都要想方设法杀一头或大或小的猪做年猪。苗族杀年猪颇有讲究，请客吃年猪肉更是花样众多。苗族好客，杀年猪时，要把亲戚朋友请来，连同屋场或一个村坊的人也要尽量请到。一是庆贺，二是礼节，三是使有隙的亲邻趁此机会和好。有些苗族人杀年猪庆祝时还会放鞭炮，吃年猪饭时也总是安排得热热闹闹的。

苗族有熏制腊肉的传统习惯。人们先将猪肉切成块，擦上盐和各种香料后，腌上三至五天，等盐及香料浸进肉里，再挂到火炕上慢慢熏干。腊肉一般可保存半年以上。以往，有些殷实的人家甚至将腊肉存放一年以上。苗族熏烘的腊肉，往往油中透红、红中透亮、不见烟灰、颜色很好看。苗族用腊肉做菜时，先把腊肉洗干净，蒸软或煮熟后切成片，再加辣椒、作料翻炒，香味独特，菜色亦佳。

苗族有做糍粑的习惯，特别是春节素有"二十八，打粑粑"的说法。做粑粑一般选用优质的糯米，尤其是本地糯米最佳。把糯米浸泡淘洗后，再放到蒸笼里面蒸熟，然后分批倒进圆形的粑粑岩中，用木质粑粑锤碾压和捶打成糯米泥，然后捧到涂蜂蜡的案板上，将糯米泥捏成一个个糯米团，再将糯米团反复碾压成圆形，于是，粑粑就做成了。有时，为了储藏一段时间，可把粑粑装进坛子里用水泡着。想吃的时候，再取出来放到锅里油煎、蒸煮或烧烤变软再吃，若将之拌蜂糖、红糖、白砂糖吃，其味更是香甜可口。随着季节不同，苗族还有做桐叶粑粑、芭蕉粑粑、蒿叶粑粑、棕叶粑粑的习惯。

日常，苗族也十分重视相关的饮食行为习惯。如筷子不许直立插入米饭之中，因为这象征着香炉烧香祭祀；不能用筷子敲碗边，这有乞丐乞讨之嫌；客人添饭时不能说"还要饭吗"；吃饭位置坐好后就不能再换，端着碗满处跑那是要饭的；全家人围坐用餐，大人不动筷孩子不能先动筷；长辈坐正中，其他人依次而坐，一般来说夫妻要挨着，得宠的孩子可以挨着老人，但座椅不可高于长辈；喝汤不许吸溜发出声响，吃饭不许吧唧嘴，要闭上嘴嚼；吃饭时，手要扶碗，不许叉腿，不许咋咋呼呼，不许斜眼看人，不许抖腿，不许一只手放在桌下；等等。

苗族在漫长的历史发展过程中，形成了与当地地理环境、气候条件和经济条件相适应的具有一定共性的饮食习俗，其主要特征表现在以稻米、玉米、红薯为主粮，以酸辣豆制品为佳肴，风味小吃丰富多样。新中国成立后，特别是改革开放以来，苗族饮食发生了很大的变化，苗族地区的农业生产得到快速发展，除了传统农作物外，还大力种植油菜、黄豆、白菜、萝卜、大蒜、豆角等农作物，大力发展林木业和畜牧业，饲养猪、牛、羊、鸡、鸭、鹅等家禽家畜。苗族地区的城乡经济得到全面发展，苗族地区民众的生活条件得到较大改善。苗族地区人们的饮食结构正在由"量"的满足转向"质"的提高。大量营养丰富、品种多样的副食品消费量呈现逐年上升的趋势。

近年来，随着社会的发展和健康观念的变化，苗族地区民众饮食理念已由"吃饱吃好"逐步向"吃得营养、吃得健康"转变，舌尖上的理性、餐桌上的科学，二者同样不可缺席，苗族人民饮食逐渐理性化。

六、节庆

苗族的传统节日很多，不过不同地区的苗族过的节日不完全相同。湖南大多数苗族民众过去信仰万物有灵，崇拜自然，祀奉祖先。除传统年节、祭祀节日外，大多数的苗族还有"三月三"、歇牛节、龙船节、花山节（五月初五）、吃新节（农历六、七月间稻谷成熟时）、采茶节、杀鱼节、赶秋节（立秋）等。过节时，除备酒肉外，还必备节日食品。

"三月三，地（荠）菜煮鸡蛋"，这是流传于大多数湖南苗族地区的传统习俗。每到三月三这天，人们会将新鲜荠菜洗净后捆扎成一小束，或用刀切碎，放入鸡蛋、红枣，再配两三片生姜，煮上一大锅，全家都吃上一碗，既可以去风湿、清火，腰腿不痛，还可以预防春瘟。大多数苗族人在读书的时候都会有这样的经历：每年的三月三，母亲总会将用地菜煮好的鸡蛋装在书包里。故而，苗族人对荠菜煮鸡蛋都有着一种莫名的亲切感。

"三月三"，旧时称"上巳日"，是在农历三月初三日。古时以三月第一个巳日为"上巳"，汉代定为节日。《后汉书·礼仪志上》记载："是月上巳，官民皆絜于东流水上，日洗濯祓除，去宿垢疢，为大絜。"魏晋以后，"上巳节"改为"三月三"，一直流传到今天。地菜，书名叫荠菜，是一种绿色的植物，一般长在田坎上和菜地里。地菜不仅营养丰富，而且还能治疗多种疾病。民间有"阳春三月三，荠菜当灵丹""春食荠菜赛仙丹"的说法。不仅如此，聪明智慧的古人除用菜内服治病外，还用它来"布席""插戴"。据《食性本草》载："荠花布席下，辟虫，又辟蚊蛾。"《本草纲目》记载："释家取其茎作挑灯杖辟蚊蛾，谓之'护生草'，能护众生也。"古话说："三日戴荠花，桃花羞繁华。"据悉，宋代非常流行这一戴荠花民俗，老少男女争相插戴。有关研究资料证实，荠菜的营养价值很高，有多种人体不可缺少的营养成分。它每百克含蛋白质5.3克，是韭菜的三倍、蒜苗的四倍、西红柿的七倍。现代医学证明，荠菜有多种药用功效。

歇牛节。在苗族地区，有"四月八，牛歇桠"的说法。每年到了农历四月初八日这一天，不论农活有多忙，耕牛都要歇桠休息一日，过"牛节日"，俗称"歇牛节"。这一天清早，农户把牛牵到水草丰茂的地方让它美美地吃上一顿嫩草，还规定不准用鞭子打牛，不准骂牛。主人将牛栏粪便清理干净，并撒上石灰消毒。牛从山上回来后，主人要将它牵到水边，洗个澡并将身上泥垢刷干净，然后用牛篦子疏掉身上的虱子，把身上刷干净后，牵回家稍事休息，便在糯米甜酒中打上五到十个鸡蛋，有的用糯米稀饭加鸡蛋，拿去喂耕牛。富裕的农户，则将狗肉煮得稀烂，去掉骨头，用竹筒灌入牛嘴里。若有外伤则涂抹茶油。晚餐时，除在青草上喷些盐水外，还要煮一盆白米粥，让牛吃。

端午节龙舟赛。《中华人民共和国资料手册》等书籍记载："龙舟竞渡，最早始于武陵。"苗族地区的龙舟历史比任何地方的都要悠久。相传龙舟赛是苗族先民为纪念他们的始祖盘瓠而举行的一种祭祀活动。苗族地区传统龙舟赛参赛船只人员分工十分讲究，责任相当明确，每只船的队员48人，其中包括桡手42人、锣、鼓手各1人，头旗、二旗各1人，头桡、艄公各1人。从船头到船尾布局为头桡、引水、前羊角、鼓仓、后羊角、夹艄、艄公七个位置。头桡是龙船的活龙头。比赛时，划头桡的人必须脚跪船头，腰身以上全要悬在空中，下桡凶狠，劈波斩浪；游江时，必须会竖"阳雀"（倒立），将顶天立地变成顶地立天，意为倒转乾坤。"引水"分头引、二引、三引，这三对桡必须要有十年以上的船龄，他们是全船划手的引导和楷模。前羊角位在撑缆的后木架前后，仅次于引水，力气要好，要有拉劲。后羊角位于撑缆的后木架前后，最主要的任务是协助艄公掌好艄，其次才是划船，俗称二艄公。艄公是全船的核心，要是赛时走了艄，就是再好的划手也一定会输。鼓手尤其重要，一般情况下旗是指挥，鼓是号令。苗族地区龙船的文化沉淀很深，每条龙船都有其寓意：头桡、艄公是意为龙头、龙尾，船缆意为龙脊，就连划船的人数也是用诗歌的形式来表现"廿一船挡四二桡，一锣一鼓在船腰，船头船尾两好汉，头旗二旗双人摇"。苗族地区传统龙舟赛的赛时一般定在五月端午节至十五之间；赛程是横江而竞，以江面水涨水落自然距离而定；布阵是两只赛船分上下水排列，由南向北划行。苗族地区传统龙舟赛的形成历史久远，它参与性强，社会影响力大。不仅仅只是大人们热爱，小孩子同样也非常喜欢。湖南大多数的苗族自古就有农历五月划龙船的习俗。每年端午节前的十天半月里，沿河村寨的龙船就下水了，整天在河里咚咚锵锵地热闹。别看每条船上只有二三十个人，其实每条船后，都有一个村寨的人在为它激动，为它牵挂。

七、习俗

沅水流域苗族至今还保留着许多传统习俗。例如，苗族人以姓氏为单位聚族而居，外姓不准进入。由于苗族人过去被征剿、驱赶之故，他们的居住地大都是山区，住屋不论土、木结构，窗户都很小，屋内光线很暗。一般都是三空四扇一字形屋，也有堂屋内凹的中窝形屋，中间是堂屋，两边分为内外两部分，里边是卧室，外边是火床、火床上设火坑，火坑内置三脚铁架，是煮饭菜、烤火、日常接待客人的地方。另外，苗族人家里来客时，往往客人、家人团坐火坑四周，围锅而食但严禁踩三脚铁架行为，因为认为是"欺主"。招待客人，肉必切成大块或大坨，以示尊敬，否则会被人看作吝啬。苗族人饮食喜酸味，因喜吃酸，家家都有多少不等的酸菜坛子。此外，苗家女子，不论贫富，过去都不缠足。他们男女共同耕作，赤足草鞋。周边其他一些少数民族人们，在与苗族人长期交往中也习得了这些与苗族人大致相同的习俗，有的习俗沿袭至今。

八、建筑

湖南大多数苗族地区的房屋多是木结构，以瓦、杉皮或茅草等盖顶。其中，山区建筑多为吊脚楼。吊脚楼多依山靠河就势而建，呈虎坐形，以"左青龙，右白虎，前朱雀，后玄武"为最佳屋场，后来讲究朝向，或坐西向东，或坐东向西。吊脚楼属于干栏式建筑，但与一般所指干栏有所不同。干栏全部都是悬空的，所以称吊脚楼为半干栏式建筑。依山的吊脚楼，在平地上用木柱撑起分上下两层，节约土地，造价较廉；上层通风、干燥、防潮，是居室；下层关牲口或用来堆放杂物。房屋规模一般人家为一栋四排扇三间屋或六排扇五间屋，中等人家五柱二骑、五柱四骑，大户人家则七柱四骑、四合天井大院。四排扇三间屋结构者，中间为堂屋，左右两边称为饶间，作居住、做饭之用。饶间以中柱为界分为两半，前面做火坑，后面做卧室。吊脚楼上有绕楼的曲廊，曲廊还配有栏杆。有的吊脚楼为三层建筑，除了屋顶盖瓦以外，上上下下全部用杉木建造。屋柱用大杉木凿眼，柱与柱之间用大小不一的杉木斜穿直套连在一起，即使不用一个铁钉也十分坚固。房子四周还有吊楼，楼檐翘角上翻如展翼欲飞。房子四壁用杉木板开槽密镶，讲究得里里外外都涂上桐油又干净又亮堂。底层不宜住人，是用来饲养家禽，放置农具和重物的。第二层是饮食起居的地方，内设卧室，外人一般都不入内。卧室的外面是堂屋，那里设有火塘，一家人就围着火塘吃饭，这里宽敞方便。由于有窗，所以明亮，光线充足通风也好，家人多在此做手工活和休息，也是接待客人的地方。堂屋的另一侧有一道与其相连的宽敞的走廊，廊外设有半人高的栏杆，内有一大排长凳，家人常居于此休息，节日期间妈妈也是在此打扮女儿。第三层透风干燥，十分宽敞，除作居室外，还隔出小间用作储粮和存物。

吊脚楼最基本的特点是正屋建在实地上，厢房除一边靠在实地和正房相连，其余三边皆悬空，靠柱子支撑。吊脚楼有很多好处，高悬地面既通风干燥，又能防毒蛇、野兽，楼板下还可放杂物。吊脚楼有鲜明的民族特色，优雅的"丝檐"和宽绰的"走栏"使吊脚楼自成一格。这类吊脚楼比"栏杆"较成功地摆脱了原始性，具有较高的文化层次，被称为巴楚文化的"活化石"。它是一个令人忘俗的所在，散发着生命的真纯，没有一丝喧嚣与浮华。身临其境，俗世的烦恼会烟消云散，困顿的胸怀会爽然而释。

第二节　土家族文化

湖南土家族人口为 263.25 万人（2010 年），主要分布在湘西土家族苗族自治州的永顺、龙山、保靖、古丈等县，张家界市的慈利、桑植等县，常德市的石门等县。土家族所居住的地区，属于山区丘陵地带，海拔多在 400—1500 米，境内山岭重叠，岗峦密布，主要的山脉有武陵山等。由于酉水、澧水、武水等河流纵横交错，加上武陵山区的土家族地区气候温和，雨量充沛，具有发展农、林、牧、副、渔业的良好条件。土家族自称"毕兹卡""密基卡"或"贝锦卡"，意为"土生土长的人"。土家族的语言属于汉藏语系藏缅语族，分为南部方言和北部方言。土家族没有本民族文字，长期以来使用汉文，且绝大多数土家人都通用汉语，部分人兼通苗语，目前只有酉水流域永顺、龙山、来凤等县的部分土家人会说土家话。

一、饮食文化

土家族地区万山峻岭的地理环境及艰难困苦的生活条件，造就了土家族饮食崇尚俭朴的特点。土家族地区山多田少，农业生产条件相对较差。长期刀耕火种式的粗放型耕作方式严重地制约了土家族传统社会种植业的发展，新中国成立前，土家族先民经常粮食不足、生活窘迫。新中国成立以来，特别是随着改革开放的推进和现代农业科技的发展，政府对土家族地区农业经济的大力扶持，当地农村农副产品的生产开始由单一性向多样化转变。

土家族地区大多山深水寒，人们嗜食酸辣。辣椒烹调有炒食或制成酸辣、酱辣、腌辣、油炸辣等多种方式。人们亦喜食腌制酸菜、盐菜，"坛子菜"为居家必备，其人丁众多而主妇又勤劳者，坛子菜可达数十坛之多。最常见的有胡葱酸、晶头酸、萝卜酸、青菜酸、榨菜酸等。或把肉、剖肚去杂鲜鱼和米粉以坛封之，做成酸酢肉、酸酢鱼，其味更佳。豆腐、豆豉、豆叶皮和豆腐乳等豆制品也很常见，土家族常把豆饭、玉米饭与豆腐渣汤一起食用。酸菜豆腐汤是土家族的传统汤菜。酸菜豆腐汤颜色嫩黄、味道清鲜、食之能增食开胃，土家族大多家庭都有酸菜缸。

土家族有善吃的传统，风味小吃比较著名的有马蹄糕、春卷、灯炸窝、凉面、发糕、芝麻片、寸金糖、雪枣、莲花根、米白糖、红薯糖、核桃酥、糯米糕、油炸糯米粑、糖撒、炒米、红薯片、姜糖、酢鱼、夹沙糕、汤泡肚、花生糖、云片糕、花生片、泡沫糖、猪脚粉、米豆腐等，另有凉粉、烫面饺、棉花糖、酸梅粉、动物饼干、葛、醋萝卜鸡菜、把把糖、油粑粑、珠珠糖、烤红薯、甜酒、炒汤圆、麻花、发饼、果丹皮、鸡蛋糕、葡萄干、冰糖等。这些食品，酸甜香辣，无所不包，在满足土家族民众舌尖味蕾享受的同时，也蕴含着许多生活的哲理。

土家族饮食文化发生了很大的变化。随着土家族地区农业生产的发展，以及市场经济的发展，专业化生产、互通有无、互补所缺越来越普遍。土家族地区人们的农产品除满足自我消费外，还有大量富余，可以在市场上进行交易。土家族地区民众在农忙时、逢年过节和举行婚丧祭祀等仪式，或在季节转换和菜园缺菜时，会去市场买菜。种类主要是油、豆制品、蔬菜、牛肉、猪肉和家禽等。因此，土家族地区人们的食品消费特别是副食消费，对市场的依赖程度不断增加。大多数家庭不再像以前油菜、黄豆、白菜、猪、牛、羊、鸡、鸭等什么都生产或饲养，而是主打一种或几种产业进行专业化发展，极大地提高了生产效率。由于副食品市场化的不断加强，土家族以前"四季腊肉，终年酸菜"

的生活状态基本得到改变。现在，除本地的副食品种外，许多外地的肉食、果蔬、海鲜、豆制品、反季节产品等果蔬食品被引进，副食品的种类更加多样化。同时，由于土家族地区冰箱冰柜的普及，方便了食品的保存，因而人们常年可以吃到新鲜的食物。当前，在土家族地区，新鲜的肉食和蔬菜十分畅销。

的确，土家族地区人们的饮食观念也发生了较大的变化。在吃的方面，人们不但要求吃饱，还讲究吃好、要有营养、食品要多样化。现代饮食观念对部分土家族，尤其是年轻一代影响比较明显。近年来，随着土家族地区人们生活水平的提高，人们开始注重菜品的烹调，常用的调味品除了油、盐、姜、葱、辣椒、蒜等传统佐料外，还有味精、酱油、五香粉、醋、火锅底料等，许多家庭的菜肴制作已经开始讲究主、配料的搭配和菜肴的色香味，有的青年人还专门到新东方学习烹调技术，开饭店创业。土家族食品消费逐步向营养、科学、多样化发展。

二、医药文化

在秦汉前后的漫长岁月中，土家族先民在人类的生产活动中尝草识药，治验疾病，经历了本能经验积累、初期医疗活动及巫医影响的过程。五代以来，由于外来民族迁徙定居于土家族地区，土家族民间医疗活动较为活跃。清朝雍正年间对土家族地区实行"改土归流"后，土家族中的有识之士，在前人识药治病，实践知识累积的基础上，进行了理论上的总结和实践的反复验证，使得土家族医药有了进一步的发展。这时期土家族民间出现了许多医药抄本，如湘西有《老家传秘方》《草药十三反》《七十二方》等。这些书是集传统中医与土家族医药为一体、突出地方特色的医药专著。土家族医药认为，人体主要由三元、十窍、肢节、筋脉、气血精组成，认为产生疾病的主要原因是瘟气（指引起疾病之风、寒、湿、火）、生活饮食、劳损外伤、情志、气血失调、冷热失衡等因素。土家族医药在长期的临床实践中，逐步积累了一些独特的诊疗方法。主要通过看诊、问诊、听诊、脉诊、摸诊等五个方面来观察和了解疾病的变化，分析判断疾病的症结。土家族医药的临床治疗方法繁多，归纳起来可分为两大类：一是药物治疗，二是非药物疗法。土家族医药的非药物治疗方法独特，简便廉易，临床上有较好的效果。

三、织锦技艺

土家族织锦技艺，在土家族民间俗称"打花"，有西兰卡普和花带两大类。其中西兰卡普最具代表性和典型性。它使用古老的腰式斜织机，采用"通经断纬"的挖花技术，具有汉唐"经锦"遗风，土家织锦以图纹命名，如单八勾、四十八勾、岩墙花、椅子花等，但"名存形异"又是其重要的艺术特色之一。传统的西兰卡普有300多种，图纹题材涉及动物、植物、劳动生产、民俗生活、抽象几何图案等方面。西兰卡谱与云锦、蜀锦、壮锦、宋锦"四大名锦"媲美，堪称中国织锦瑰宝。

四、表演艺术

湖南土家族的表演艺术主要有摆手舞、梯玛歌、打溜子、毛古斯舞、民歌、哭嫁歌等。

土家族摆手舞是最具土家族民族特色及古老风俗的节庆舞蹈。摆手舞产生在土家族祭祀仪式中，集歌舞、乐、剧为一体，表现开天辟地、人类繁衍、民族迁徙、狩猎捕鱼、开荒农耕和饮食起居等广泛而丰富的社会生活内容。它以史诗般的结构和炽热的色彩，向人们展示出一幅幅气势磅礴的民族历史画卷和风情，被誉为土家人民历史的艺术写照。

土家族梯玛歌是土家族长篇史诗，集诗、歌、乐、舞为一体，表现开天辟地、人类繁衍、民族祭祀、民族迁徙、狩猎农耕及饮食起居等广泛的历史文化与社会生活内容。在唱述时，以土家语为主要表述语言，在形式上是韵文和散文的综合体，演唱时有唱有吟，有对唱有合唱，以独特、稀有的文化形式，凸显珍贵的文化价值，被誉为"研究土家族文化的百科全书"。

土家族打溜子是走向世界的土家族传统打击乐，土家族称"家伙哈"，汉语俗称"打挤钹"。是流传在湘西土家族地区的传统打击乐，主要由钹、锣两类乐器演奏。土家族打溜子与其他音乐形成一样有它自身独特的乐汇、乐句、乐段和曲牌，发音独特，节奏明快，有200多个传统曲牌。土家族打溜子《锦鸡出山》曾在德国、瑞士、荷兰、意大利等国演出，表演风趣幽默，广受欢迎。

土家族毛古斯舞是"中国戏剧活化石"，土家族语称"谷斯拔帕舞"，表演大多与跳摆手舞穿插进行，以模仿土家先民渔、猎、农耕等劳动生产为表演内容，具有人物、对白、简单的故事情节，既具有舞蹈的雏形，又具有戏剧的表演性，两者杂糅交织，形成浑然一体的原始祭祀性舞剧。

土家族民歌是我国土家族地区现存唯一用土家语言演唱的传统民间歌曲。土家族语言是联合国教科文组织认定的最具有价值的濒危语言。土家族能歌善舞，世代口头相传的传统民歌演唱，是土家族人最喜爱、最简便的艺术演唱形式。《永顺县志·风俗志》记彭施铎《竹技词》曰："福石城中锦做窝，土王祠畔水生波，红灯万盏人千叠，一片缠绵摆手歌。"这正是土家族群众民间歌舞演唱场景的真实写照。

土家族哭嫁歌是土家族姑娘出嫁前，以边哭边唱的形式感谢父母养育之恩的叙事性抒情长歌，历史悠久。这种以歌代哭，以哭伴乐的习俗，独具特色。此种婚嫁仪式充满了辞祖别亲的难舍之情，又充分展示了土家女性丰富细腻的情感世界。

不过，虽说土家族女子出阁有哭嫁的习俗，新娘出嫁哭为乐，但哭嫁不是十天半月就能够学会的，所以很多女孩从十五六岁开始就利用空歇时间学习哭嫁技艺。学哭嫁是土家族青年男女打发时光的一项趣味活动。以歌为乐的打闹，是土家族哭嫁习俗的源头。"哭"只是表象，落脚点则是"笑""取乐打闹"。土家族的歌，特别是年轻人唱的歌，都具有打闹撒野的性质。待嫁女子有的在十天半月前即深藏闺中，请当地较能干的妇女用丝线绞去脸上的茸毛，扯细眉毛，谓之"开脸"。开脸后，还须请二名未婚姑娘做伴娘，俗称"伴娘儿"，不离其左右。新娘哭嫁，哭爹娘养育之恩，哭哥嫂教导之德，哭弟妹自爱自励，哭自己坎坷苦命等。若女子年幼或拙于言辞，则请姊妹或好友中心灵嘴巧者帮哭。土家族女儿出嫁前半月，即开始到村寨每家每户上门恸哭，或诉平日不谙事理，有得罪地方，恳求谅解；或谢邻里平日照顾；等等，虽仇隙之家亦不规避。被哭之家多以好言劝慰，并赠送礼物或留其吃饭。婚嫁前一日，亲友前来庆贺送行，每一亲友到家，无论长幼，新娘都因人设词哭诉一番。凡女性都陪其恸哭，过后以好言安慰止住新娘哭泣，并馈赠布料、钱钞"压箱"。再来人，再哭，如是轮番，致有声嘶力竭者。但新娘哭来做客的男女青年，主要是取乐打闹，如土家族哭嫁习俗中的"青年哭"，伴娘们专门窥探来参加婚礼的男女青年，一旦发现，就偷偷告诉新娘，新娘在伴娘的帮助下，趁其不注意，将对方逮住扯着哭。这时便是双方比才比智的时候了，在对哭过程中，倾尽才情，看谁"哭"得好。虽是在哭，心里却听着对方哭的词儿。被逮住的若是青年男子，那更热闹了，伴娘则在旁冷眼观看，那男子要是嘴笨舌拙的，哭也不是笑也不能，又急又羞，憋得满脸红胀，伴娘们见到那求救的眼光，早就心里偷着乐了，那男子日后也就成了众人笑话的对象；那男子要是嘴舌灵巧的，便扶住新娘，泪水横流地对哭起来，展示自己的才华，日后必成为姑娘们追逐的对象。

例如，哭嫁中"骂媒人"的哭歌："对门山上种豆子，背时媒人死独子。对门山上种韭菜，背时媒人绝九代。韭菜开花十二台，背时媒人天天来。门槛儿被你踩扁了，黄狗儿被你赶跑了。饭碗儿被你舌头舔缺了，院坎儿被你踏成窝窝了。屋檐上瓦片儿被你望落了，样样好尝的你都吃尽了。吃了、喝了，你就骗起我爹娘。喝了、尝了，你就逼我离家乡。媒人吔，你死后可要变牛羊。"

这段哭词，对媒婆的贪婪、狠心、花言巧语，骂得淋漓尽致，剥露得体无完肤，充满了刻毒。事实上，对媒婆的"骂"只是一种假象，其内核却是用调侃和戏谑来娱乐。所以，骂者大可尽情"咒骂"，被骂者则若无其事，以后照常用三寸不烂之舌去游说去穿针引线成人之好。对这一点，亦可从土家族的婚俗中找到佐证。如土家族婚俗中有"谢媒"的礼俗，媒人不仅同娶亲的男方主事人进堂屋坐上席吃饭，而且女方的妇女要手执酒壶给媒人斟十二杯酒，边斟边唱，俗称"谢十二杯酒"。由此，从"谢媒"的礼俗中，可以看出土家族对媒人的尊重，"骂媒人"属打闹性质的娱乐需要。可见，土家族以歌为乐的打闹游戏，是土家族哭嫁习俗的真正源头。

五、居住文化

居住文化是人类丰富多彩的文化体系中的一个重要组成部分。湖南土家族居住文化的产生、发展与变化，受到当地的自然地理环境、生产方式和经济生活等因素的影响。

湖南土家族乡村建造住房的宅地很讲究"风水"，方位要请堪舆先生用罗盘定向，梁木要"偷"，上梁要择吉日，定磉时要用公鸡"消煞"（去邪）。土家族普遍重视住所的风水和龙脉。风水即相地，是土家族对居住环境进行的选择和处理，以达到"趋吉避凶"的目的。土家族建造住房前，往往要请风水先生选择"龙脉"。其中"龙脉"是指房屋后山的山脉走势，土家族认为"龙脉"是住宅日后是否兴旺发达的根基。风水先生选择"龙脉"往往十分认真，选好

"龙脉"后，还要确定好屋基的坐落之处，如方位、风水、朝向、护手等。"朝向"是指房屋面对的方向，要求放眼望去视野开阔，没有闭塞感。"护手"是指住房左右两侧的山脉，土家族地区人们有"左青龙，右白虎"的说法，一般要求"白虎低而伏，青龙高而仰"，"不要青龙高万丈，只要白虎就地爬"。如果这些条件都具备，就是比较理想的建造住房的宅地了。但是如果在同一屋场周围有多家建房，则必须讲究整体协调、相互照应、雅观气派。宅地要依"左青龙，右白虎。宁可青龙高万丈，不可白虎抬共望"，"前朱雀，后玄武。宁可后高一丈，不可前高一寸"的规矩进行选择。

现在，土家族民居大多门楼整齐、道路宽敞、进出方便，邻里友善和谐，有限的土地资源得到了合理利用。土家族建房首重梁木，必挑选生长位置高、上部多分权的大杉树。土家族建房子有一种"偷梁"的习俗。梁木树一般不用自家林山中生长的树，一般也不能买，最好是"偷"来的。主人家事先必须选定目标，选定吉日后，请几个人一起陪同木匠师傅在半夜子时出发"偷树"。到达树边，木匠师傅要摆上祭品，焚香烧纸，带领主人面向梁树作揖，并要念诵："一兜杉树青油油，主东拿来做梁木，左砍三斧生贵子，右砍三斧出状元。"砍树时应注意树砍倒要向上方倒。木匠师傅要念诵："砍得快，发得快，恭贺主东荣华富贵万万代。"另外，还要注意树倒不能着地。截取合适的长度后，放一挂鞭炮抬走①，主人要在树兜边留下购树礼金。在梁木抬到新建房屋的基地时，主人要放鞭炮迎接。然后安置在"木马"上，立即修整成形。② 修整完成后，在梁的腰间系上红布，放置在两张高凳上，等待吉利时辰一到便"上梁"。这时，梁木更不能着地，也不能让任何人跨越或骑在梁上玩耍。否则，必宣布此梁作废，再重新寻求新梁。

---

① 梁木的山主人半夜听到山间的鞭炮声，知道有人在他的林间偷梁树，便装作若无其事，不骂、不问，也不追查，因为"越骂越发"。早起后，他会从从容容走到梁树兜边去领取那份"购树礼金"。聪明的山主人又乐滋滋地走到修房主人家，很有礼貌地说："恭贺你得了栋梁之材哟！今后定会家发人兴咧！"主人会意，便留他吃顿好酒饭，然后打一个红包（红包中的钱数，必须是那株梁木价的两倍以上），这样两家不伤和气，皆大欢喜。资料来源：根据访谈资料整理。

② 中间用朱砂画"太极图"，两端各开"梁口"。开梁口时，必须木工二人，手持斧头凿子。一人在东，一人在西。一边凿梁口一边唱："手拿凿子往东走，东君叫我开梁口，梁口开得八分厚，八分宽，恭贺主东代代子孙作朝官。"另一木匠接唱："你开东来我开西，门前骡马叫嘻嘻，旁人问我叫什么？恭贺东家状元回。"两端梁口边要画上"八卦"中的乾坤二卦图形。资料来源：根据访谈资料整理。

上梁时间须根据主人生辰八字事先择定，上梁时，村民和亲友都会前来祝贺、抢糍粑糖果。上梁前，木匠师傅进行"祛煞"①。祛煞后，鞭炮齐鸣，木匠师傅开始升梁。升梁前，掌墨师脚穿主人家送的新布鞋，手执大公鸡，面对主人和前来祝贺的宾客、竖屋的众人，大声诵唱升梁词："此鸡不是平凡鸡，身披五彩花毛衣，凡人拿起无用处，弟子拿它上天梯。"然后执鸡上梯，每上一步，皆有赞词，同时手抛饼子、点心、糖果、粑粑等食品，任人抢取，以示兴旺发达。其赞词都是一些吉祥好听的奉承话，如："一步梯，金银财宝满堂堆；二步梯，代代儿孙穿朝衣；三步梯，儿孙做官锦衣归"，等等。下梯时，又一步步"赞"到把梯下完。再喝令："上梁"，鸣放鞭炮。上梁毕，掌墨师在梁上走一趟，边唱《赞梁词》②，边向下面围观看热闹的人群抛洒梁糍粑。此时，鞭炮声、祝贺声、欢笑声，此起彼伏，主东笑逐颜开。

房屋建造是土家族生活中的一件大事。新房屋落成后，接着就是择吉日入

---

① "祛煞"是指驱走邪鬼，扶持正气。"祛煞"时，要烧香纸，陈列三牲酒醴祭祀，祭奠鲁班仙师、历代祖师和东家的列祖列宗。然后，木匠师傅取公鸡一只拿在手中，边念"祛煞咒"边扯公鸡项下鸡毛。这时，鞭炮声、火炮声、鸡叫声，一齐发作，惊天动地，以便让妖魔鬼怪逃之夭夭。木匠师傅唱道："说此鸡，道此鸡，此鸡不是非凡鸡，生得头高尾又奇；头戴鱼鳞八卦帽，身穿五彩龙凤衣，日在鲁班殿前走，夜在鲁班殿前啼，鲁班将它无它用，特赐弟子作祛煞鸡。此鸡头上一点红，弟子拿来祛天煞。此鸡头上一朵花，弟子拿来祛五方煞。一祛东方甲乙木，东方有煞永无踪；二祛南方丙丁火，南方有煞尽烧掉；三祛西方庚辛金，西方有煞去藏身；四祛北方壬癸水，北方有煞快收起；五祛中央戊己土，中央有煞归地府。一祛天煞归天去，二祛地煞土内藏，三祛年煞、月煞、日煞、时煞，一百二十四种鲁班神煞，鸡血落地，百无禁忌，恭贺主东，大吉大利。"资料来源：根据访谈资料整理。

② 《赞梁词》主要是赞颂梁木的来历和神奇，称赞它可以为主人家带来人丁的兴旺和财运的昌盛。湖南土家族地区流传较广的一篇《赞梁词》云："日吉时良，天地开张。恭贺主东，修造华堂，不看此屋，单看此梁。此梁，此梁，问你生在何方，长在何方？它生在西眉山上，长在活龙头上，上有青枝朝北斗，下有子根万丈长。谁人得见，鲁班得见。谁人得知，弟子得知。张良弟子便把大斧来砍，一筒镙起做中柱，二筒镙起做排枋，三筒不长不短，镙起做主梁。人马众多，浩浩荡荡，鞭炮喧天，运进马厂。木马一对，像对鸳鸯，开山子一对，毛耳张张，脱掉毛衣，一线弹上。鲁班一线，弹在中央。弟子一线，附在两旁。七寸刨一出，坦坦平光，长刨一出，耀耳晃光，光刨一推，发出一股豪光。两头画起龙戏水，中间画起金玉满堂，神听巫师门，木听匠人言；前发三百年，后发五百年，一发就是一千年，恭贺主东，荣华富贵万万年。"资料来源：根据访谈资料整理。

宅，亲友送来条幅、楹联或其他礼物祝贺，谓之乔迁之喜①。《辰州府志》有云："居民近市者多构层楼，上为居家，下贮货物，为贸易所。无步桐曲房，亦罕深邃至数重者。近日生齿繁盛，民居稠密，地值多倍蓰于十年前。山家依用结庐，傍崖为室，缚茅覆板，仅蔽风雨，设火床以代灶，昼则炊，夜则向火取暖。山深寒，年冬初即然。"

土家族竖屋建房，虽然很讲究风水，但是多保持着自古形成的"好山恶都"，"偎水而居"的习惯：为防止潮气和野兽毒虫的侵袭，土家族有些地方的房屋建造多以转角吊脚楼为主。沅水船歌唱云"石板街，五里路，封火窨子转角楼②"，就是这种建筑风格的真实写照。土家族的吊脚楼一般建在斜坡上，分上下两层各三大间，上层居住，正房内设厨房、置火坑，下层堆放杂物或饲养牲畜。也有正屋搭配"双手推车式"吊脚楼样式的，正屋一般三柱五脊或五柱七脊，中间一间设为"堂屋"，后壁装神龛，设"天地君亲师位"予以供奉。"堂屋"旁边的一间偏房内置有火床，火床中间置火坑，火坑内置三脚撑架。火床是土家族人煮饭、炒菜、烤火、聚餐和会客的地方。俗话说：北方热炕头，南方火塘边。火床是方形的，其东西南北四个方位因神龛位设置而有尊卑之别。火床的神位方称"当头"，一般是老人和贵客的座位；"当头"右侧是"上把位"，左侧是"下把位"，上把位的左边一般是远客、年纪稍长的人的座位，右边是年轻男子或中年妇女的位置；下把位的右边一般是主人家的座位，左边是年轻女子或媳妇的位置。在东家火床做客，千万不能用脚踏踩撑架，因为这种行为不仅仅认为是不礼貌，而且也认为是欺主。

土家族地区传统木质住房是土家族地区人们经历千百年岁月的洗涤，至今仍存于土家族地区的民居建筑，这充分显示了土家族民居建筑形式恒久的生命力。传统木质住房大多以群山为背景，沿河流、平地成群连片而建，也有依

---

① 乔迁讲究"冬不搬，腊不移"，"月头不打灶，月尾不搬家"，"辰时搬，巳时发"，"亮时搬家，越搬越发"。资料来源：根据访谈资料整理。

② 转角楼是土家族民居中另一种独特的建筑形式。一般土家族住一栋房，其长有连三间、连五间、连七间、连九间的，进深有三柱四脊、五柱四脊、五柱八脊的。一栋连三间（四排三间）的木房，居中一间叫堂屋，作为祭祖、迎客、婚丧等重大活动之用；左右两间叫住房，前房为火床，为聚餐烤火议事之用，后房为卧室。房基临坎，楼子则吊脚，无坎则柱与正屋齐，只在二楼走廊上吊些假柱头。不管吊脚不吊脚，在楼子外侧一定要翘檐转角，故称"转角楼"。资料来源：根据访谈资料整理。

悬崖陡坡凌空而建的。吊脚楼等传统木质房屋大多设计有飞檐翘角，整体结构叠错、架空，给人上下、内外、远近合一、轻重协调的动感，富有节奏艺术美感。旧时，土家族地区的民居大多相互毗邻。因房屋集中而建，又多为木质结构，加之杂物混合堆放，因而存在诸多火灾隐患。现在，土家族地区民居结构的设计趋向科学化与实用化，人们住房之间有一定的距离，不再像以前那样毗邻而建。当今，土家族部分地区，交通仍然不便，钢筋、水泥等建材难以通运，人们建造住房时依旧选择修建木质住房，木质住房一般有两至三层，中、上层用木质材料装修，中层住人，上层贮藏物品，住房用瓦作顶盖；底层多用砖石沿四周而砌，用来分开堆积柴禾、圈养牲畜、存放物品。房屋周围空旷地带，居民常常加以绿化，舒适宜人。

六、土家年

土家年是土家族最隆重的节日，特点有五。一是吃团年饭的时间先于汉族一天。二是来历悠久。据此，有多种口头传说和文献记载，有的说土家年起源于五代，有的说起源于明代，说是提前一天过年后，第二天就要出征对敌作战。三是分布地域广。湖南大多数土家人，均有过土家年的习俗。四是持续时间长。过年从腊月初忙活起，到正月十五，"吃了爬坡肉，出门干活路"，过年才算完成。五是包含活动内容丰富。办年货，做年饭，走亲拜年、做舍巴（摆手节）等。

第三节　侗族文化

湖南侗族人口有85万多人，主要分布在新晃侗族自治县、会同县、通道侗族自治县、芷江侗族自治县、靖州苗族侗族自治县。

一、精湛的建筑技艺

侗族鼓楼和风雨桥是最能体现侗族人民建筑技艺精湛的侗族建筑，它们不仅具有很好的观赏价值，而且沉积了深厚的文化底蕴。鼓楼是一种纯木结构的建筑，整座楼身不用一颗铁钉，全是杉木榫卯衔接，楼高十几至三十米，楼檐雕龙绘凤，画花饰锦，檐角高高翘起，势态如飞似跃。目前通道侗乡共有二百余座鼓楼。风雨桥又称花桥，建于离村不远的通衢河上，桥台上建长廊，桥墩上建亭阁，融美与实用于一体。通道侗乡到处都有风雨桥，仅百里侗文化长廊上就有五十余座，其中列入省级文物保护单位的有坪坦普修桥。风雨桥是侗族桥梁建筑艺术的结晶，作为重要的旅游景观，丰富了桥的旅游功能。

（一）侗寨

森林和古树环抱中的侗寨，恬静得如同世外桃源，具有很高的审美价值，体现了中国人"天人合一"的生态观。湘黔桂边区这种大小村寨共有800多个，侗寨大都依山傍水，规模大小不一，大寨住户五六百户，小寨住户三五十户。参天大树、石凳板条、凉亭在侗寨中随处可见。侗寨依山傍水，周围建有寨门，四周鱼塘满布，塘边、路边和房前屋后遍种桃李，寨中"干栏"式楼房高低错落，青瓦若鳞，廊檐相接，鼓楼耸立。溪流绕寨或穿寨而过，桥梁横贯其间，大路小巷皆以石板或鹅卵石铺成，弯弯曲曲，高高低低，如诗如画。

（二）鼓楼

鼓楼是侗族村寨的标志，其雄伟壮观、结构严谨、工艺精湛、是侗族建筑技艺的集中体现。鼓楼有厅堂式、干栏式、密檐式等多种。鼓楼一般都分上、中、下三个部分，从上而下，一层比一层大；楼内或雕塑，或绘画，鱼虫鸟兽，栩栩如生。鼓楼由各村寨群众投工献料、集资筹建，由侗族能工巧匠自行设计、自行建造，整个建筑没有图纸，数百上千根梁、枋、柱的尺寸全凭心中计算。这种能工巧匠遍布侗乡。侗族鼓楼在我国古典建筑中，别树一帜，是侗族人民智慧的结晶，也是我国民族文化及古建筑遗产中的瑰宝。它成为侗乡的标志，是侗寨的核心，与侗族人们的物质生活和精神生活关系密切。

（三）风雨桥

风雨桥又称花桥，亦叫福桥。风雨桥通常由桥、塔、亭组成，用木料筑成，筑桥靠凿榫衔接，风格独特，建筑技巧高超。建桥时，不用一颗铁钉，只在柱子上凿通无数大小不一的孔眼，以榫衔接，斜穿直套，纵横交错，结构极为精密。其坚固程度不亚于铁、石桥，可延二三百年而不损。桥面铺板，两旁设置栏、长凳，形成长廊式走道。石桥墩上建塔、亭，有多层，每层檐角翘起，绘凤雕龙；桥顶有宝葫芦、千年鹤等吉祥物。风雨桥亦称花桥，多建于交通要道。这方便行人过往歇脚，也是迎宾场所。建造风雨桥现已成侗乡的一项公益事业，历来由民众集资、献工、献料建成，然后于桥头立石碑，镌刻捐资、献工料者姓名。风雨桥是侗族建筑艺术的一朵奇葩，为侗族建筑"三宝"之一。在侗乡，纵横交错的溪河上都建有风雨桥，人们根据自己的爱好和河床的宽度大小，设计出各式各样的风雨桥，其中以亭楼式的风雨桥居多，这种风雨桥于长廊顶部竖起多个宝塔式楼阁，楼阁飞檐重叠，少的有三层，多的达五层。风雨桥以杉木为主要建筑材料，整座建筑不用一钉一铆，全由木料凿榫衔接，横穿竖插；棚顶都盖有坚硬严实的瓦片，凡外露的木质表面都涂有防腐桐油。由此，这一座座庞大的建筑物，横跨溪河，傲立苍穹，久经风雨，仍然坚不可摧。

二、原生态说唱艺术

"饭养身，歌养心"，侗族朴实无华的音乐观，使歌成了侗乡生活不可缺少的部分。侗族人生活中的许多场合都要唱歌，形成了形式多样的侗歌。如情歌有玩山歌、山歌、坐月歌等，还有酒歌、大歌、伴嫁歌、拦路歌、踩堂歌等，其中最享盛誉的是侗族大歌。魅力无穷的侗族文化艺术，还有芦笙歌舞、琵琶弹唱、果吉弹唱、侗笛，以及雕塑镶嵌艺术、刺绣、织锦等，这些都积淀了丰厚的民族文化内涵。

（一）侗族大歌

侗族大歌是侗族民歌中最出类拔萃的歌种，以优美的曲调和多声部及模拟自然界声音的演唱方式而为广大群众所喜闻乐见，是侗族民间世世代代以口传心授为传承方式并流传下来的，具有自己独特完整的支声复调音乐体系的无伴奏、无指挥、原生性的民间合唱音乐，是侗族文化的重要组成部分，也是中华民族音乐文化宝库乃至世界音乐文化宝库中的瑰宝。大歌是侗族多声部歌总称，它有"鼓楼大歌""声音大歌""叙事大歌""儿童大歌""礼俗大歌""戏曲大歌"等。鼓楼大歌，侗语称"嘎的楼"，多在鼓楼里迎接宾客时唱。有以村寨名为歌名，如《坑洞大歌》《高僧大歌》；有以歌词的韵脚命名，如《嘎景行》。歌词讲究韵律，曲调因地而异。声音大歌，以表现声音和曲调的美为主，又称"花唱大歌"。衬词及其曲调是大歌的主要部分，而有内容的歌词居于次要地位。其旋律常模仿自然界的音响，如流水、鸟叫、蝉鸣，再以和声衬托，形成丰富得多声效果。叙事大歌，侗语称"嘎老"，"嘎"就是歌，"老"具有宏大和古老之意，为叙事性合唱歌曲，内容多为神话、历史故事和英雄人物的传说等，在音乐上分"嘎锦"和"嘎节卜"两种。嘎锦采用分节歌形式，多由女声齐唱，仅在插句和尾腔时用合唱；嘎节卜的旋律比较平稳，多采用五声音阶式级进。每首歌的第1段为序歌，均由歌队齐唱，终止处有一尾腔；第2段由一至二人领唱，歌队只唱一持续低音（通常是主音）衬托曲调，在全曲结束前还有一较长的尾腔，曲调具吟诵性。童声大歌，侗语称"嘎腊温"，为儿童歌队演唱的大歌，曲调活泼，音域不宽，歌词以儿童游戏或传授知识的内容，如《小米歌》《螃蟹歌》等。侗族的大歌歌队1958年以后，侗族青年突破了过去男女不混合编队演唱的传统习惯，开始演唱适于表现新生活的男女混声大歌。

侗族大歌因在大庭广众场合演唱，以演唱者和听众人数多而得名，是我国少有的民间多声部和声艺术。早在20世纪50年代，侗族大歌就已进入北京演唱，受到国家的重视。后来侗族大歌队经常应邀在国内各省演唱，并且参加了国家举办的许多赛事或艺术节，多次赴港台演唱，两次进入央视春节联欢晚会。侗族大歌从侗乡走向全国，为广大观众所喜闻乐见，已经成为我国文化生活中的一种客观存在。侗族大歌不仅仅是一种音乐艺术形式，对于侗族人们文化及其精神的传承和凝聚都起着非常重大的作用，可以说是侗族文化的直接体现。

（二）侗戏

侗戏是侗族人民喜闻乐见的本民族剧种，深受侗族群众的欢迎，戏剧界早已把它列为我国传统戏剧种类之一而载入史册。侗戏是一种综合性的艺术，从产生到发展已有一百多年的历史。侗戏产生之初，唱腔单调，形式简单，动作朴实，剧情单纯。随着各民族戏曲文化之间的交流，侗戏注意博取其他剧种所长，克己之短，在表演艺术上，突出戏曲的说、唱、奏、打、舞等多方面的统一；在戏剧之情节上，注意戏曲的冲突性、曲折性、形象性。最原始的侗戏唱腔只有一个上下句，"戏腔"（即"平腔"）流传于南部侗族方言区，在侗戏中运用最早、时间最长，派生的曲调最多，有"旦腔""生腔""丑腔"，以后又产生了"哭腔"（即"悲腔"）。随着侗戏的不断创新，侗戏音乐有了较大的突破，"歌腔"被广泛应用，新腔也应运而生。通道侗戏流传的剧目较多，来源较广，目前已有"刘媄""珠郎娘美""雾梁情"等传统剧目和300多个现代剧目流传于民间。通道侗戏经过长期的创作和演变，已从原始状态进入了成熟状态，并在编剧、表演、音乐、演奏、服装、舞美、舞台调度等方面都得到很大的提高和完善。

（三）芦笙

芦笙从古老的簧管乐器发展而来，至今约有两千多年的历史，是通道侗族自治广泛流传的传统民间乐器。芦笙种类根据吹奏的形式和表演手法的不同，共分为六种：地筒、特大芦笙、大芦笙、中芦笙、小芦笙、最小芦笙。其中地筒属特重低音，特大芦笙属倍低音芦笙，大芦笙属低音芦笙，中芦笙属中音芦笙，小芦笙属次高音芦笙，最小芦笙属高音芦笙。在通道，每年都要举行侗族芦笙节活动，各寨芦笙队同时吹奏，互相比赛。十来支大型芦笙队相互争鸣、试比高低，音响震撼山谷，气势无比壮观，裁判在远离赛场的山上评判。另外，芦笙舞是通道侗族多种民俗活动表演的内容，是以芦笙为伴奏乐器并围绕着芦笙而跳的民间舞蹈。

三、节庆文化

侗乡的节庆活动丰富多彩，著称于全国。侗族是一个热爱生活的民族，侗族人勤劳勇敢、能歌善舞，侗族民间节会众多，资源十分丰富，有侗年（过冬节）、春节、祭萨、小年、赶社、花炮节、四月八、端午节、吃新节、祭祖节、团年饭等。其中以春节、社日、三月三、四月八、五月五、六月六、芦笙节、祖宗节等较为隆重，以春节、祭牛神、吃新节最为普遍。不过，其中大多为地域性的节日，各方习俗很不一致。如有些地区在十月或十一月过侗年，又叫过冬节，也就是"冬至"。这天各地区活动热闹非凡，有赛芦笙、多耶、侗戏、对歌等丰富多彩的活动。三月三，又叫播种节。聚居在湘、桂、黔交界边境的侗族人民，每年农历三月初三这天，都要举行传统的播种盛会。他们表演挖田坎、耕田、插秧、收割等农事活动，动作逼真、优美，用歌舞表现侗家田间耕作的欢乐气氛。在怀化市的新晃、芷江、靖州、通道侗族地区，三月三是祭祀侗王杨再思，在通道南部又叫土王节，有"抢花炮"风俗，又称"花炮节"。花炮节流行于湖南通道等地，是侗民族的传统节日。四月八，是侗族的乌饭节，又是杨姓的家节，杨姓姑娘称为姑娘节。这一天，侗族各家各户都要蒸煮乌饭吃，其意是纪念杨家女英雄宜娘。端午节，侗族叫"粽粑节"或"祖婆节"。舞水沿岸的新晃波洲、龙溪口等地都要举行龙舟比赛和对歌，胜者披红挂彩，有的在水中捉鸭子，岸上观众喝声震耳，通道和靖州也有龙舟比赛习俗。六月六，侗族与其他民族不一样，传说为纪念飞山太公杨再思"大破飞山寨，活捉潘金盛"之日，靖州侗族叫赶庙会。这一天，侗民齐聚飞山庙，祭祀杨再思。茶歌节，是侗族男女青年的节日。通道侗族每年举办两次，一次是农历七月十五，规模较小；一次是八月十五，正值中秋佳节，规模较大。青年男女踏歌上路，赶赴歌堂，一边对歌，一边吃着油茶，以歌传情，唱得热烈，爱得热烈，情投意合，定下终身。芦笙节，是芦笙比赛节日。一般在八月中秋至十月，这段时间均可赛芦笙，寨寨事先约定，去年你来，今年我往，男女老少都可参加，多达百支队伍，万众云集，盛况空前。这天各寨轮流执事，节日前吹芦笙，都以酒肉相待，对答酒歌。

四、侗锦与服饰文化

侗锦织造技艺有着悠久的历史，最早可以追溯到两千多年前的春秋战国时代，具有独特的社会历史价值、文化艺术价值、自然科学价值与传承利用价值。据史料记载，两汉至唐宋时期，侗锦纺织技术和印染工艺都有了长足的发展。明清时期，侗锦织造技艺已相当成熟，进入了繁荣发展的时期。新中国成立后，"三省坡"侗族原生态文化区人民生活得到了极大改善，文化艺术性极高的传统侗锦迎来了传承与发展的春天。侗锦编织工艺独特、图案富有民族特色、文化内涵丰富深刻、色彩亮丽和谐、品质高雅凝重，成为我国南方具有鲜明的民族风格的著名织锦之一。侗锦精湛的织造技艺，承载和演绎着侗族源远流长、内涵丰富、积淀深厚的传统文化，体现了侗族人民追求天、地、人和谐共存的文化心理。

侗族传统服装用侗布制成，经过复杂工序自纺自染而成的侗布，色泽鲜艳，呈深蓝、青、紫色，光亮异常，这在我国少数民族中是绝无仅有的。"三省坡"侗族原生态文化区用侗布制成的侗族服饰款式不一、色调柔和、朴素大方、精美耐用，具有鲜明的侗民族特色。如侗族女子传统服装图案常以龙凤为主，以水云纹、花草纹为辅，侗族女子常上穿无领大襟衣，下着百褶裙，脚蹬翘头花鞋，头戴盘龙舞凤的银冠。衣襟和袖口往往镶有精细的马尾绣片，髻上饰环簪、银钗，并佩戴多层银项圈和耳坠、手镯等。盛装时穿百鸟衣、银朝衣、月亮衣等。"三省坡"侗族原生态文化区侗族女子的发髻装饰很丰富，她们在发髻上插饰银梳、木梳或彩珠和小银饰，也喜欢用鲜花装饰发髻。侗族少女将发髻束于头顶左侧，上插一枚珍珠，造型极美；侗族少女头戴银冠，银冠由鱼形、蝴蝶形、银币形等银质吉祥物组成，有的还插有各色羽毛，将秀发松松地束于头侧，饰以麻花形银质发箍和镶红宝石银饰，再将鲜花点缀其间，十分漂亮。

侗族妇女以织锦为载体，展示着她们聪明的才智和精湛的编织技巧，承载和演绎着本民族源远流长、积淀深厚、内涵丰富、特色鲜明的传统文化，反映侗民族的观念形态、图腾崇拜、宗教信仰、审美情趣，以及避凶趋吉、消灾纳福和追求天、地、人和谐共存的文化心理。湖南通道侗族自治县的传统侗锦，技艺精绝，文化艺术意蕴博大精深，色彩艳丽，设色和谐，民族纹样，奇异变幻，自然天成，具有极高的艺术性。

五、饮食文化

糯米文化和合拢宴会是最具有侗乡特色的饮食习俗。侗乡家家户户都有糯米酒和糯米甜酒，充满"侗不离酒"的情趣；腊肉、腌鱼肉、烧鱼、各种酸菜，以及酸汤菜、酸汤鱼，体现"侗不离酸"的风味。另外，主食糯米饭、年节的侗粑、四月八的黑糯米饭和三色糯米饭、尝新节青年男女制作的扁米，都是侗族风味食品；血红、生鱼、醋肉，也都是风味独特的饮食。其有相应的进食方式和妙趣横生的风俗。合拢宴是侗家人招待贵客的侗文化展示的宴会，是侗人酒食文化的全面展示，是侗族饮食与歌舞完美的结合，规模由几十至几百上千人，十分热闹，成为侗乡特色的民族宴会。

六、婚恋文化

侗族主张男女青年自由恋爱，青年男女在平时对唱玩山歌，在行歌坐月时对唱情歌，传递恋情。能歌善舞者被认为是聪明能干，格外容易受到异性青睐。婚礼上的对歌饮酒，多样的礼仪，朴素而又韵味无穷。

（一）恋爱习俗

侗族现在居住的地方，在春秋战国时属于楚国的巫黔中郡和百越之地，即贵州和湖南一带，也有一部分在现在的广西。侗族是百越的一个分支。它的前身是秦汉时的骆越，南北朝之后他们被泛称为"僚"。侗族社会男女的婚恋比较自由，青年男女可以自由交往。每逢节日、农闲或劳动之余，姑娘和小伙子们都可以聚在一起唱歌游玩，用歌声来播种爱情，寻找情侣。他们恋爱的方式主要有"玩山走寨""行歌坐月"等。行歌坐月这个活动常年都可以举行。当夜幕降临的时候，小伙子们匆匆吃完饭，就带上自制的琵琶或牛腿琴，边谈边唱着邀约的歌，从姑娘们的楼下走过，来到侗寨专设的公房吊脚楼中，也就是"月堂"。待众人都到齐后，对歌坐月才开始。小伙子们坐在矮凳上，姑娘们坐在长排凳上。男方领唱的人叫作"老叫雀"，女方领唱的人叫作"朵"，大家用唱歌来表达心中的情意。这些情歌在长期的流传过程中，经过人们的不断创作和修改，逐渐形成自身完整的套路，歌唱者往往根据自己的心情和爱情发展的阶段自由选择吟唱。如《初相会》一歌，它表现了年轻人初会时的喜悦羞涩之情。歌词中唱道："初相会，好比画眉会锦鸡，我郎今日得会你，就像蜜蜂遇着蜜。"而《借把凭歌》是双方爱情初萌时，男方以借信物为名，来试探女方态度的歌。歌中这样唱道："借一件，跟女借件带回还；我郎得去家中想，二回好来花园玩。"如姑娘因为要进一步考验小伙子的诚意，所以并不急着把信物交给对方，她会这样答唱道："哥要借件哥莫忙，棉花还在土头黄；细布还在布机上，帕子还在染缸里。"如双方的交往到了情投意合，那就要唱《初相连歌》，这首歌表现的是初恋时的激情、期待和惶恐交织在一起的复杂心情。小伙子是这样唱的："好花花红好花鲜，可惜生在刺林边，哥我心想摘朵戴，又怕刺林刺手头。"姑娘则答唱："一园栽菜几十样，只好姜叶满园香，哥爱生姜早料理，莫等夏至姜离娘。"另外，到了热恋时唱的歌有《相思歌》，歌中唱道："半夜想妹郎点灯，看见情妹依郎门，喊妹不应郎去扯，才知各是郎影身。"如果爱情遇到挫折，一方失恋，也有《失恋歌》，表达的失恋者心中的失望和痛苦："伴去了，就像井底飞去一条龙，龙去井干，坡崩田坎垮，情哥去了，肝肠寸断心头溶。"行歌坐月时双方都不会受到对方的限制，小伙子们可以结交很多女友，走很多"月堂"，姑娘们也可以结交许多前来坐月的男友。在交往过程中，双方相互了解，寻找适合自己的对象。经过一段时间的行歌坐月，如果双方情投意合，就互相邀约，常来常往，使感情不断加深。如果结交的是远道的情侣，小伙子可以寻找机会邀请女方到家里做客，方法可以采取当面邀请，也可以采取温和的强制手段，即小伙子预先邀集几个要好的伙伴，趁姑娘路过本寨时，把姑娘强邀进家，然后设宴款待，歌唱酬答，之后再放鞭炮送姑娘回家。到了姑娘家，也同样设宴款待，由姑娘的弟弟作陪，并且两寨之间因此而结成友好村寨。

"走寨"的交往方式一般流行于南部侗乡，这种活动大多是在与外村外寨的异性青年一起进行。小伙子们往往在晚上的时候，三五成群地走街串巷，去与姑娘们唱歌谈心。玩山也是侗乡的婚恋活动，通常在野外的山坡上进行，他们把这种地方叫作"花园"。小伙子们约姑娘们秘密地到离家十余里以外的山上进行。玩山一般都有这样几个过程：初会、请坐、约日子、借把凭、分离、再会、盟誓、成双等。玩山时唱的歌围绕着这些程序也就有了丰富的内容，它大致上包括初会歌、请坐歌、赶坳歌、借把凭歌、约日子歌、陪伴歌、分离歌、相思歌、盟誓歌等。这些歌随着感情的深化在不同的阶段来唱，一直唱到双方情浓如火，心心相印，然后山盟海誓，私订终身。

侗家的婚恋活动中，女性占有很大的主动权，她们往往表现出独有的大胆和灵活主动。当某地的姑娘们在观察中发现某寨的后生适合自己的心意，便会想方设法去极力得到双方父母的允肯。如果父母答应了她们的要求，她们就在八里外把一根挂满银花（棉花制作）的银竹（越高越好）抬到男方村寨中，插在一丘面积宽，禾苗也长得好的田里，三两天就派人去察看一次。等到禾苗长到七八成熟时，全寨的姑娘们就一起出动，放倒银竹，以竹根为圆心划一圈，并把竹尖能扫到的谷子全部剪完，挑到"姑娘头"家里。第二天她们又把谷穗做成"瘪米"。小伙子们这一天便会心领神会地穿戴一新来到女方的寨子里做客，女方的父兄们都到寨门放炮迎接，接着又举行丰盛的宴会和热烈的对歌活动。小伙子们在女方寨子里一般不会呆太久，住一两晚上后就该返回本寨了。这时姑娘们又借送客之机来到小伙子们的村寨，男方同样设宴款待，举行对歌会。在这如此再三，反反复复的迎送中，一对对男女青年就结下了深情厚谊，只等父母同意，他们就可以结为百年之好了。

侗族人民也有利用民族节日或集会时来对歌结情的传统，如"上大雾梁"就是侗族人民的一个传统的对歌集会。这是在农历立夏前第十八天的戊日举行的，到雾梁上去唱歌弹琴寻知音的活动。关于这个节日的起源还有一个美丽的故事。传说从前侗族人中有一个名叫闷龙的青年，他和一个名叫肖女的美丽姑娘相爱了。但他们要整天的劳动，连约会的时间也挤不出来。后来他们想出了一个办法，两人在戊日这一天到大雾梁上相会。不料后来肖女被皇帝选为妃子，过不了几天，两人就要生离死别天各一方。两人决定相约逃跑。在逃跑的途中不幸山洪暴发了，他们双双遇难于大雾梁下的五通河。他们的故事令人感动，并流传下来。故而，侗族青年男女每年的戊日都要到大雾梁上唱歌，以纪念这一对有坚贞爱情的青年男女。

　　侗家人的长辈大多尊重儿女们的意愿，不横加干涉儿女们的婚事，因此大多数有情人是能成眷属的。仅有少数父母对儿女们的婚事指手划脚，造成青年人的婚姻不能自主。在这种时候，青年人往往采取相约逃婚的行动，以反抗父母的干涉。侗家流传极广的《珠郎和娘美》（也即秦娘美）的故事，就是叙述一对侗族青年男女，在行歌坐月之夜，破钱盟誓，相约逃婚的曲折爱情故事。故事热情赞美了娘美对美好爱情的向往和忠贞。

　　侗族青年人反抗父母干涉婚姻还有一种办法，就是采取"偷日钉钉婚"的方式成亲，造成既成事实。当父母对他们的婚事表示反对时，男女双方就会偷偷约定一个时间，让小伙子秘密地邀约几个好友，准时来到姑娘家的楼下，打出预定的信号，姑娘便悄悄地从楼上吊下私房财物，让来人挑走，自己也随后悄悄溜出家门跟在后面。到了男方家的堂屋里，小伙子叫醒自己的父母家人和邀来的好友一道吃新娘茶。吃完油茶，新娘和新郎便请父母和大家一起进屋，当着大家的面往屋柱子上打一颗竹钉子，以表示永不分离的决心。日后如要求离异，就要当着众人的面用手指将竹钉从柱子上拔出来，拔出来就可以离婚，拔不出则离不成。等到天亮以后，男方的父母就去请寨子中有声望的长者到女方家去报信，并委托他们好言相劝女方父母来男家吃喜酒和认亲家，而女方父母这时一般都不会再阻挠。所以，这门亲事就算结成了。

　　"玩山"和"走寨"是流行于侗族聚居区的恋爱社交习俗。"玩山"时，男女青年于劳动之余，三五成群，相约在坡上或树下对唱情歌，可以通宵达旦，通过这种形式来相互了解、联络感情，这是恋爱的初级阶段。"走寨"是青年男女聚集在一起，在乐器伴奏下对唱情歌、倾诉爱慕之情的一种社交形式。"玩山"和"走寨"形式虽有差异，但内容和目的都是一致的。往往是先由个人演唱，表达爱慕、试探、谦让之情，如："三根杉树并排栽，这方只有你姐乖，小郎有心认姊妹，干田螺蛳口难开。"然后再唱盘歌，如："满树杨梅红昂昂，摘颗杨梅送妹尝，真心实意问一句，杨梅味道长不长？""满树杨梅红彤彤，一口一颗味道浓，杨梅进口落肚里，郎心落在妹心中。"歌唱内容除情歌外还唱天文地理、历史事件、名人典故、风土人情、花鸟虫鱼等，包罗万象。通过对歌，男女双方对其性格、爱好、情操和理想都有初步了解，经过一段时间的接触，姑娘就挑选意中人进行恋爱。

　　侗族姑娘选择对象只注重人品，对其门第、财产不在意。热恋中，姑娘不接受男方的金钱、衣料或其他物品。定婚时也不收"定婚礼",只互赠信物以定情。其中,男子多以包头帕、银手镯、项圈或耳环赠女子,女子多以侗布或手镯回赠。情深意浓者则互换贴身内衣,而更深一层者则"破钱"以盟誓,即把一个铜钱破开,双方各执一半,表示山崩地裂不动摇,海枯石烂不变心的忠贞之情。侗乡民歌表达了这一主题:"一个铜钱四个印,铜钱拿来平半分;妹拿一半为证据,哥拿一半当把凭;妹见他人莫起意,哥见她人莫变心,莫变心啊莫变意,火塘相伴六十春。"

侗族男女青年的恋爱方式多姿多彩,别具特色,有两大特别之处:一是恋爱不是谈成的,而是对歌"唱"成的;二是恋爱是公开的,青年男女在群体中通过对歌说笑寻侣觅偶。侗族青年男女通过对歌相识、相交,传达爱的信息,因而恋爱往往不是谈成的,而是借助山歌唱成的。

侗族青年的恋爱活动是以群体的形式进行的,不管是"行歌坐月""玩山""逛花园",或是其他的恋爱方式,都不是单个人进行的,而是三五成群,相约而行。八月十五是收获的季节,青年男女们以他们的方式庆贺自己的劳动和爱情双丰收。他们在鼓楼坪中间的一张桌子上,摆满了油茶、香烟、月饼、各种收获的劳动果实和三丛青枝叶茂的树枝,树枝上缀满彩花,分别插在三个大南瓜上。女敬油茶,男谢一把铜钱,现为一把钞票,再敬烟、月饼,再谢过。之后,每个青年用带去的铜钱(现为糖果)猛击树上的花朵,直至花朵被击落完全露出三个大南瓜为止。其中场面含义很深,彩树上的花朵,象征男女爱情之花;击落树上的花朵露出三个大南瓜,象征结了爱情的果实。打花的铜钱或糖果是喜钱和喜糖,在一片欢呼声中被一抢而尽。晚上大家热热闹闹地会餐,边吃边唱歌,对唱到天明,之后互赠礼物定情,依依惜别。

此外,寨与寨之间的男女青年相互交往的形式还有"为鼎"、虾子鱼仔油茶会、"占苟帽"(侗语,汉语的意思是吃扁米)的社交习俗、青年男女摘杨梅、集体吃茶苞习俗等,这些男女社交、恋爱方式无一不是集体进行的。油茶会上,成群结队的青年男女一边对歌谈情,一边品尝香喷喷的油茶,飘溢出一种生活的诗意。吃扁米的社交活动中,青年男女共同制作扁米,之后一边喜笑颜开地品尝扁米,一边行歌坐月,山歌唱答。每年"谷雨"的前两天,侗族青年男女身穿节日盛装,汇集于苍翠欲滴的油茶林采摘茶苞,之后围坐于绿茵茵的草坪对歌,谈情说爱。小伙子把成熟的茶苞用藤条串起来,套在姑娘的脖子上,姑娘唱歌口渴了就吃几颗茶苞。如有小伙子看中了哪位姑娘，就会试探性地往她的嘴里塞一粒茶苞，姑娘若有意就吃下去，然后互唱情歌……侗族婚恋习俗可以透视侗族人纯洁、忠贞的高贵品质，折射出侗族人勤劳朴实、以人为本、与人为善的人生观。

（二）婚礼习俗

侗族实行一夫一妻制，男女社交公开，自由恋爱。侗族是一个能歌善舞的民族，在侗族很多地方，早前都是通过对山歌来找对象的，小伙子和姑娘们约好地点，各自梳洗打扮后就去赴约。大家在两座山上首先是小伙子唱着歌试问对面的姑娘们，然后姑娘就对着小伙子的话，就这样你一首我一首。一旦觉得不错就唱到一起，每天约在同一个地点。歌声见证着他们的爱情。别的寨子适龄的男子，到了其他寨子后，会事先打探好哪家的姑娘人漂亮、歌声美，以及心灵手巧。侗族同胞住的是吊脚楼，楼高三层。第一层是喂养家畜，第二层是自己居住，第三层则是堆放杂物。晚上 12 点左右，待到女方父母入睡后，男子便扛着楼梯，将梯子架到女方二楼的卧室边，爬到窗子处，轻轻且有节奏地敲打窗子。女方有回应后，便开始低声唱情歌。起初，女方会侧耳细听，如果男方唱得好并且合心的话，女方就在房间里唱歌回应。一来二去，两人越唱越起劲后，女方便会稍稍打开窗户，看一看男方的长相。如果没有"感觉"，女方便会关上窗户，以歌声的形式委婉地告知对方后停止对歌。如果有"感觉"了，双方便会继续对歌下去，有时直至天亮。之后，男方不管白天干活有多累，家住得有多远，都会在每天晚饭后，翻山越岭到女方的寨子里，女生的窗户外去对歌。这期间，两人是不见面的。如此长达一年左右，男方就找人来提亲。说媒成功的话，一对佳人则喜结连理；家里反对的话，女方就有可能跟着男方"私奔"。在侗族女孩看来，爱情非常重要。

侗族婚礼有个重要的环节是"送买美"，婚礼所有的排场全在这里。"送买美"是侗话，指新郎家将各色礼物请人或挑或抬送到新娘家。其中包括路线等是有讲究的，"送买美"场面一般都挺大，几十个人拌花花绿绿的糯米饭、米酒、猪肉、糍粑等东西排长成队，新娘一般要去迎接，然后站在队伍的最前面将队伍引到娘家。侗族婚礼最奇特、最隆重的是送新娘"回门"，即送新娘回娘家。送新娘"回门"时新郎不得随行，而由新郎家的兄弟姐妹和亲朋好友挑着彩礼，组成浩浩荡荡的送亲队伍，送亲的队伍越长，表示新郎家的家业越兴旺。

彩礼中有侗族特有的酸鱼、酸肉、酸鸭等，伴娘是新郎寨上的年轻姑娘，在长长的送亲队伍中，新娘走在最后面，手里抓着一块布，以便外人辨认。送亲途中，为了显示新郎家的家业，送亲队伍往往故意绕道而行，专找人群密集的地方通过。沿途每经过一个寨，都要燃放爆竹。新娘被送到娘家后，伴娘不得进新娘家门，而要立即返回新郎家。娘家人随即给每个客人端上一碗加了糖的油茶，称为"喜茶"。晚上，送亲队伍中的未婚青年和新娘寨子上的未婚青年通常会聚在一起聊天，寻找意中人，谓之为"坐夜"。

第四节 瑶族文化

湖南瑶族共有 70.5 万人（2010 年），主要分布在江华、江永、蓝山、宁远、道县、新田、双牌、桂阳、资兴、宜章、汝城、永州、郴州、怀化、邵阳、衡阳、株洲等县市。湖南瑶族分布地区一般都是溪流密布，山青水秀，风景优美，气候宜人。山区盛产松、杉、竹、木，物产丰富。湖南江华瑶族自治县全县 3/4 的面积为林区，有"杉木之都"的称号。湖南瑶族山区有野猪、熊、猴、果子狸、瑶山鳄蜥、云豹等珍稀和特有种类的野生动物，动植物资源十分丰富，为林副业经营和特种养殖经济的发展提供了良好的条件。

一、《盘王大歌》

《盘王大歌》，又称《还愿歌》，现存的歌本约 8000 行。现在发现的最早的抄本是清乾隆年间的，主要流传于口头上，有三十六段、二十四段与十二段三种版本，记录了瑶族的神话、历史、政治、经济、文化艺术、社会生活等内容，是瑶族的百科全书。2008 年，《盘王大歌》被确定为湖南省第二批非物质文化遗产名录项目。《盘王大歌》主要流传在瑶族聚居地区，其中江华瑶族自治县是保存《盘王大歌》最为丰富的地方。

瑶族传为盘王的后裔。历史上，瑶族的迁徙极其频繁。他们在迁徙过程中，爬山越岭、漂洋过海，历尽千辛万苦。途中，渡海遇到狂风大浪，是迁徙中遇到的最大险情。瑶民无计可施，只有求助于始祖盘王保佑，并许愿如祖先保佑渡过难关，以后子孙万代，将给盘王还愿，感谢恩德。瑶民在船头拜祭了盘王，果然灵验，狂风恶浪顿息，瑶民平安抵达。从此，瑶民便信守许下的诺言，开始"还盘王愿"以示感谢。瑶族自古就祭祀盘王，晋代干宝的《搜神记》就有瑶族先民"用糁杂鱼肉，叩槽而号，以祭盘王"的记载。不过，像"还盘王愿"这样的大型祭祀活动，则始于"漂洋过海"之后。唐代诗人刘禹锡的《蛮子歌》中所说的"时节祭盘瓠"，就是记叙瑶族"还盘王愿"的祭祀活动。为纪念盘王，瑶族人民每年举行"盘王节"。过"盘王节"与"还盘王愿"，都要由巫师演唱《盘王大歌》。

《盘王大歌》经历了一个不断补充和丰富的过程。"还盘王愿"主要是跳盘王舞和唱乐神歌，即为了使盘王高兴，瑶族人民把自己创作的歌曲欢唱于盘王前。《盘王大歌》的发展就是不断地把人们在"还盘王愿"时所唱的各种歌谣收入集子。《盘王大歌》不但有歌，而且有曲。歌有歌名，曲有曲牌。《盘王大歌》曲有七支，谓之"七任曲"，即梅花曲、南花子、飞江南、相逢贤曲、万段曲、亚六曲、荷叶杯。曲是瑶歌歌谣中艺术水准较高的一种形式，有固定的句式，也讲究用韵。《盘王大歌》的内容主要有：神话传说、瑶族迁徙与居住、瑶民生产生活、以歌唱男女之情为内容的最多情歌、历史人物传说、祭祀歌、有反映各种自然现象的歌曲等几类。总之，《盘王大歌》的内容包罗万象，天地和人类的起源、瑶族历史和人物历史、男女之情等都是歌唱的对象，它是瑶族人民的史歌，是瑶族讲"根底"的重要内容，流传广泛，影响深远。而在长期的流传中，《盘王大歌》也形成了自己的艺术特点。其艺术特点主要有四点：一是歌不离情，在歌集的三十多首歌中，几乎都包含着言情谈爱的内容；二是借物为喻，立意颇深，含而不露；三是形式多样，可以说《盘王大歌》是集瑶族歌谣形式之大成，其句式有十几种；四是歌与曲并存，其曲牌有七支，演唱时，有的只是清唱，有的伴以乐器，有的以诵为主，有的又唱又诵，形式生动活泼，颇有吸引力。瑶族没有文字，其文化传播方式主要是口耳传承，通过歌唱把《盘王大歌》中的历史文化内容传授给瑶族群众，使之代代相传，保留至今。《盘王大歌》起到了传播瑶族历史文化的作用，2008 年，盘王大歌被确定为湖南省第二批非物质文化遗产名录项目。

二、长鼓舞

江华瑶族自治县的民间舞蹈很多，有长鼓舞、度曼尼舞、伞舞、关刀舞、穿灯舞、蝴蝶舞等，其中瑶族长鼓舞最能反映瑶族质朴、浪漫的历史和文化，以及瑶族人民的个性和情致。长鼓舞是瑶族民间歌舞的典型代表。湘南地区的瑶族，每年的农历十月十六日都要跳芦笙伴奏的长鼓舞，祭奠盘王。传说瑶族始祖盘瓠上山打猎，与一野羊搏斗时跌落悬崖，死在一棵树杈上。人们便挖空树心，剥下羊皮蒙成长鼓，日夜敲打以祭盘王。长鼓舞中的舞蹈动作，是表示盘王及其子孙开辟千家峒的勤劳勇敢；低沉哀怨的芦笙曲，是再现盘王死前的痛苦呻吟；拍击羊皮鼓面，表示为盘王报仇，惩罚山羊；唱盘王歌，表示盘王后人对祖先的缅怀和追念。长鼓通常用沙桐木作材料，牛、羊皮蒙鼓面；1.2米左右长，中间小，两头大，其中一头又略大1/3；木心挖空，两头喇叭蒙上精制过的黄羊皮，然后用6—8条染色麻绳拉紧两头黄羊皮，再涂上红、黄、白等色彩，绘上龙凤图案，美化鼓身。跳舞时，舞者用一条彩带绑着两头"鼓颈"，挂在肩上，横于腰间，右手使掌、左手持竹片分别击鼓，随着音乐节拍，即发出"唪、啪、唪、梆"的铿锵之声。如果4人以上击鼓，随着音乐节拍，即发出"噼、啪、蓬、平"的浑厚激昂之声。若配之牛角、芒锣、唢呐伴奏，则如古代列队排阵厮杀，鼓角喧天，山鸣谷应，振奋人心。长鼓舞分"单人舞""双人舞""群舞"等类型，其动作特征是粗犷、勇猛、奔放、刚强、雄劲、彪悍、洒脱。不管是跳、跃、蹲、挫，或旋转、翻扑、大蹦、仰腾等动态，都表现了瑶族人民热情奔放、坚强勇敢的性格特征。长鼓舞大部分反映瑶家人的生产斗争和生活习俗，反映了瑶胞的思想感情和理想愿望，具有瑶族独特的风格。瑶族打长鼓大多在农历三月三、六月六、八月十五、十月十六日举行，尤以十月十六日瑶族"盘王节"最为盛行。新中国成立以前，此类活动由同姓宗族组织进行。新中国成立后，则以村为单位组织，而且不限于上述节日，国庆节、春节或庆贺丰收时，均可打长鼓。

三、民俗

　　湖南瑶族人民丰富多彩的生活习俗，为瑶族文化的重要组成部分，是瑶族人民居住条件、生活环境、历史遭遇、卫生条件、生活方式、生产发展水平、宗教信仰和审美情趣的反映，也是瑶族人民共同生活及其思想行为的准则和规范。

（一）服饰

湖南瑶族民众喜好五色衣服。据《搜神记》载，瑶人"绩织木皮，染以草实，好五色衣服，裁制皆有尾形"。瑶族传统服饰、银饰男简女繁。图案形状有十字形、万字形、三角形、四方形、齿状形等，还有飞禽走兽、花草植物等。这些图案，用绒线挑绣在领口、袖口、裤脚、头帽、围裙、腰带、挂包、脚绑之上，精美别致，五彩斑斓。妇女视银饰为吉祥、富贵、幸福的象征，佩戴龙、凤、飞禽、走兽、鱼、虾、蜂、蝶、花、果等图案的圆顶盘、银耳环、银项圈、银手镯、银腰带、银衣扣、银链、银铃、银戒指等饰品。

（二）信仰

湖南瑶族民众多信奉万物有灵。在神灵崇拜的精神生活中，逐渐产生了民族宗教，其教派有梅山教、正一教、佛道教等，崇拜对象有传说的人类始祖盘古圣皇、盘护瓠王、伏羲兄妹、玉皇、三清、三元、五雷、五龙、社王、神农、各户的前五代祖先等原始宗教和道教各神灵，以及各不相同的地方神。瑶族主要通过祭（庙）神、还愿，来酬谢和安置神灵、先祖，以达到一种心理的慰藉，增强生存活力与后劲。这些看似"迷信"的宗教礼仪，却在传承瑶族历史，传播传统文化，凝聚民族精神，有着不可替代的作用。这些活动，也逐渐成为游客了解瑶族历史和文化，欣赏瑶族风情的窗口之一。

（三）婚俗

婚姻是人类赖以延续的必要途径。瑶族婚姻以"招郎"最具特色，在汉族地区称为"入赘"。其文化背景，文化含义复杂而深远。瑶族家中有儿有女的人家，儿子可以"出嫁"，女子可以"招"，说明养女儿人家同样可以"传宗接代，延续香火"。在瑶族地区还流行"两边走"，即男女双方约定共同负担双方家庭的生产生活，共同赡养双方老人，生育儿女可随父姓也可随母姓。婚恋过程有"拿篮子"选对象的，有"爷粑"或"娘粑"求亲的，有"对歌"做媒的（典型的以歌为媒），有"送伞"订婚的。瑶族男女相恋到结婚前要会日子做酒，有过年过节送各种约定俗成的礼物、礼品，有耍嫁、哭嫁等礼数。瑶族婚礼隆重热烈，程序复杂而规范。女方出嫁时哥哥要背妹妹出门，行拦门洗脚、拦门拜礼、拦门敬酒之礼。酒席上的礼数也很多，要围圆、锯角、拜亲，有起程酒、出礼酒、接礼酒、劝亲酒等。拜堂、闹洞房则更是热烈且花样繁多。

（四）歌舞

湖南瑶族的歌舞，名称繁多，有新婚出嫁前的坐堂歌，陪楼歌、有出嫁时的哭嫁歌，有生产方面的挖地歌、伐木歌、放排歌、建房歌，有生活方面的酒歌、茶歌，有丧俗方面的劝歌、孝歌等。瑶族有语言无文字，其历史与文化主要通过唱的形式去传播，其交流也通过唱的形式去沟通。如生产生活中的对歌和可以当媒婆的情歌，歌的种类主要有历史歌、风情歌、盘歌等。瑶族原始舞蹈主要在祭庙和还愿中表演。现在瑶族地区舞蹈主要有三种形式：一是祭祀性舞蹈，按大中小斋坛等级仪程，师道公身穿师道服，各持锣鼓、铜鼓、铜铃、长刀等，随着锣鼓节奏斋舞；二是婚礼性舞蹈，由男方接亲的媒婆、媒公、礼公、主人，对女方的正堂、二府、三府、相请，按婚礼仪式，宾主相对，边歌边舞，一唱一和，通宵达旦；三是日常青少年娱乐性的健身舞。而主要的舞蹈有长鼓舞、叩槽歌、羊角舞、芦笙舞等，名称不同，跳的也不同。

（五）饮食

湖南瑶族的饮食以"土"见奇。吃饭多以稻米为主，多兼以山地自产的红薯、芋头、高粱、玉米等类为食；蔬菜又以自产的南瓜、黄瓜、白菜、蚕豆为主，又兼以采竹笋、野菌、蕨菜为食；肉菜多以自饲自养的猪、牛、羊、鱼、鸡、鸭为主，兼以自繁自养的山鸡、野猪、河鱼、鼠等为补，形成一系列的"山珍海味"，是吸引游客的风味大餐。瑶族喝的酒是用土法熬制的，诸如玉米、高粱、木薯、红薯等土酒，还有用葡萄等野果沤制成的泡酒（在江华称瓜箪酒），是餐桌上让人垂涎欲滴的美酒。瑶族平常饮用的水，来自山泉，是城市人可望不可即的珍品。瑶族的地方饮食如江华的瑶家十八酿、糍粑、瑶家腊肉等，已经名扬海内外。

（六）医药

湖南瑶族历史上以草为药。湖南瑶族民众发明了不少医治疑难杂病的秘方，如治疗蛇毒、风湿、伤寒、骨折、以及肝炎、肺炎等病症，能起到西医所不能及的疗效。瑶族还有针灸、火罐、药烧、放血的医疗技术。而"瑶族药浴"则更具特色，是瑶族民间用以抵御风寒、消除疲劳、防治疾病的传统文化。药浴是瑶族祖先独创，族内独有，传内不传外的保健良方，被专家称之为人类健康的古老传承。"瑶族药浴"以多种植物药配方，经过烧煮成药水，入杉木桶，人坐桶内熏浴浸泡，让药液渗透五脏六腑、贯通全身经络，达到祛风除湿、活血化瘀、排汗排毒的功效。

（七）建筑

湖南瑶族多依深山密林而居，建筑往往就地取材，采用"人"字形棚居建筑式样；居住在坡度比较大的山岭地带的瑶族，多采用"吊楼"式建筑，如冯河两岸的木制吊脚楼；居住在平原丘陵地区的瑶族，住房多为土木或泥木结构，与壮、汉族住宅相同，如上伍堡一带的斗拱飞檐的三进堂。其中，聚居山地的瑶族讲究村寨整体，房屋建筑多为层叠式，幢屋毗连，层次分明。大的村落山寨，房屋从山脚叠到山腰，甚至叠到山顶，民族风格独特。瑶族房屋建筑一般分为三个部分，即住房、粮仓、寮房。住房一般是一栋三间，中设厅堂，卧室设在两侧或中室后部，前部为灶堂或火堂。粮仓多用木板密封成堡垒形，用来贮藏玉米、稻谷，一般设在屋外或村旁，甚至有的设在数里的山野田间。寮房多数是建在村寨旁边，用茅草搭盖，用以存放柴草或储存物件等。

第五节　其他少数民族文化

一、白族文化

湖南白族人口有125597人（2000年）。湖南的白族主要分布在桑植一带。自称"白子""白尼""白伙"，统称为"白人"，他称有民家、那马、勒墨、勒布等60多种。新中国成立后，1956年11月，根据广大白族人民的意愿，正式确定以"白族"作为统一族称。湖南白族的文化色彩丰富，代表性文化有以下诸类。

（一）桑植白族仗鼓舞

桑植白族仗鼓舞又叫"跳邦藏"。仗鼓舞是白族的传统舞蹈，因主要道具为仗鼓，长1.2米，用木棒为杆而得名。作为白族代表性舞蹈，桑植白族仗鼓舞同时入选湖南省第二批非物质文化遗产名录。桑植白族仗鼓舞主要分布在湖南省桑植外半县一带，包括芙蓉桥、马合口、麦地坪、洪家关、官地坪、瑞塔铺、刘家坪、走马坪、淋溪河、白石、汩湖、空壳树、天星山林场、澧源镇等乡镇。但随着民族大融合的不断促进和人们生产生活习惯的相互包容，白族仗鼓舞也逐渐向内半县一带延续和发展，特别是凉水口、桥自湾等乡镇，因为有白族人的加盟，受白族传统文化影响，白族仗鼓舞也开始流行。2008 年，桑植白族仗鼓舞被确定为湖南省第二批非物质文化遗产名录项目。关于白族仗鼓舞的来历，有四种说法。一是以武打为背景，突出白族人强悍勇猛的性格。白族《钟氏族谱》载："……打糍粑，斗官差，拿木杵，做武器……"公元 1288 年腊月，白族聚居地马合口廖坪一带，钟迁一大儿子钟涵盛等兄弟三人正在打糍粑，几名官差突然闯入，无理取闹，钟氏三兄弟与官兵发生打斗，用木杵当武器，打得官兵七零八落，狼狈而逃，官差再也不敢到马合口一带闹事。为了庆贺这场胜利，钟迁一的子孙们就把木杵做道具编成舞蹈，习称白族仗鼓舞。二是以表演为依托，向兄弟民族展示艺术文化。三是以比赛为动力，打造本民族舞蹈特色。白族《王氏家谱》载："仗鼓舞，多人跳……擅比赛。"据说仗鼓舞由被明成祖朱棣授予"昭武将军"的谷永和创造，将军以打糍粑为背景，把军队中的武打动作揉进舞蹈，随后在土家"六月六"文艺演出比赛时，一举夺魁。为纪念胜利，谷永和为这个舞蹈取名"白族仗鼓舞"。四是以消瘴为目的，强化自娱自乐特征。相传有一条恶龙经常出山危害生灵，三个白族土匠得知后，相邀一起斩了恶龙，饱食龙肉。但是恶龙肉在他们肚内兴妖作怪，三人极为难忍。为了消瘴，三人将剥下的龙皮拿来蒙长鼓，通宵达旦，起舞消瘴，因此，又名为"瘴鼓舞"。"仗鼓舞"既娱神又娱人，世代流传，至今深受群众欢迎。桑植白族仗鼓舞经历过两个大的发展时期。一是白族迁始祖来桑落脚，由于势单力薄，迁始祖和他们的子孙一边艰苦创业，一边创造发展仗鼓舞，形成原始白族的舞蹈雏形白族仗鼓舞。当时由于参与人数少，动作套路不多，仗鼓舞在运用方面受到局限。到了明初年间，白族居住地人口增多，仗鼓舞得到发展，许多有武术功底的白族艺人对仗鼓舞进行加工和编排，逐渐形成"三十二连环""四十八花枪"等套路，仗鼓舞广泛用于游神等大型民俗活动中。二是元末明初许多外省人逃避战乱来到桑植外半县一带，白族后裔为了将祖先创造的舞蹈发扬光大，树立白族人自己的舞蹈品牌，不断完善，不断加工，形成了套路多、节奏明快、粗犷朴实的白族仗鼓舞。桑植白族仗鼓舞古朴明快、粗犷大方，跳时以仗鼓为道具，以打击乐器为主，同时还用横笛吹奏主旋律，夹以海螺、长号和唢呐伴奏。桑植白族仗鼓舞有悠久的历史和丰富的内涵，一直深受白族人民的喜爱。与土家族"摆手舞"、苗族"猴儿鼓"并称为湘西少数民族三朵艺术奇葩，入选湖南省第二批非物质文化遗产名录。

（二）桑植傩戏

桑植傩戏起源于原始、粗犷的祭祀仪式，有高傩、低傩、三元傩之分，其中三元傩为全国独有。2008 年，桑植傩戏被确定为湖南省第二批非物质文化遗产名录项目。

桑植傩戏有低（阳）傩、高（阴）傩和三元盘古傩三种，分别流行于白族聚居区和土家族聚居区。桑植高傩的傩祭分：启师开坛—干牲买猪—造桥收兵—迎圣降坛—恭迎朝王—安营扎寨—下马问卦—传茶敬神—度酒款圣—供饭奉神—穿白上锁（三星拜寿）—开洞和令—呈牲献帛—开坛点将—打路先锋—白旗仙娘—跑探军情—开山神将—姜女勾愿—土地封仓—僙关度石—送儿归宗—送神安位等 24 场。桑植低傩多信奉"三元"教，以驱鬼逐邪还愿解厄为主要目的，称为"还傩愿"。低傩傩祭分：启师开坛—申发功曹—二旗先锋—造桥立殿—开桃源洞—跑探军情—开山神将—安营扎寨—迎圣接驾—告茶劝酒—迎神下马—白旗仙娘—下马问卦—上锁断煞—土地公婆—祭猖护坛—勾了愿心—造桥仙师—度关解煞—联白案寿—送儿归家—送神归位—出狂逐疫—安神谢土等 24 场。桑植傩戏内容有正朝、花朝两部分，按先正朝后花朝再正朝程序，构成"请神—酬神—还愿—送神仪式"。桑植傩戏传统剧目有"二十四戏"和"五十花朝戏"之说。"二十四戏"分前十二戏和后十二戏，前十二戏主要为"神戏"，是做法事时供奉神的；后十二戏是人戏，主要分为"正八出"与"外八出"。"正八出"有："发贡曹""迎神安位""白族拱台""扎寨""开山""出土地""祭祈""勾愿送神"，其中"发贡曹"为开场戏，请神；"外八出"可归纳为"三拷""四团圆"等连台戏，其中"三拷"即"拷打姜女""拷打龙女""拷打小桃"，"四团圆"即指天、地、水、阳四大团圆戏，包括："天团圆"——鲍家庄的事故，"地团圆"——梁祝的故事，"水团圆"——柳毅传书的故事，"阳团圆"——孟姜女的故事。另外，"五十花朝戏"有《庙房会》《郎带封官》《令哥烤酒》《上山》等。桑植傩戏亦有生、旦、净、丑，但全部出场人均戴木质假面，傩戏中的人物分文、武、老、少、女五类。

桑植傩戏的相关制品有神祈、傩神、法印、五佛冠、令旗、令牌、傩具面孔、大筛锣、小勾锅、背笼鼓、土钹、土唢呐、狮子扁担、木鱼、牛角、司刀、八宝铜铃等。桑植傩戏有自己的独立体系和表演风格，其特点大体表现为三方面。一是坚持"正戏正演"和"花戏花演"，正朝祭祀巫傩神灵，花朝以戏剧娱神嬉人。正戏正演即必须严格"循章循句，循字循腔，规行矩步，一丝不苟"；花戏花演则即兴发挥，即兴创作。二是桑植傩戏全部由桑植地方方言道白，唱腔低沉，音域狭窄，充满了古代祭祀仪式中的情调，保持了"一人启口，众人帮腔"和"乐里藏音"的古代传统。三是桑植傩戏唱腔丰富，多达 300 多种。桑植傩戏保留了从民间傩祭过渡到民间小戏的痕迹，塑造了具有性格特征的人物形象，充满浓厚的浪漫主义色彩，有较高的艺术价值。桑植傩戏反映的民族根源、洪水神话，是研究桑植民族史的珍贵资料；傩戏中残存的远古还傩愿、渡关、婚俗、浴俗等古老的习俗，也具有较高的民俗学的研究价值。桑植傩戏中的三元本主傩将"天、地、水三元之气"和人伦万物结合起来，成为桑植人的理想和道德的教科书，具有较高的文化价值。

（三）民家腔

桑植白族民家腔是桑植县七个白族乡及周边地区使用的一种方言，也可以说是整个桑植白族共同使用的白语，属于汉藏语系，藏缅语族，白语支。清朝乾隆年间，桑植建县以后将辖区内居民分为军、民、客、土、苗五大群体。至今全县使用的语言主要是客家腔、民家腔两大类。客家腔是在桑植县城及周边地区以汉族人为主使用的"官方语言"，民家腔是以前被称为民家人的桑植白族使用的当地方言。桑植白族文化研究学者谷利民说："民家腔方言是 700 多年前，大理白族人落户桑植后，在长期生产生活中，为了和当地汉族、土家族等原住民交流而形成的一种特殊的方言。既有汉语（占大部分），又保留了少数白语词汇。"1982 年，湖南省民委组织的省、州、县民族调查组的专家学者深入调查，在桑植民家腔方言里有 648 个单词属于保留下来的白语。目前民家腔在桑植县仍有 12 万人使用，但如果连上湘西州、张家界市、慈利县、永定区以及湖北省铁炉白族乡，目前使用民家腔人数超过 20 万。

（四）三道茶

白族早在南诏时期就有饮用三道茶的习俗，茶具和制作方法在当时就很考究。例如，托盘用黑漆木制作，烤茶用拳头大的黑色土陶罐，使用白瓷蓝釉花的无耳茶盅；茶盅有小、中、大三种，按顺序分别在每道茶使用；茶叶一般是大理感通寺出的感通茶或下关沱茶，水以苍山溪水或龙潭水为上。明代旅行家徐霞客到大理佛教名山鸡足山就曾喝过僧人的"三道茶"，他在日记中写道：

"注茶为玩，初清茶，中盐茶，次蜜茶。"此为今天"三道茶"的前身。

大理白族的"三道茶"很有讲究。第一道是苦茶，先将茶叶放在小陶罐中抖烤，待发出香气后加沸水，然后将茶水倒入小茶盅献给客人；第二道是甜茶，先将核桃仁、乳扇、红糖放入碗中，再冲入滚水，碗上搁一只筷子，筷子供客人吃茶里的辅料；第三道是回味茶，辅料以蜂蜜为主，还有花椒、生姜、松子仁、桂皮等，用沸水冲泡。大理的"三道茶"不仅有清凉解暑、醒脑提神的功用，还包含了"先苦后甜"的人生哲理。桑植白族的根在大理，其"三道茶"与大理的大同小异。第一道也是苦茶，是将茶叶放在陶罐里添水用火煨开，茶香略带苦味，先让客人止渴解乏；第二道也是甜茶，但辅料与大理不同，茶水中除了放红糖或蜂蜜外，还要加入炒芝麻、炒黄豆、姜片等，再献给客人。较大区别在于第三道茶，桑植的第三道茶叫蛋茶，也叫"团圆茶"，是在茶水中放入三个熟鸡蛋（也有用甜酒冲鸡蛋的）。意思是让远道而来的客人在解渴之后还要适当充饥，主人家才好慢慢给客人准备丰盛的正餐，款待客人。桑植和大理的"三道茶"都体现了白族人家的热情、好客、文明、精细，也都寓有"先苦后甜"的人生哲理。不过，桑植白族"三道茶"还包含了"主客团圆、事事圆满"的祈愿。

（五）双鞭霸王鞭

霸王鞭用约 1 米长的空心竹，凿约 10 厘米长的 4—5 个孔，每孔内装 2 组铜钱。霸王鞭是一种摇击奏乐器，演出时持杆，以两端随舞碰击身、膝或肘发声，伴歌舞。霸王鞭上的 4 个长方形孔，象征四季，孔中嵌入的铜钱数目分别表示12 个月或 24 节令。大理的重要节日火把节，绕三灵，三月街等，一般都少不了霸王鞭。桑植白族的霸王鞭被称为金尺竿，也叫九子鞭，其形制与大理的霸王鞭类似，是用一根拇指粗、1 米多长的竹竿，在两端各凿 3 个对开眼，每个眼内用铁丝做轴，套进 3 枚铜钱，并用彩带缠竿作为装饰。桑植地区的霸王鞭原是一种战时用的兵器，后经白族先民创作形成舞蹈，出现在乡间赶庙会、游神、本主节、祭祖等活动中。从桑植县城东北方向驱车大约 38 公里就是马合口白族乡，这里独具特色的"仗鼓舞、霸王鞭、傩愿戏"堪称马合口民间艺术的三朵奇葩。与大理的霸王鞭不同，桑植白族的霸王鞭系双鞭，鞭长 80 厘米，少者两人可跳，多者也可集体群舞。其中舞鞭者，双鞭上场，注重节奏，四肢关节等均全力配合，讲究整齐划一。伴随着唢呐、笛子、二胡等音乐节奏，持鞭者发出强有力的声音，产生欢快的节奏感和美感，尤其深受白族女子喜爱。

二、回族文化

回族是我国 56 个民族中城市化程度最高的民族之一。回族分布总体上表现为"大分散，小聚居"的格局。"大分散"主要表现为全国 2000 多个县（市）几乎都有回族分布。"小聚居"的特点集中体现全国回族居住的情形中，即在西部省区，回族以连片聚居为特点，反映在回族自治区、自治州、自治县都在北方或西部地区；而东部地区，则以县、村、街道聚居为特点，又多在大运河沿线一带。与西北地区不同，东南地区回族聚居的规模大体在百人到万人左右。

湖南回族有六百多年的历史，湖南回族人口 9 万多人。目前回族较大的聚居区是常德市（39770 人）和邵阳市（29010 人），两市回族人口占全省回族总人数的 74%，其次是益阳、湘西土家族苗族自治州、长沙、怀化、株洲、衡阳等地，约有 2 万余人，其余的则分散于全省各县、市。湖南最早有回族定居的是邵阳市和常德市，其主要来源多样。一是元末明初，因征调和用兵，一批随军南下的回族将领进入邵阳（宝庆）、常德（鼎州）等地，其中部分将领建功封侯、屯田落籍、繁衍生息，成为目前湖南回族的聚居区。据历史记载，进入邵阳的回族于明洪武年即已立谱修志，进入常德的回族为明洪武五年。二是从事商业和贸易的商贾，多经水路从东南沿海商口及长江下游城镇集市，溯江而上西入洞庭，经湘、资、沅、四水进入湖南腹地，而后定居于全省各城镇或水陆交通要道，或行商，或开店，或办作坊，繁衍后代，成为城市集镇回族人口的主要组成部分。三是明末清初，为数众多的回民为躲避封建王朝挑起的矛盾，纷纷被迫从西北等地迁移、宦游来湖南定居。四是清代后期或抗战期间，或是逃荒，或是遭受战乱，从安徽、陕西、甘肃、四川、河北、山东、浙江等省迁入湖南。五是新中国成立后一部分国家工作人员、科教技术人员和军队转业干部、总各地分配调动来到湖南，这部分人在城市中约占回族人口的 30%—50%。据《元史》记载，最早湖南回族聚居地区是邵阳。元世祖至元十三年（1276），元军占领宝庆后，在这里设立安抚司，"十四年设宝庆总官府"。元顺帝至正二十五年（1365），朱元璋派徐达攻克宝庆。明灭元后，于洪武元年设宝庆府于邵阳。由于回族将领屯兵的缘故，不少回族人在这里落籍安家。现在邵阳的回族就是元末明初由北京、南京等地调遣随军到宝庆卫（即邵阳）驻守屯戍，充当卫指挥及屯垦人员的回族军事僚属后裔。邵阳的回族以马、张、苏、海、蔡五大姓为多。其中马氏是明初从南京迁来的，亦称之"金陵马氏"；张、苏、海诸姓是受明王朝调遣从北京迁徙而来。张氏，其先曰璞罗德，北平三河人。璞罗德原属回回经名，张姓是到宝庆后才使用的。苏姓原北直顺天府人。海氏，其先曰盟石，北平府顺义县人。蔡氏，先世江南淮安之山阳人。这在《宝庆府志》及他们诸家的族谱中都有记载。邵阳市现有回族2.8万多人，市辖九县三区均有分布，以隆回县、邵阳县、邵东县、市郊、市区为多。1984年，成立了隆回县山界回族乡，另建有4个回族村。湖南回族最早聚居区之一的常德（即鼎州）因是军事战略要地，历代王朝统治者均有重兵镇守。元代曾派"达鲁花赤"坐镇常德。明洪武五年，朱元璋调遣回纥将领八十（即剪八十）和回族将领马德成率回族军队南下任常德指挥使屯兵戍守，后落籍为民，常德市的回民主要有马、黄、李、刘、杨、定、魏诸姓氏。其中多系随军来湖南落籍的回族将士，也有不少由水路而来的商贾。他们大都世局内东门沙河街，曾改名为"回回街"，现称民族街。马氏回族自称"扶风马氏"，在他们的族谱中记载："德成公于明洪武五年，由北直迁常郡，子孙由郡迁桃邑。"另有二支马氏，一支是于明永乐年间，从甘肃武威县迁到常德定居；另一支是云南马氏，始祖马如龙于光绪初年奉调镇守楚南，任军们提督总镇，驻守常德后落籍，后来有一部分迁居到汉寿县。黄氏族谱记载："鼻祖黄隆兴，世籍幽燕，北直顺天府固安县团舍村人也，信奉回教"，"永乐二年，封奋武将军，为官鼎州"。黄氏后裔逐渐繁衍发展成东西两大支，即鼎城区马路官沟东西两坪和汉寿县株木山笑藤巷教门町。李氏主要有三支。一支是由北京顺天府固安乡迁来，始祖李宗燕曾任云南副总兵职，于明永乐二年（1404）迁来常德卫，他的封地就在现今的鼎城区许家桥回族维吾尔族乡西庄坪一带。另一支也是来自北京，始祖李象贵，因为征战有功，于明永乐年间，以巡检官常德卫，落籍常德市东门外。第三支是明代由河北宛平县李庄迁来。其中刘氏是明嘉靖二十二年（1543）从陕西省迁湖北荆、襄，嘉靖末年才转常德市东门外定居的。杨姓始祖原北京顺天府通州火汾县人，清乾隆十六年（1715）平治广东，受封武略将军，以后辗转到洞庭湖，定居澧县澧东乡回族村。魏氏和定氏是明代至清代从北京和湖北迁入常德。1989年，常德市有回族3.2万多人，以鼎城区、汉寿县、桃源县、澧县、武菱区为多，有三个回族、维吾尔族乡，一个维吾尔族回族乡，还有二十多个回族聚居村。

1984 年成立了鼎城区许家桥回族维吾尔族乡，1986 年成立了桃源县青林回族维吾尔族和枫树回族乡，1987 年成立了汉寿县回族维吾尔族乡。益阳地区的回族主要分布在桃江县和南县，其姓氏有李、黄、刘、马、王等。桃江县的回族是明成化十三年（1477）传入，其姓氏中的李（含南李即南京李姓，北李即北京李姓）、黄、刘都是从常德转迁而去的。马氏是从邵阳迁去的。桃江县 1984 年成立了鲊埠回族乡，全乡 18 个村共有回族 5210 人。全县有回族 6081 人。南县回族王氏，原籍陕西大荔县王阁村，清雍正年间，因躲避民族矛盾迁徙到常德后转迁南县八百弓乡回族等乡村。目前有 1100 多人，分布在全县的三个乡两个镇。益阳地区共有回族 8746 人。湘西土家族苗族自治州所辖 10 县都有回族居住，其中以龙山、桑植、永顺、凤凰、吉首为多，其姓氏有马、郑、蔡、沙、黄等。主要来源是清雍正年间改土归流后，经沅、西流域经商而入。湘西各县的回族大都从邵阳、常德转迁而去。1989 年，全州回族有 5778 人。长沙市的回族，于明初进入。明洪武年间，马成忠曾授长沙校尉，后落籍为民。以后又有一批回族陆续从北京、南京、陕西、云南以及省内常德、邵阳等地迁入，也有随李自成、张献忠起义转到长沙落籍的。其姓氏有徐、兰、马、丁、李、成等。长沙市 1989 年有回族 2517 人，80% 居住在城市，其中长沙县捞刀河镇汉回族村和乌溪村有回族 400 多人。怀化地区以靖州苗族侗族自治县丁氏回族的历史最长。丁氏回族是在明朝传入。据其族谱记载："丁氏远祖沙汉，帅师由古大食国至金陵落籍，辅佑明太祖。第二代远祖罗秃，生始祖福，征楚靖建功，被封为加骁骑尉，于靖州屯田世袭。"1989 年全县有回族 440 余人。在新晃侗族自治县、溆浦、黔阳等地也有较集中的回族聚居区。全地区回族共 2439 人。衡阳市的回族约有 200 多年的历史，其姓氏主要有马、毕、唐、荷等。主要是经商、宦游、受聘任教、逃难等由常德、邵阳而去。1989 年。衡阳市有回族 1070 人。湘潭市的回族主要是金、马两姓。金氏于清嘉庆庚申年间（1800）由江苏上元县迁居湘潭经商。先行医，开始"回春堂药店"，以后改为"金德义"冶炼坊等。株洲市、岳阳市、零陵地区、郴州地区和娄底地区等地，有回族的历史都比较短，基本上都是在 1949 年新中国成立前后迁入，散居在城市的各机关和企事业单位。

第六节　红色文化

　　红色文化旅游资源是集多种功能价值于一体的特殊的、珍贵的当代物质文化遗产，其中蕴含着中国共产党人的精神价值和思维方式，凝聚着中国共产党人的创造力、生命力。湖南民族地区有着厚重的历史文化和浓郁的民俗风情，更有着丰厚的红色文化旅游资源。新民主主义革命时期，中国共产党人在湖南民族地区开展了艰苦卓绝的革命斗争；大革命时期，建立了早期各级党团组织和革命团体，领导人民群众开展了农村大革命；土地革命战争时期，贺龙等人领导人民群众开展了反对蒋介石独裁统治的英勇斗争，建立了湘鄂西及湘鄂川黔农村革命根据地，红军长征，也在湘西地区留下了光辉的足迹，党中央在通道县溪召开了著名的"通道会议"，实现了"通道转兵"，挽救了红军和中国革命；解放战争时期，中共湖南省委组建了湘西纵队，与国民党反动派展开了最后的军事斗争，迎来了新中国建立。此外，毛泽东、周恩来、朱德、贺龙、向警予、任弼时、滕代远、粟裕、王震、关向应等共产党人亦在湖南民族地区留下了大量的、极其珍贵的革命活动遗迹。留存至今在整个新民主主义革命时期的党的重要会议遗址、重要农村革命根据地遗址、重要党史人物故居、重要文件文稿、重要纪念场馆及其所承载的革命精神，构成了极为丰富的湖南民族地区红色文化旅游资源。湖南民族地区以张家界市、湘西土家族苗族自治州、怀化市三市州为主体，区域内红色文化旅游资源丰富。多视角、跨学科、全方位地深入研究湖南民族地区红色文化保护及其旅游开发，有助于从整体上把握湖南民族地区红色文化遗产的当代形态和历史地位，对加强和完善党的自身建设，坚持和培育社会主义核心价值观，对提升我国文化软实力，具有不可替代的重要作用，具有重大的理论价值与实践意义。

一、湖南民族地区红色文化研究述评

　　目前，国内专门研究中国共产党红色遗产的学术成果甚少，相关成果仅有数十篇部，且多以"红色文化遗产""红色资源""革命根据地斗争史"为研究主题。

　　其中，发表相关学术论文的有刘建平等的《红色文化遗产相关概念辨析》（《宁波职业技术学院学报》2006/04）、卢丽刚等的《红色文化遗产的数字化保护》（《生态经济（学术版）》2007/02）、莫志斌等的《论湖南红色文化遗产的开发》（《湖南城市学院学报》2012/03）、姚建涛的《论红色文化遗产的双重保护》（《临沂大学学报》2013/02）、刘建平等的《论红色文化遗产在高校学生党建中的应用》（《湖南省社会主义学院学报》2012/02）、刘建平等的《区域红色文化遗产资源整合开发探析》（《湘潭大学学报（哲学社会科学版）》2006/05）、李晓蓉的《论红色文化遗产的地方性法律保护——以贵州长征文化遗产为视角》（《世纪桥》2012/23）、刘建平等的《乡村红色文化遗产的基本内涵、现状及其原因分析》（《开发研究》2008/04）、廖勇的《试析当前我国红色文化遗产的保护》（《青年时代》2014/04）、廖勇的《简论红色遗产的功能与价值》（《文化产业》2014/05）等。关于湖南民族地区红色遗产的专题论文有何其鑫的《湘西红色资源在高校开展思想政治教育活动中的优势》（《青年与社会》2013/02上）、何其鑫的《湘西红色资源转化为高校思政教育资源的路径》（《青年与社会》2013/07上）、何其鑫的《湘西红色资源在高校思想政治教育中的应用》（《理论观察》2013/10）、瞿孝军的《关于张家界红色文化旅游资源保护与开发的思考》（《沧桑》2009/02）邹益胜等的《开发湘西红色文化资源推进大学生政治信仰教育的实效性》（《传承》2013/09）、贾美树的《湘鄂川黔革命根据地红色文物资源保护与开发开发调研报告》（龙山新闻网2013/04/02）等。

　　出版的相关著作有袁新华的《湖南红色旅游导游词精选》（湖南教育出版社，2005）、中共中央党史研究室科研管理部的《全国重要革命遗址通览》（第1册）（中共党史出版社，2013）、向同伦的《早年贺龙》（红旗出版社，1996）、《任弼时选集》（人民出版社，1987）、《廖汉生回忆录》（解放军出版社，2012）、《粟裕传》（当代中国出版社，2007）、《向警予文集》（湖南人民出版社，1985）、常红的《向警予在溆浦》（辽宁美术出版社，1981）、汤树屏的《滕代远传》（解放军出版社，2004）、全国红色旅游工作协调小组办公室的《中国红色旅游发展报告》（中国旅游出版社，2008）、郭沫勤等的《中国非物质文化遗产2006》（中国文联出版社，2007）、中共湘西土家族苗族自治州委党史研究室的《中国共产党湘西土家族苗族自治州历史》（第1卷1921—1949）（中共党史出版社，2007）、湘西自治州土家族苗族党史办公室编纂的《湘鄂川黔革命根据地资料选编——湘西自治州部分》（1985）、中共湖南省湘西土家族苗族自治州委党史资料征集研究办公室编纂的《中共湘西工委活动资料选编》（1984）、《湘鄂川黔苏区革命文化史料汇编》编辑小组编纂的《湘鄂川黔苏区革命文化史料汇编》（1995）、古堡的《湘鄂西革命根据地史》（湖南人民出版社，1988）、刘仁民等的《湘鄂川黔革命根据地史稿》（湖南人民出版社，1984）、《湘鄂川黔革命根据地》编辑组的《湘鄂川黔革命根据地》（中共党史资料出版社，1989）、王跃飞的《湘鄂西与湘鄂川黔革命根据地研究》（青海人民出版社，2005）、中国人民革命军事博物馆编的《湘鄂川黔革命根据地斗争形式图》（地图出版社，1980）、谢武经等的《丰碑——湖南革命纪念地概述》、（湖南美术出版社，1988）、杨少波的《湖南通道转兵史料》（中国文史出版社，2006）、中共湖南怀化地委党史办公室编纂的《红军长征在怀化》（中共党史资料出版社，1987）、中国人民政治协商会议龙山县委员会文史学习委员会编纂的《龙山文史资料第20辑》（2006）、中共麻阳县委党史资料征集研究办公室编纂的《战斗在麻阳的中共地下组织》（1986）、中共沅陵县委党史资料征集研究办公室编纂的《辰州烽火》（1987）、中共洪江市委党史办编纂的《新中国成立前洪江党史资料》（1987）、陈克鑫等的《中国共产党湖南历史1920—1949》（第1卷）（湖南人民出版社，2008）、王忠杰的《湖南人民革命史——新民主主义革命时期》（湖南出版社，1991）、湖南省地方志编纂委员会的《湖南省志——共产党志》（湖南人民出版社，1998）、湖南省红军长征调查办公室的《红军长征在湖南纪略》（湖南人民出版社，1979）等。

上述研究成果主要局限于湖南民族地区党史资料的收集与梳理、重要党史人物生平事迹的介绍、湘鄂川黔革命根据地史的研究上，主要诉求在于强调红色遗产地为目的地的红色文化旅游或"红色遗产旅游"产业的提升与开发，涉及红色文化遗产基本内涵和相关概念的解读，红色文化遗产价值功能的定位，红色文化遗产的保护、开发的重大意义和基本路径等诸方面，其观点新颖、学术价值高、应用性强，尤以湘潭大学刘建平教授及带领的科研团队建树颇丰。

国外研究中国"红色遗产"研究成果为之甚少，关于湖南民族地区中国共产党红色遗产的研究成果则无。不过，苏联的俄国十月革命的指挥部斯莫尔尼宫、列宁墓、冬宫等红色遗址保护和开发，法国以及在欧洲一些国家对诺曼底登陆遗址、反法西斯战争时期的名人故居、历史遗存、博物馆等遗产的保护和旅游开发非常成功。2010 年 4 月，哈佛大学主办的"中国红色遗产"国际研讨会，来自英国、澳大利亚、美国、和中国的相关领域的重要研究者出席了该会议，会议的议题涉及红色基础、红色演绎、红色史学、红色艺术、红色记忆景观和红梦与红尘等方面，其讨论成果引起国内外学者的广泛兴趣。各国对遗产精神层面、开发和保护进行系统地研究和理论上的开拓与创新，对我国研究红色文化遗产具有一定的借鉴意义。

二、湖南民族地区红色文化旅游资源的特点

湖南民族地区红色文化资源是指湖南民族地区的红色精神文化，具体是指湖南民族地区人民在革命战争时期，坚持在党的领导之下，以马克思主义为指导进行武装斗争，在不断的革命实践中，所遗留下来的纪念地、标志物及其承载的革命历史、革命事迹和革命精神为基本内容的一种具有湖南民族地区地域特色的先进文化资源。湖南民族地区红色文化资源的内容是多层次的，既有物质方面的文化内容，也有精神方面的深层内涵。其中物质文化内容是指湖南民族地区革命战士在革命斗争中所遗留下来的场所或所使用的器物，如桑植贺龙故居、桑植红二方面军长征纪念馆、湘西剿匪胜利公园、龙山县湘鄂川黔省革命委员会旧址、怀化芷江抗日受降园等；非物质层面的内容，是指湖南民族地区人民在长期的革命斗争中不断地互动与解决困难的信仰、歌曲、价值与事迹，如湘西人民在革命时期所体现的崇高的精神信仰及其革命斗争过程中所创作出来的《马桑树儿搭灯台》《十送红军》《红军歌》等革命歌曲，以及革命过程中涌现出来的英雄人物及其伟大事迹等湖南民族地区红色文化中的精神文化。湖南民族地区红色文化中丰富的文化与物质资源，体现着湖南民族地区人民对党和国家的忠诚信仰，对马克思主义与共产主义的信仰，以及对崇高民族精神品质的信仰。而崇高的信仰是湖南民族地区人民的革命动力，其最终目的是为了使湖南民族地区消除战争的危害，让湖南民族地区人民实现富足、安乐的生活，并最终推进国家的和平与安宁。

湖南民族地区红色文化资源除了具有红色文化资源普遍具有的直观生动、富于感染、潜移默化、润物无声、寓教于乐的特征外，也有自身的一些特点。

（一）形成的早期性

早在五四运动之前，湖南人就开始接触马克思主义。例如，湘西的向警予，

1918 年，就参加毛泽东、蔡和森领导的"新民学会"；1919 年，与蔡畅等组织了湖南女子工学世界会，为湖南女界勤工俭学运动的首创者，1922 年，加入了中国共产党，是我国最早的女党员之一，被誉为"我国妇女运动的先驱"。滕代远，湘西麻阳县人，1924 年参加中国共产党，是久经考验的无产阶级革命家、中国人民解放军的领导者之一、新中国人民铁路事业的奠基人。粟裕，1925 年就树立了为共产主义事业奋斗终生的革命信念，1927 年加入中国共产党。贺龙，1927 年率部参加并参与领导了南昌起义，并在起义部队南下途中的艰难环境中，加入了中国共产党。许多仁人志士很早就树立了对马克思主义的坚定信念，成了坚定的共产主义战士。

（二）地位的重要性

湖南民族地区红色文化资源不仅形成早期，还有重要的地位，这是由湖南民族地区的战略地位和在革命斗争中所取得的成就决定的。土地革命时期，中央红军的"通道转兵"是中央红军长征以来战略方针的一次重大转变，不仅打破了蒋介石围歼红军于湘西南地区的计划，而且也使红军从此开始获得军事的主动权，是"第五次"反围剿以来红军从失败走向胜利的起点。1934 年由红六军团进行的新厂之战和 1936 年由红二、红六军团进行的便水战斗沉重打击了敌人，使敌人再也不敢轻易尾追。抗日战争时期，湘西会战中的龙潭会战以中国军民的胜利而宣告结束，标志着日军在中国战场上战略攻势的终结，预示着中国抗日战争胜利的到来。标志抗日战争胜利的芷江受降坊等这些辉煌的成就决定了湖南民族地区红色文化资源具有重要的地位。

（三）形式的多样性

湖南民族地区并不大，但红色文化资源却很丰富，形式也多种多样。光革命烈士纪念建筑物就有十余处，表现为烈士陵园、纪念馆、故居等形式，如湘鄂川革命委员会旧址纪念馆、永顺卧塔、湘鄂川黔革命根据地纪念馆、红二方面军长征出发地刘家坪旧址纪念馆等。另外，除上述以外还有红色文献、民歌等文化载体，亦有如桑植《长工歌》《苦难歌》《红军歌》等，渗透着红军和人民群众身心。文化形式的多样性特征使人们更容易被湖南民族地区红色文化资源的精神内涵所吸引。

（四）深刻的教育性

一方面，无论是湖南民族地区的红色文化资源体现出的普遍性精神内涵还是其独有的价值内涵，都可以开发提炼出包括马克思主义信仰教育、理想信念教育、民族精神教育、行为规范教育等在内的整个社会主义核心价值体系教育的内容。可以说，核心价值观教育都能在湖南民族地区红色文化资源中找到科学、有说服力的证据。另一方面，湖南民族地区是少数民族聚居的地区，其红色文化资源也融合了不少民族特性，如桑植民歌等，能够更加真实有效地体现红色文化资源的教育意义。

三、通道县红色旅游资源的开发价值

通道县红色旅游资源与生俱来的特点，使其具有深厚的历史价值、文化价值、旅游价值。通道州区红色旅游资源蕴含着崇高的思想境界和革命道德情操，传播其理念、彰显其精神有利于红色革命精神深入人心。每一处革命遗迹、每一件珍贵文物、每一个革命先烈的故事都是鲜活的教材，都折射着革命先辈崇高理想、坚定信念、爱国情操的光芒。

（一）历史价值

1934 年 12 月 12 日，中国工农红军在通道县恭城书院召开了"通道会议"，采纳了毛泽东同志"放弃原定方针，转兵西进贵州"的意见，成功脱离了敌军的围追堵截，实现了伟大的战略转移，在危急关头挽救了红军，挽救了中国革命。一代伟人毛泽东从这里重新崛起，新中国从这里走向胜利。通道会议为黎平会议和之后的遵义会议召开奠定了基础，在我党我军历史上有着重要的地位，具有深远的历史意义，是中国革命中一座不朽的丰碑。同时，通道会议也为通道留下了许多非常珍贵的红色旅游资源。这些红色旅游资源是历史的见证，有着重要的历史价值。

（二）文化价值

对于革命老区而言，红色旅游资源不仅是一种纪念，更是一种文化、一种记忆、一种财富，是革命老区发展的灵魂。通道红色旅游资源是长征历史文化的重要组成部分，是社会主义、爱国主义、思想文化教育的重要阵地。1934 年12 月，中央红军处于生死存亡的危急关头，召开通道会议，决定放弃同红二、红六军团会合的原定方针，毅然改为向敌人力量薄弱的贵州进军，为中央红军走向胜利指明了方向。在通道境内留下来大量革命纪念地和革命文物，成为通道地区红色文化不可分割的重要载体。通过发展红色旅游，把这些革命历史文

化资源保护好、管理好、利用好，有助于确立正确的导向，树立鲜明的旗帜，对于建设和巩固社会主义思想文化阵地，大力发展先进文化，支持健康有益文化，努力改造落后文化，坚决抵御腐朽文化等，具有重要而深远的意义；对于全面建设小康社会，实现中国梦具有重要意义，也是我们社会主义现代化建设的巨大精神动力。

（三）旅游价值

发展通道红色旅游，将通道县厚重的红色旅游资源优势成功转化为经济优势，可以推动通道县经济结构调整，培育特色产业，并带动相关行业发展，为通道县经济社会发展注入新的生机和活力。近年来，通道县大力实施"生态立县、旅游兴县、文化强县、工业富县"发展战略，以打造县城5A级景区为目标，总投资达2.5亿，加快推进产业转型和城市建设步伐，县城新貌逐步展现。不断加大旅游景区文化旅游项目开发，投入2000余万元，结合当地特色，确定自己的主题，组织开发了一系列红色旅游产品，将红色旅游资源与其自然和人文旅游资源的开发有机结合，努力开发对游客更具吸引力的红色、绿色加古色的旅游精品线路。升级改造了皇都侗文化村，实施了演出场、石板路、风貌改造和景观亮化工程，投入1000余万元，实施古建筑群修缮及环境整治工程，芋头古侗寨入选全国15个景观村落，并加快推进"三馆三园"即新建多馆合一的体育馆、通道转兵陈列馆、侗族原生态博物馆，百丈崖景观园、独岩风情园、枫树湾森林游憩园建设。

第七节　和平文化

和平文化，是指世界各个国家、民族、种族、宗教、社会群体及个人之间致力于化解冲突、融释暴力、消除战争，以期构建稳定、公正、合理的新秩序，从而形成的价值观念、制度规范、风俗习惯、生活方式、行为准则、物质实体等文化形态体系的总和。人类漫长的发展历史，从某种意义上来说，是一部和平与战争的演变史。湖南民族地区多民族自古至今都有着和平文化的理念。湖南民族地区多民族传统文化中的和平理念作为一种独特的文化，源远流长，含义丰富，凝聚着沅水流域多民族人们的观念、智慧、意志。在湖南民族地区多民族形成、发展的不同时段，多民族传统文化中的和平理念影响着湖南民族地区多民族人们的社会生产与生活方式，影响着湖南民族地区多民族人们的生存状态。多民族传统文化贯串于湖南民族地区多民族的历史、文化、政治、经济发展的进程，蕴涵着十分丰富的时代价值，并深深影响着湖南民族地区多民族的发展。

一、湖南民族地区多民族传统文化中的和平理念

（一）热爱和平、爱国爱家

博爱精神渗透在湖南民族地区多民族人们生活的各个方面。湖南民族地区多民族人们热爱和平，能与任何民族和平共处。湖南民族地区多民族人们顾全大局，和睦相处，认为朋友越多越好，敌人越少越好。尽管历史上湖南民族地区多民族人们曾遭受种种歧视和镇压，但湖南民族地区多民族人们都能以祖国的利益为重，以宽大的胸怀和气魄来对待其他兄弟民族。湖南民族地区多民族人们具有崇高的爱国主义精神，在抗日战争、解放战争和抗美援朝战争中，湖南民族地区多民族人们子弟积极参军，为争取民族的解放和维护国家的利益做出了重大的牺牲，也做出了重大的贡献。

（二）盘瓠崇拜、图腾信仰

在湖南民族地区多民族人们地区，草标具有特殊意义、神草文化丰富。湖南民族地区多民族人们先民崇拜盘瓠、向老官人、蚩尤，亦崇拜草，请巫师治病称掐草，称放蛊为"草鬼婆"，称中药为草药。明代齐周年《苗疆竹枝词》："盘瓠蛮种自高辛，穴处巢居性率真。跳月不消烦月老，芦笙对对是仙姻。"湖南民族地区多民族人们的传统节日有三月三、四月八、赶秋、六月六、挑葱会、樱桃会。其中，挑葱会一般选择在清明节，青年男女穿得花花绿绿，三五成群，来到山坡上，挑胡葱，唱情歌，找意中人。胡葱成了湖南民族地区多民族人们青年男女的月老，是湖南民族地区多民族人们先民神草文化的重要表现形式。

历代以来，湖南民族地区多民族人们被视为盘瓠子孙，相继被称为百濮群蛮、槃瓠蛮（又名盘瓠蛮）、五溪蛮（又名黔中蛮、武陵蛮）、苗瑶、苗等。五溪之蛮，包括湖南民族地区多民族人们，尊盘瓠辛女为始祖。《沅陵县乌宿区志》则对此做了较详细记述："西溪河流域讲乡话的人都尊称槃瓠、辛女为始祖。""至今沅江两岸尚有槃瓠祠、辛女庙、辛女山、辛女溪、辛女桥，沅陵棋

坪苗族乡还有辛女庵遗址。祠庙内雕有槃瓠、辛女像，逢年过节，境内多民族人们都举行祭祀活动。"辰溪县船溪驿乡岩橹溪还保存有辛女宫，与船溪驿临近的泸溪县境内有以辛女命名的辛女岩、辛女溪、辛女桥。

（三）质朴刚健、顽强进取

质朴，是指湖南民族地区多民族人们不尚奢华、生活朴素。历史上，湖南民族地区多民族人们地区山高坡陡、交通闭塞，生产水平长期落后。由于物质生活的匮乏，磨砺出了湖南民族地区多民族人们特有的山地文化性格。湖南民族地区多民族人们崇尚简朴、反对奢华。在日常生产、生活中，纵然是高山丛林，他们依然是赤脚履险，矫捷如飞。这种刚健勇猛的文化品格在战争中更是表现得淋漓尽致。

顽强进取，乃是湖南民族地区多民族人们性格的又一大特点。无论生活多么艰难，困难多么巨大，湖南民族地区多民族人们从不说个"怕"字。以湖南民族地区多民族人们的"草鞋"文化为例。旧时，湖南民族地区多民族人们无论是春夏秋冬、酷暑严寒，他们脚下都穿一双草鞋；崇山峻岭，山路崎岖，荆棘丛生，碎石如刀，他们也是一双草鞋；狂风暴雨，悬崖峭壁，泥滑路烂，危机四伏，他们仍然是一双草鞋。对于湖南民族地区多民族人们来说，无论生活多么艰辛，他们总是咬紧牙关，挺直脊梁，默默地承受着生活的艰难，顽强地向前迈进。

（四）团结互助、集体至上

湖南民族地区多民族人们把帮助别人看作应尽的义务，也把接受别人的帮助看作一种权利，把个人和集体融合在一起，借以解决生产和生活中的困难。在生产劳动中，同一家族或村落的人们，往往互相帮助。如湖南民族地区多民族人们村寨建造房子，就是你建我帮、我建你帮的，有时甚至出现一家建房，全村出动的情况，因此一幢房子很快就建造起来了。当一个家庭或个人因灾害造成生活困难，人们也会根据经济条件分别赠送数量不等的钱粮衣物，帮助其解决困难。如果经济宽裕而对有困难者不予援助，将受到舆论的谴责。湖南民族地区多民族人们的集体主义观念是十分强烈的。同一村寨往往要求"穿衣同匹布，做活同一处，地方才繁荣，人口才兴旺"。而这与湖南民族地区多民族人们的社会背景有关。历史上湖南民族地区多民族人们大多依山为寨，聚族而居，往往几十户或几百户为一寨，这实际上是一种氏族血亲集团，它使湖南民族地区多民族人们的集体主义有了重要的社会血缘根基。

（五）尊老爱幼、热情好客

湖南民族地区多民族人们有崇尚礼仪、从善如流的习惯，由此而形成了尊老爱幼、热情好客的社会风尚。湖南民族地区多民族人们有谚语："逢小要爱小，逢老要尊老，小爱老，敬老得寿，老爱小，爱小得福，处处讲礼貌，才成好世道。"这深刻反映了湖南民族地区多民族群众是很讲礼节、很注重道德风尚的群体。湖南民族地区多民族群众对于长辈特别尊重。无论是谁，遇到走村串寨的老人，只要进到自己的屋里来，都会给老人让座、敬茶、点烟，问寒问暖，热情接待，使老人像到了自己的家一样。人们在路上遇见，不论认识与否，都相互亲切地打招呼。若是遇上家族或亲戚，要按辈分称呼，不能随便直呼其名，否则将被视为无礼而受到耻笑、斥责。爱幼，一般是指父母对子女的教育、管教，使之成人，也是湖南民族地区多民族人们的一种美德。所谓"成人"就是子女长大了务正业，做好事。所以，养育子女成人，是做父母的优良品德。如果做父母的不把自己的子女抚养成人，那就是缺德的行为，人们就要加以谴责。爱幼也包括社会上的人们对他人孩子的爱护和管教。

（六）恋爱自由、婚姻自主

湖南民族地区多民族人们男女青年有以歌为媒、自由恋爱的传统。通过对歌，双方若有意，就互赠礼品作为定情信物。过年、三月三、四月八、五月端午、六月六、八月中秋、九月重阳、十月年、还傩愿、以及赶场、扯猪草、挑野菜、摘野果等，都成了湖南民族地区多民族人们青年男女谈情说爱的良机。不仅恋爱自由，而且婚姻自主。

二、湖南民族地区和平文化资源的特色

（一）和平文化资源丰富多样

文化是人类文明进步的结晶，是推动人类继往开来、与时俱进的强大精神力量。湖南民族地区居住着汉族、土家族、苗族、侗族、瑶族、白族、回族和维吾尔族等40多个民族，在漫长的历史岁月中，多个民族繁衍生息在湖南民族地区，创造了丰富多彩的民族传统文化，留下了珍贵的历史文化遗产，这些民族传统文化中的和平理念作为一种独特的文化，凝聚着湖南民族地区多民族人们的观念、智慧和意志。湖南民族地区多元宗教的和平共存，和平文化资源丰

富。作为宗教文化资源，它们汲取了中国传统文化"和为贵"的思想，并且贯彻到各自的教义与教规之中。同时，各宗教之间互相融通、和睦相处。宗教文化的这些传统，既能展现宗教文化中的和平因素，又能促使信教群众和不信教群众坚定或重建内心的和谐和平理念。湖南民族地区宗教文化旅游资源丰富，有国家级文物保护单位龙兴讲寺、洪江高庙远古宗教祭祀遗址等。它们的存在，很好地体现出湖南民族地区多元宗教文化和平共处与相互包容的特点。

（二）民族和平习俗源远流长

湖南民族地区各民族在历史发展进程中，各民族之间的和睦相处与民俗风情中蕴含的和平和谐因子，源远流长，成为湖南民族地区和平文化资源的宝贵财富。湖南民族地区各民族之间在千百年的历史进程中，彼此和睦相处，随处可见和平和谐的氛围。如自明代起，各地回民陆续迁至湖南的常德、衡阳与益阳等地，从迁入伊始至今，始终与当地各民族和平共处。从湖南民族地区各民族的传统看，其和平文化的根基极为深厚。湖南侗族的侗寨寨门一般都悬挂"里仁为美"的字匾，引导教育人们和睦相处、和顺相生。侗族常吃合拢宴，同样表达出了此种意愿。侗族的风雨桥，既是侗民们休憩聚会议事庆功的实体场所，也是侗民们和衷共济的精神体现。湖南民族地区和平文化资源还包含了体现人与自然之间和谐关系的各类建筑，区域内依山而建的吊脚楼，体现了人与自然和谐的生存理念。

（三）和平文化资源形态多样

通过和与战、战与和，特别是抗战文化转化而来的和平文化资源，遍布湖南民族地区，突出地体现了湖南和平文化资源的广博。作为抗战中后期重要战场的湖南省，在中国抗战文化遗产中占据大省地位。湖南民族地区是中国人民抗日战争胜利的历史见证之地，是中国人民抗日战争走向胜利、走向和平的起点。由抗战文化精炼与提升而成的和平文化资源遍布省内各地，它们不仅是湖南人民，更是全国人民乃至世界人民的精神财富。自 1985 年芷江洽降旧址开放以来，各级政府投入大量资金，芷江先后修复了受降大院、中美空军联队俱乐部、中美空军联队指挥塔、芷江七里桥等和平文化遗址，并且举办了一系列以和平文化为主题的宣传推介活动，如"中国抗日战争胜利 50 周年纪念大会"，借以打造和平文化品牌。此外，开发和平文化旅游资源中，万和鼓楼体现了人与自然和谐因素的侗族标志性建筑。另，推出了侗家歌舞等非物质性和平文资源。总之，以和睦、和谐、和而不同为特征的和平文化基因，都程度不等地留存在湖南民族地区民众人性的灵魂和血液之中，或隐或显地存在于湖南民族地区文明的发展过程之中。在整合与开发湖南民族地区和平文化旅游资源的过程，和平文化作为人与自我、人与自然、人与人、人与社会和睦、和谐相处的文化，能够使得不同民族的各具特色的多样文化形式得以丰富，也得以传承。构建、提升和平文化的重要意义不仅仅是在于整合、开发旅游资源，更重要的是它对我们现在的启迪与昭示，有利于增强人类的和平意识、和平理念，促进世界的和谐发展和人类社会的进步。①

三、湖南民族地区多民族传统文化中的和平理念体现的当代价值

（一）湖南民族地区多民族传统文化中的和平理念是中华文明几千年以来的核心价值诉求之一

湖南民族地区多民族传统文化中的和平理念影响着湖南民族地区多民族人们的社会生活、生产的每一个细节，影响着湖南民族地区多民族人们的生存状态，它贯串于湖南民族地区多民族的历史、文化、政治、经济发展的进程，并深深影响着湖南民族地区多民族的发展，蕴涵着丰富的精神价值、文化价值、旅游价值、经济价值等。湖南民族地区多民族历史悠久，源远流长。湖南民族地区多民族传统文化中的和平理念伴随着湖南民族地区多民族发展走过了几千年的历史，记载着湖南民族地区多民族间和平相处的历史，具有深厚的文化内涵，体现在湖南民族地区多民族传统文化生活的方方面面，其文化底蕴深厚、古朴，蕴含着非常丰富的文化意义。这种和平理念是湖南民族地区多民族人民智慧与文明的结晶，是连接民族情感和促进团结和谐的精神纽带。随着经济的发展和人们生活水平的不断提高，人们对民族传统文化的需求也日益增加，少数民族文化旅游成为一种备受青睐的旅游形式。湖南民族地区多民族传统文化中的和平理念是一种独特的民族传统文化资源，吸引着越来越多的乡土文化旅游者。如果宣传工作做到位，可为湖南民族地区多民族文化旅游的开发提供素材，并成为旅游项目。因此，开发湖南民族地区多民族传统文化中的和平理念

---

① 谭伟平，刘克兵．论湖南和平文化资源的整合与旅游开发［J］．求索，2011（12）：260－262.

文化对乡土旅游具有很大的发展潜力和前景。我们应当把湖南民族地区多民族传统文化中的和平理念文化纳入旅游资源大力开发，开展一系列旅游活动，以促进当地经济文化繁荣。

湖南民族地区多民族传统文化中的和平理念文化不仅是湖南民族地区多民族文化的精华之一，也是湖南民族地区开发旅游文化资源打造"节会搭台、文化唱戏"的重要载体。开发湖南民族地区多民族传统文化中的和平理念文化能够推动当地旅游经济发展、造福当地百姓、繁荣民族文化。湖南民族地区多民族传统文化中的和平理念也可以使不同民族加强团结，不断增强共同的国民意识，这是各民族发展的生命力之所在。湖南民族地区多民族传统文化中的和平理念的培育是各民族加强理解和沟通，建立广泛的政治、社会、经济和文化联系的基础，能为实现"平等—团结—互助""和而不同""合和而一"的民族关系奠定牢固的心理意识基础。湖南民族地区多民族传统文化中的和平理念与中国和平发展外交思想有着本质的内在统一性，在传统与现代的呼应中，湖南民族地区多民族传统文化中的和平理念具有重要的研究价值。

（二）湖南民族地区多民族传统文化中的和平理念体现了"和为贵"的理念

湖南民族地区多民族传统文化中的和平理念是和平共处思想的表征之一。新中国成立以来，和平共处一直被奉为中国外交的基础，争取较长时期的和平国际环境既是中国和平发展的前提，又是中国和平发展的目标。被视为人类国际关系史上一个伟大创举的和平共处原则，为人类的和平与发展事业做出了重要贡献，也在当前世界和平与发展的维护中仍然发挥着重要作用。中国始终坚持以和平为宗旨的外交政策，中国首倡的和平共处外交原则为世界接受并广泛认同。中国以和平共处为基调的外交思想继承了中国传统文化中的"和为贵"理念。湖南民族地区多民族传统文化中的和平理念与儒家强调的"和为贵""和者也，天下之达道也"等理念高度一致，本质上也是一种内向型的和平文化。湖南民族地区各民族历来是热爱和平的民族，渴望和平、追求和谐，和平理念也是湖南民族地区多民族人们的精神特征之一。

（三）湖南民族地区多民族传统文化中的和平理念继承和发展了"忠恕之道"的理念

多年来，中国共产党和中国政府与人民为了争取世界的和平环境进行了不懈努力，通过自身的发展，为世界的和平与发展增添了积极因素，也有力地促进了人类文明的进步，体现了中国和平发展的战略思想。"共同发展"的外交思想也是中国和平发展战略在实现和平的基础上对发展观念的创新，继承了中国传统文化"忠恕之道"的理念，湖南民族地区多民族传统文化中的和平理念继承和发展了"忠恕之道"的理念，并正以积极的姿态运用"忠恕之道"来促进世界各国的"共同发展"。

（四）湖南民族地区多民族传统文化中的和平理念体现了"和而不同"的理念

文明多样性一方面是整个人类社会的基本特征，另一方面也是人类文明进步的重要动力。中国的和平发展道路主张维护世界多样性，提倡国际关系民主化和发展模式多样化。湖南民族地区多民族传统文化中的和平理念是湖南民族地区文明多样性的重要内容之一。湖南民族地区多民族传统文化中的和平理念的内容之一是主张世界上的各种文明、不同的意识形态、社会制度和发展模式应彼此尊重，加强不同文明的对话和交流，在竞争比较中取长补短，在求同存异中共同发展，使人类更加和睦，让人类社会更加丰富多彩。

湖南民族地区各民族通过长期交往交流交融，形成了"你中有我、我中有你"而又各具个性的共同体。湖南民族地区多民族传统文化中源远流长的和平理念有利于各民族间形成一种血缘相亲、你我共融的民族关系格局。湖南民族地区各民族在长期的交往交流交融历史实践中，逐步形成的和平理念具有向心性、多层次性和主动性特点。一方面，湖南民族地区各民族吸收借鉴、发展民族传统文化中的和平理念，坚持本民族特性，保持并强化民族传统文化中的和平理念，在我国参与"和谐世界"建设中，湖南民族地区多民族传统文化中的和平理念有利于推动国际和平事业的发展。另一方面，湖南民族地区多民族传统文化中的和平理念也是湖南民族地区各民族自我完善发展的强大推力，有利于湖南民族地区各民族在交往中加深了解，在交流中取长补短，在交融中和谐共赢。

第三章

湖南民族地区文化资源的特色

第一节　湖南民族地区文化的民族性

　　湖南是多民族省份，湖南民族地区文化居住着汉族、土家族、苗族、瑶族、侗族、白族、回族等多个民族。其中世居的有汉、苗、土家、侗、瑶、回、壮、白族等9个民族，世居少数民族大多数居住在湘西、湘南和湘东山区。少数民族人口共680万人，占湖南省总人口的10%左右，大多聚居在湘西和湘南山区，少数杂居在湖南省各地。在少数民族中，苗族和土家族人口最多，主要分布于湘西北，建立有湘西土家族苗族自治州。湖南民族地区文化作为一种独特的文化，凝聚着湖南民族地区文化多民族人们的观念、智慧、意志。在湖南民族地区文化多民族形成、发展的不同时段，湖南民族地区文化的民族性影响着湖南民族地区文化多民族人们的社会生产与生活方式，影响着湖南民族地区文化多民族人们的生存状态，贯串于湖南民族地区文化多民族的历史、文化、政治、经济的发展进程，蕴涵着十分丰富的时代价值，并深深影响着湖南民族地区文化多民族的发展。在漫长的历史岁月中，多个民族繁衍生息在湖南民族地区文化中，创造了丰富多彩的民族传统文化，留下了珍贵的历史文化遗产，这些民族传统文化的民族性作为一种独特的文化，凝聚着湖南民族地区文化多民族人们的观念、智慧和意志。

一、丰富多彩的民族艺术文化

目前，湖南省有非物质文化遗产 10 大类，国家级项目有 99 项，其中少数民族项目 44 项；省级项目 220 项，其中少数民族项目 102 项。湖南省积极引导和支持民族地区开展节庆文化活动，利用基层丰富的平台和灵活多样的形式，全面推进民族文艺繁荣发展。民族地区举办了张家界国际山歌节、吉首鼓文化节、凤凰苗族银饰节、桑植民歌节、城步"六月六"歌会、通道大戊梁歌会等节庆文化活动，创作了一批独具特色的节庆活动品牌，提高了湖南民族文化的吸引力和影响力，丰富了各族人民的文艺生活，促进了民族团结和经贸发展。湖南省大力实施民族文艺精品工程。民族文艺院团创作了一批在全国闻名的少数民族文艺作品，如《凤凰》《五彩湘韵》《魅力湘西》《我的湘西》《盘王之女》等一批民族歌舞精品力作纷纷涌现，其中《凤凰》入选 2016 年第五届全国少数民族文艺会演最受观众欢迎剧目并获音舞类剧目银奖。同时，培育了张家界魅力湘西旅游开发有限公司、凤凰古城旅游有限公司等一批骨干民族文化企业，打造了大型歌舞晚会《魅力湘西》《土风苗韵》《梦幻大湘西》，以及大型山水实景节目《天门弧仙·新刘海砍樵》《神秘湘西》《天下凤凰》和宝峰湖山水实景演出节目《梯玛神歌》等一批具有国际视野的民族文化品牌。另外，土家织锦、苗绣、瑶族刺绣、花瑶蜡染、宝庆竹刻、木雕、石雕、沙画、傩面具等特色非遗手工艺品，以及民族舞蹈、歌谣等演艺产品还有待着重开发。

湖南民族地区文化居住着汉族、土家族、苗族、侗族、瑶族、白族、回族和维吾尔族等多个民族。以湖南沅水流域为例，在民族分布上表现为土家居北、苗家居中、侗家居南、汉居各地、瑶族散少、多族杂居的特点。沅水流经的县区山水相连，自然条件相近，经济相融，民族文化丰富多样。由于多民族杂居，湖南民族地区文化的各族人民共同创造了丰富多彩的民间传说、音乐、舞蹈、戏曲、曲艺、工艺、美术、民俗等民族民间文化艺术，比如，沅陵辰州傩戏、辰溪辰河高腔、溆浦辰河目连戏、新晃侗族傩戏、辰溪茶山号子、通道侗族芦笙、通道侗戏、靖州苗族歌鼟、溆浦花瑶挑花，等等。

二、悠久独特的多民族水运文化

湘资沅澧四水汇洞庭、入长江，形成了一个南通珠三角、内进大西南、外达江海的天然水运网。湖南水运的发展有着得天独厚的区位优势。境内水网密布，全省大小通航河流 373 条，自古便是"百舸争流，千帆竞渡"之地。先秦时期，楚国的水路驿舟，就从长江入洞庭，溯湘资沅澧四水而上。2200 年前，湖南省龙山县里耶古镇的西水河，是秦朝信件、物资往来的主要通道。南北朝时，湖南亦出现"江湘委榆，万船连轴"输送物产的胜景。至唐朝，通过水路可沟通江苏与大湘西地区。新中国成立以来直至 20 世纪 80 年代中期，湖南民族地区水运在整个湖南综合运输体系中更是占有相当大的比重。

近年来，湖南民族地区积极引导运力发展和结构调整，船舶标准化、大型化、专业化发展较快，水运成为湖南民族地区发展的重要支撑。在湘西、湘南地区，凭借山水相连的独特风光，近年来水上旅游观光、休闲娱乐悄然兴起，成为当地新的经济增长点。湖南民族地区水系发达、支流众多，如沅水在湖南境内流域面积达 3000 平方公里以上的支流就有 7 条，左岸有㵲水、辰水、武水、西水，右岸有渠水、巫水和溆水。沅水在区位上具有北通巴蜀，南抵粤桂，西扼滇黔的优势，是出入滇黔的最便捷的水路通道，是周围周边几省历代军运和商贸的交通要道。水运航线在明清和民国时期达到极盛，木材、桐油、盐、药材、煤、粮食、棉花、矿产以及鸦片等物资每日在河道和码头川流不息；抗战时期，长江主航线被毁，隐匿于大山之间的酉水、辰水航线更是成为关系国家安危的生命线。著名的水运码头、麻阳船、麻阳水手、麻阳号子、沅水号子、洪江商贸诚信守则、杨公信仰、伏波信仰，以及与水运有关的神话传说、歌谣舞蹈、民风民俗等，都是辉煌一时的水运交通的见证。

三、民族文化助推社会经济发展

大力促进、维护湖南民族地区平等、团结、互助、和谐的社会主义民族关系，既是湖南民族地区政治民主、社会稳定的必然要求，也是加快湖南民族地区经济发展的重要前提。只有民族关系和谐，才能激发创造创新，才能迸发共同奋斗热情，才能营造良好的社会环境，有助于活跃经济、形成统一市场、发挥区域功能，是经济规模化、专业化、社会化和快速发展的重要保障。湖南民族地区蕴藏着丰富多彩的文化资源，可以大力发展旅游业和文化创意产业，大力支持各种庆典活动、节日文化活动。要进一步完善均衡性转移支付办法，大幅增加湖南民族地区获得的转移支付标准，推进市场化改革，培育现代特色优势产业。产业化是市场化的基础。传统产业政策通过政府直接干预和挑选赢家来扶持产业发展，往往关注产业供给能力；而现代产业政策以能力建设和创新为核心，从纯粹的供给推动转向供需双向式发展。培育湖南民族地区自我发展能力，要注重由传统选择性产业政策向市场化产业政策转型，以维护公平竞争和激励自主创新为基本导向。湖南民族地区发展现代产业，具有鲜明的特色和某些优势，如旅游、矿产、生物技术等，推进湖南民族地区农村集体资产、集体所有土地等资源资产入股分红受益前景广阔，可发展各具特色的现代农业。

第二节　湖南民族地区文化的传承性

一、特色鲜明的文化遗产

从远古时代就有人类在湖南民族地区文化定居、繁衍，如已发现的旧石器与新石器遗址有靖州斗篷坡遗址、洪江高庙遗址、新晃高坎垅遗址、里耶古城、麻阳九曲湾古铜矿井遗址、沅陵黔中郡遗址、虎溪山西汉墓等。古遗址、古墓葬的发掘证明了当时湖南民族地区文化的生产力水平并不亚于黄河流域和长江流域。浦市桐木垅至罗家村发现了从战国一直延续到唐、宋时期的古墓葬群，被专家称为"湖南民族地区文化类群"。唐代的龙兴讲寺、芙蓉楼、元代出土的侯王墓、明清时期的中方荆坪古建筑群、会同高椅民居、通道芋头侗寨、沅陵虎溪书院等历史文物是辉煌文化的见证。

另外，湖南南民族地区文化中近现代的文化遗产也十分丰富。著名的有芷江抗日战争胜利纪念坊、"湘西大会战"遗址、"通道转兵"遗址、向警予故居、粟裕故居、滕代远故居、袁隆平杂交水稻实验基地等。贺龙、滕代远、向警予、粟裕等杰出人物为反帝反封建所进行的革命文化，既继承了马克思主义的基本理论，具有坚定的革命性和强烈的政治性，同时在革命的具体实践过程中，又带有浓郁的地方性和民族性。这些早期革命家丰厚的马克思主义思想，力图凸显马克思主义的地方化。它与中华文化及各地的红色文化既一脉相承，又有所突破创新。在探索马克思主义地方化的发展轨迹中，一方面继承了中华文化中的优秀文化，另一方面又丰富和发展了湖南民族地区文化的体系。这些革命家的革命思想及其社会实践应根据不同的时代变化、地域特色和民族特点来理解，其为个人、地域、革命实践等多种因素的"合力"共同起作用的结果。故而在考察这些早期无产阶级革命家理论与实践的同时，要结合湖南民族地区文化的少数民族文化、地域文化、时代特点等逐一分析以粟裕、滕代远、向警予、贺龙等为代表的早期革命家理论。尽量将其理论与实践的发展变化置于当时区域性、民族性的经济政治环境中，以及当时中国共产党提倡的马克思主义中国化、马克思主义地方化的大环境之中，对此进行全方位、立体的剖析和论证，以期更好的还原事物的本来面目。在民主革命时期，由以贺龙等人为代表的无产阶级革命家、中国共产党人、人民革命军队、先进分子和人民群众共同创造的大湘西红色文化遗产，留存至今的大量的农村革命根据地建设、红军长征、抗日战争、解放战争各个时期的重要革命纪念地、纪念馆、纪念物及其所承载的革命精神，是极具区域特色的先进文化遗产，由红色物质文化遗产和红色非物质文化遗产构成，其历史印证、传承教育、艺术鉴赏、科学研究、开发利用、经济助推等诸多价值功能有待进一步研究和挖掘。

二、和谐共生的多元文化

湖南民族地区文化的多元文化融合，既表现在多民族文化的融合，也表现在多地域文化的融合。如大湘西的五溪文化、巫傩文化、盘瓠文化等土著文化与湘楚文化、巴蜀文化、云贵文化、岭南文化、吴越文化及中原文化的多元融合。这些文化汇聚于此，并相互影响和融合。自屈原流放之后，很长的历史时期里大湘西依然是流放逐臣之所。唐代有刘景先、王昌龄、张镐、戎昱、畅璀、郑炼师；五代后唐有豆庐革；宋代有邵宏渊、王庭、程子山、万俟，南宋有魏了翁；明代有宋昌裔、王襄毅、汪汝成、沈朝焕、邵元善等。其中，汉代伏波将军马援曾披甲率兵于此，死后被尊为水神，大湘西地区到处可见伏波将军庙；明代著名哲学家王守仁寓居沅陵龙兴讲寺月余，讲授"致良知"心学。众多文化名人的到来，留下了众多绚烂的文化瑰宝，为湖南民族地区文化增添了中原文化底蕴。

湖南民族地区文化上的各民族通过长期交往交流交融，形成了"你中有我、我中有你"而又各具个性的共同体。湖南民族地区文化的民族性源远流长，正确理解湖南民族地区文化的民族性有利于各民族间形成一种血缘相亲、你我共融的民族关系格局。湖南民族地区文化各民族在长期的交往交流交融历史实践中，逐步形成的民族性文化特征具有向心性、多层次性和主动性特点。湖南民族地区文化各民族在交往中加深了解，在交流中取长补短，在交融中和谐共赢。

三、文化的多样化开发

湖南民族地区的文化旅游资源是以一般文化的内在价值为依据，以行、吃、住、游、购、娱六大要素为载体，以旅游主体、旅游客体、旅游介体和旅游研究之间的相互关系为基础，在旅游活动过程中业形成的观念形态及其外在表现的总和，具有价值性、地域性和传承性特征。湖南民族地区文化旅游资源价值有两种估算方式：一是社会对文化旅游资源的支付意愿；二是文化旅游资源利用后产生的经济效益。它们最终表现为旅游者前来进行旅游消费所实现的经济价值，即地方的旅游总收入。旅游与民族文化相结合从不同层面体现出湖南民族地区文化的价值，这种价值是有形与无形的结合。湖南民族地区文化旅游资源价值具体表现三个方面。一是物质文化。物质文化通过建筑、园林、器物、工具、饮食、服饰等表现出来。二是制度文化和行为文化。制度文化是旅游发展过程中形成的地方性旅游规范与约束机制，它能有效规制各种旅游行为而形成具有旅游吸引力的文化元素；行为文化是各民族发展历史中产生的约定俗成的行为习惯，包括礼俗礼仪、民风民俗、行为举止等。三是精神文化。精神文化是指湖南民族地区各民族的文化心态及观念形态的表现，包括民族心理和民族意识，它由价值观念、审美追求、道德情感、思维方式、音乐歌舞等主体因素构成。三者之间紧密相连、不可或缺，共同构成具有湖南民族地区地方民族特色的垄断性旅游资源而产生旅游吸引力，通过旅游开发实现其文化价值。对于文化旅游资源丰富的湖南民族地区，多样性的文化旅游形式是实现民族文化价值的主要方式。从某种意义上说，民族文化价值的货币化表现就是民族地方的旅游总收入。湖南民族地区开发文化旅游资源对保护、繁荣和传承民族文化，丰富居民精神生活内容具有积极的影响力。

第三节 湖南民族地区文化的实稳性

重实际求稳定的农业文化心态是湖南民族地区文化的又一特性。湖南民族地区文化是一种农业文化。所谓农业文化，并非说构成这种文化的物态成分中没有其他产业的产品，而是说整个文化的物质基础的主导方面和支配力量是在自然经济轨道上运行的农业。湖南民族地区肥沃的土地，为湖南民族地区民众从事精耕细作的农业生产提供了极为优越的条件。

一、注重文化的传承

在长期的历史发展进程中，湖南民族地区先民"日出而作，日入而息，凿井而饮"，躬耕田畴，世世代代、年复一年地从事简单再生产等，形成了湖南民族地区古代文化的农业型物态特征，并在此基础上形成了安土乐天的生活情趣、重农尚农的务实精神和社会共识。在以农业为生存根基的湖南民族地区，农业生产的节奏早已与民众生活的节奏相通。湖南民族地区的传统节日，包括最隆重的春节，均来源于农事，是由农业节气演化而成的。湖南民族地区人们很早就认识到农耕是财富的来源。"不耕获，未富也。"务实精神是"一分耕耘，一分收获"的农耕生活导致的一种群体趋向。湖南民族地区民众在农业劳作过程中领悟到一条朴实的真理：利无幸至，力不虚掷，说空话于事无补，实心做事必有所获。这种农人的务实作风也感染了士人。"大人不华，君子务实"是湖南民族地区贤哲们一向倡导的精神。农业社会中的人们满足于维持简单再生产，虽缺乏扩大社会再生产的能力，但十分注重文化的传承。

二、着力文化的开发

湖南民族地区在实现民俗文化与旅游产业融合过程中，立足生态保护，围绕文化资源的多样化开发，优化旅游产业，科学布局，以旅游产业规划、产业链条开发、文化拓展为主要抓手，充分抓住旅客个性化、定制化的旅游需求，深挖特色，彰显个性，增强游客对民族文化的直观感受，着力开发文化旅游产品。湖南民族地区文化旅游发展，必须因地制宜、科学规划、合理布局，在充分尊重当地民众生活习俗与文化传统的基础上进行文化与旅游的重构、创新和融合。文化与旅游的有机融合，必须深入发掘和研究湖南民族地区历史文化、民俗文化、寻找文化与旅游之间的融合点。着力文化的开发，增强游客参与度和体验感，提升民族文化的感染力，增强湖南民族地区文化旅游的知名度与影响力。

三、重视文化旅游的可持续发展

湖南民族地区包括武陵山、雪峰山、南岭山脉及罗霄山等边远山区，该区域地貌类型复杂、气候环境多样、生物资源丰富、自然景观奇特。湖南民族地区不仅是高品质旅游资源密集区，也是生态环境易遭破坏的脆弱区。由于环保意识缺乏，近年来掠夺式和粗放型的旅游开发导致一些地区在旅游发展过程中产生了相当多的"旅游公害"，使得原本脆弱的生态环境进一步恶化，成为旅游开发的主要制约因素，致使旅游资源开发形成"贫困—生态破坏—更贫困"的恶性循环。在湖南民族地区旅游产业发展过程中，如何协调旅游资源开发与生态环境建设，促进两个产业的良性互动以实现旅游产业发展环境的优化和自然生态环境优化，是构建湖南民族地区旅游业可持续发展的首要任务。

湖南民族地区民族的节日很多，湖南民族地区文化旅游的可持续发展，要以湖南民族地区文化旅游资源的保护和可持续开发为基础。如出现在扶罗镇伞寨村一带固定在农历七月初一举办大规模的尝新欢庆活动。新晃人爱画眉，养画眉，更喜欢斗画眉。他们经常利用休闲时间到野外遛画眉、谈画眉，特别是在举行雀坳节会活动时，成百上千只画眉云集赛场，画眉鸟的歌声和精彩的打斗惹得围观者啧啧称奇，场面十分壮观。新晃县利用十年一次的乡庆、县庆这类平台，开办民俗特色产品及外来商品展销会、民族民间文化活动、招商引资洽谈会、中国侗族学会、诗书画联展、专场文艺演出、群众文艺晚会、山歌赛、电影晚会、动物竞斗、焰火晚会等活动，有利于促进不同民族的交流和文化旅游资源的可持续开发。

第四章

湖南民族地区旅游发展现状

第一节　湘西州旅游发展现状

　　旅游业是资源消耗低、带动系数大、关联度高、综合效益好的战略性产业，也是覆盖一二三产的综合性产业。为深入贯彻党的十八大、十九大会议精神，推动旅游业创新、协调、绿色、开放、共享发展，促进旅游业转型升级、提质增效，国家旅游局决定开展"国家全域旅游示范区"创建工作，推动旅游业由"景区旅游"向"全域旅游"发展模式转变，构建新型旅游发展格局。根据国家旅游局《关于开展"国家全域旅游示范区"创建工作的通知》（旅发〔2015〕182 号）精神，湘西州成为湖南省首批创建国家全域旅游示范市（州）的地区。

　　湘西州旅游大交通格局初步形成，已建成高速公路 7 条，州内 8 县市实现县县通高速，形成 1 小时旅游经济圈。与长沙、重庆、贵阳、桂林形成 4 小时经济圈，与周边 5 个市州形成 2 小时经济圈。同时，周边拥有张家界荷花机场、常德桃源机场、怀化芷江机场、铜仁凤凰机场，最近距离 0.5 小时，最远 2 小时。湘西机场项目可行性研究报告获国家发改委批复，进入工程建设实施阶段，张吉怀高铁全面开工，黔张常铁路加快建设，2020 年湘西州将建成立体、便捷、安全的现代化交通网络。

二、旅游产品丰富多样

　　湘西州突出民族风情旅游、历史文化旅游、生态山水旅游三大特色，精心打造以凤凰古城、老司城、乾州古城、芙蓉镇为重点的古城古镇旅游产品，以猛洞河漂流、坐龙峡探险为重点的生态旅游产品，以德夯苗寨、边城茶峒为重点的民俗风情旅游产品，以南方长城、里耶秦简为重点的历史文化旅游产品，以凤凰古苗寨群、吕洞山五行苗寨、十八洞、惹巴拉为重点的乡村游产品，以湘鄂川黔革命根据地旧址塔卧为重点的红色旅游产品。

三、市场影响不断提升

湘西州围绕培育"神秘湘西"旅游品牌，全州创建了 230 个世界级、国家级旅游品牌，有国家等级景区 21 家（10 家国家 4A 级旅游景区），凤凰古城、矮寨奇观 2 个景区已进入国家 5A 级旅游景区预备名单，湘西州荣膺"中国十佳魅力城市""最佳旅游去处"和"中国最具投资价值旅游城市"，成为全国十大旅游热点地区，"神秘湘西"蜚声海内外。每年定期举办"四月八"跳花节、苗族赶秋节、土家族舍巴节、吉首国际鼓文化节等民族旅游节庆活动，神秘湘西知名度、美誉度和影响力不断提升。湘西州先后与张家界、怀化签订了《张吉怀旅游共同体合作框架协议书》和《张家界南线旅游合作发展框架协议》，加大区域旅游合作，共同打造张吉怀生态文化旅游经济带。

四、旅游产业规模壮大

"十二五"期间，湘西州累计接待游客 1.2 亿人次，实现旅游收入 719 亿元，旅游业率先成为百亿产业。2016 年，全州共接待游客 3820 万人次，实现旅游收入 265 亿元。以生态文化旅游业为重点的第三产业成为湘西州经济增长的主导力量，第三产业增加值占 GDP 的比重达 53.6%。全州旅游从业人员达 30 万人。凤凰县被评为全国首批旅游强县和全省文化旅游特色县域经济重点县。旅游产业带动相关产业快速发展，姜糖、银饰、茶叶等旅游商品成为年销售过亿元的大产业。

五、旅游业发展存在的问题

（一）旅游农业和渔业，规模小，成长能力弱

该行业主要是农业的观光旅游，市场主体主要是旅游农家乐。目前湘西州旅游农家乐过于偏重餐饮和低档次休闲娱乐，游购娱的附加值低，文化软性服

务方面不足，持续增长的空间有限。

（二）旅游交通运输业，发展差异大，结构不优

从分行业增加值结果来看，旅游交通运输业占比最高，占三分之一强，是重中之重。交通运输业的发展与旅游时间成本、经济成本息息相关，交通基础设施、交通费用影响旅游产品需求。同时，交通网络的通达性影响旅游市场的拓展，交通运输业的发展情况影响旅游产品的供给状况。

（三）旅游零售业、旅游住宿和餐饮业，结构单一，带动力不够

旅游企业总体规模较小，综合竞争力不强，旅游消费产品自主开发的力度不够，旅游消费品低端化、同质化情况较为普遍。精品景区开发、基础设施和服务体系建设相对滞后，全州没有一处5A级景区，景区间路网不够便捷、等级不高，游客服务中心、停车场、星级厕所等设施不完善，高星级宾馆、主题酒店、民俗客栈、自驾车营地开发不够。

（四）旅游金融业、其他旅游服务业，发展缓慢

整个金融业中，涉及旅游部分的增加值占比非常低，拉动旅游增长的空间十分有限；其他旅游服务业中，旅游产品开发亟待加强，商务游还未起步，休闲游、健身游、康养游、研学游、探险游、体验游、亲子游等产品还不够成熟，民族文化挖掘、节庆品牌打造、演艺节目提质还有很大空间，旅游产品尚不能满足游客多层次、个性化需求。

第二节　张家界民族地区旅游发展现状

张家界民族地区是指永定区、武陵源区和桑植县。文化产业作为新世纪国家鼓励和扶持发展的朝阳产业，对提升综合国力、提升区域和城市竞争力具有战略意义。张家界紧紧围绕"对标提质旅游强市"发展战略，通过深耕民族文化，发展旅游文化产业，取得了明显的成效。张家界文化产业在单位数、产业规模和就业人数等各个方面保持了良好的发展势头，产业格局进一步优化，对经济和社会发展的贡献进一步凸显。

一、武陵源区旅游发展现状

武陵源区辖索溪峪、天子山、张家界、杨家界四大风景区，是世界著名风景区之一。武陵源主要由张家界国家森林公园和索溪峪、天子山两个自然风景区组成，面积390.8平方千米。武陵源地区石英砂岩比较多，而且裸露在地表，经过流永的长期侵蚀，形成了地区最奇特的景观——石英砂岩峰林地貌。区内千米以上的峰林有243座，最高峰是兔儿望月峰，海拔1264.5米。这里沟谷纵横，长度超过200米的沟谷有32条，总长度达84.6千米。武陵源区旅游产业发展凸显以下特点。一是旅游产业发展规模日益扩大。武陵源建区以来，该区旅游业发展规模日益扩大，接待能力不断增强。1989年旅游接待58万人次，而2018年全区旅游接待已实现"多赢"，其中年接待量3028.89万人次，旅游过夜1651.89万人次/天，旅游总收入262.52亿元，这是武陵源建区30年来年接待量首次突破3000万人次大关，较好地保持了旅游经济持续增长。二是旅游收入GDP比重迅猛上升。多年来，旅游业一直是该区的核心主导产业，是推动区经济发展的加速器。1989年武陵源区旅游收入为0.25亿元，占GDP值的83.2%。但随着旅游业的迅速发展，旅游收入占GDP的比重不断上升，1995年武陵源区旅游收入开始反超GDP值，到2018年，旅游总收入262.52亿元，旅游业成为经济发展的核心增长极。三是旅游产业助推城乡居民增收。随着该区旅游业的快速发展，旅游业带动城乡居民就业效果明显，有力促进了城乡居民收入增加。四是武陵源区旅游资源极其丰富，旅游在经济社会发展中具有举足轻重的地位和作用，旅游业的发展促进和带动了第三产业的迅速发展。与此同时，交通运输业、娱乐业、旅游购物以及相关行业也都迅速发展。

2018年，武陵源区紧紧围绕"提质武陵源，再创新辉煌"发展战略，以建成武陵源国际旅游休闲度假区为总目标，主动适应新常态，坚持稳中求进工作总基调，倾力扭转境外客源地市场低迷、内外交通不畅的不利形势，不断完善旅游交通、配套设施，不断丰富旅游业态、发展乡村旅游，全域旅游蓬勃发展。建成通车武陵山大道、杨家界大道、环景区公路南线一期工程，基本完成吴家峪和天子山游客服务中心、黄石寨环山游道索道一期建设，顺利开通空中田园观光游览线，投入使用10座第二批景区旅游厕所；黄龙古寨、桃花溪欢乐谷等项目进展较好，张家界千古情项目开工建设，奇瑞途居张家界房车露营公园签订投资协议，签约复华文旅省级重点项目，协合民宿（客栈）群在全国乡村旅游与旅游扶贫工作推进大会上得到重点推介，成功摘牌"全国生态文明建设示范区"。在宣传营销上加大资源整合，进一步提升品牌影响力。2018年，武陵源强化遗产地形象，叫响五块"金字招牌"，统一宣传口径，利用高铁、电视、网络等多个平台持续跟进营销，引导游客进入武陵源。节事活动精彩纷呈，摄影大赛、无人机航拍大赛、陈勃陈复礼天子山摄影艺术展、首届民宿旅游文化节、黄龙音乐季、山地马拉松、黄石寨扁带对抗赛等活动分外吸睛。同时，持续开展客源地营销，先后赴重庆、成都、广州、上海，以及德国、奥地利、俄罗斯、泰国、马来西亚、新加坡等境内外客源地市场宣传推介，入境游客量成功实现逆转，由2017年的176.40万人次增长至246.23万人次，同比增长了39.58%。与此同时，武陵源规范管理服务，加强市场整治力度，提升旅游行业整体品质。建立了旅游市场主体诚信经营及违法行为公开曝光机制，紧抓旅游安全管理，开展旅游安全知识教育，压实安全生产责任，确保了全区无一例旅游安全事故发生。深入开展"平安满意在张家界"专项活动，扎实开展"利剑行动"和"铁腕治旅"专项行动。清理整顿旅行社及门市部，开展导游执业和服务质量检查，全面取缔包厢购物，开展采购不合格产品整治行动，加大投诉处理和案件查处力度，切实践行"服务游客三必须"，保证"10分钟景区应急救援救治圈"高效运转，5618331旅游投诉咨询服务热线24小时全天候畅通。据统计，2018年武陵源直接受理旅游有效投诉和纠纷共452起，办理旅游行政处罚案件36起，为游客挽回直接经济损失42.78万余元，有力地维护了武陵源旅游目的地良好形象。

　　未来，发展旅游业仍将是武陵源风景名胜区暨世界天然遗产地的重要职能，在维护世界天然遗产地价值的同时，旅游区应该切实维护游客考察与审美体验过程的真实性和完整性，使游客能够切实体会到武陵源风景名胜区所具有的高度的科学、审美和启智价值。武陵源区将突出抓好旅游设施大提质、旅游宣传大营销、旅游产品大创新、旅游服务大提升四个方面的工作，进一步叫响世界自然遗产、世界地质公园、中国第一个国家森林公园等核心旅游品牌，整合力量，加大市场扶持力度，推动武陵源旅游持续健康发展。

二、永定区旅游发展现状

（一）旅游资源丰富

一是自然景观迷人。植被丰富，溪流纵横，溶洞众多，境内大小河流 100 多条；2016 年全区森林覆盖率达 79.23%。二是文化底蕴深厚。永定区是少数民族聚居区和革命老区，民族民俗文化资源丰厚；还有充满神秘色彩的覃垕王传说，土家族婚丧嫁娶民俗文化等。

（二）旅游模式多样化

一是观光园模式。例如，永定区 20 世纪 90 年代打造了位于沙堤街道办事处的张家界生态农业观光园。游客除感受新奇的农产品外，还可参加采摘瓜果花卉，享受农趣，也可购买自己收获的果实，已成为本地市民和外来游客的喜爱旅游项目。二是农家乐模式。特点是出行方便、价格便宜，农村自然风貌突出，适应大众化的市场，瓜果采摘、农耕劳作、农家饭、怀旧农业、鱼塘垂钓等是主题项目。三是古村落模式。永定区有王家坪镇的石堰坪民族文化村寨、罗水乡的茅古斯民俗文化村，两个乡镇先后荣获"中国民间文化艺术之乡"桂冠。四是农业大地景观模式。永定区打造的"五朵金花"（罗水乡龙凤梯田的油菜花、尹家溪镇长茂山的桃花、桥头乡的金银花、沙堤的梨花、后坪的荷花）争奇斗艳，极具特色。

（三）强化促销和规划

一是加大宣传。2017 年春节黄金周期间组织开展的湖南卫视新春走基层直播苏木绰活动。二是谋划长远。永定区制定的《张家界市永定区乡村旅游发展总体规划》（2016—2030）对辖区的王家坪、教字垭等 14 个乡镇，以及永定、崇文等 10 个街道办事处，从旅游发展现状评估与前景研判、旅游资源分析与评价、发展战略和目标、旅游市场营销与形象塑造、空间布局规划等方面进行总体规划，着力打造"一心、双核、三廊道、四组团"的总体空间布局（一心即张家界中心城区、双核即天门山核心景区和天泉山核心景区，三廊道即山水民俗旅游廊道、田园休闲旅游廊道、奇幻山水旅游廊道，四组团即天门山休闲度假旅游组团、生态农业休闲组团、民俗文化旅游体验组团、茅岩河—天泉山旅游组团），把永定区建设成国际一流的乡村旅游目的地。

（四）乡村旅游成效显著

乡村旅游势如破竹，接近占全域旅游的"半壁江山"。休闲农业发展迅猛。据统计，全区休闲农业经营主体发展到 539 个（农家乐 505 个，休闲观光农庄 34 个），从业人员 2.27 万人，接待人次 349.76 万人次，实现营业收入 3.47 亿元。

（五）突出抓好旅游基础设施建设

一是优化交通网络。全面推进基础设施向农村地区延伸覆盖，促进城乡基础设施互联互通，实现全区所有乡镇、景区二级以上公路连接，加快形成以市城区为中心辐射的"米"字形干线公路路网，让群众脱贫致富的路更畅通。实施重要县乡道改造、农村公路"窄路加宽"以及"边界路""产业路"等连接工程，加快"客运站""招呼站"建设。全力争取龙新（永定段）高速公路推荐线路为 A 线，开辟"苏木绰"旅游新通道，积极推进张家界旅游观光磁浮专线，形成景城一体快速大通道，打造路在景中、景在路旁、路景相融的公路生态景观。二是完善公共设施。推进"旅游厕所革命"，实现旅游景区、旅游线路沿线、交通集散点、旅游餐馆、旅游娱乐场所、休闲步行区等厕所全部达到优良标准。在旅游名镇、乡村旅游示范村标配"第三卫生间"。完善旅游商务服务平台，加快"全域通"信息系统建设，逐步实现全区公共场所、景区景点免费 Wi-Fi（无线局域网）、通信信号、在线预订、信息推送、投诉反馈等功能全覆盖全支持。全面提升农村产业发展、基础设施建设和基本公共服务水平。三是完善旅游标识。在高速路、城市路口、市区主要交通沿线及景区周边道路，设置完成中英文对照的交通、旅游公厕、停车场、大型购物商场等引导标识牌。按照"简单、鲜明、易识、易记，具有唯一性、美观性、独特性，体现永定地域元素"特点，建立全域无障碍旅游标识体系。

（六）扎实推进特色小镇和美丽村寨建设

加快特色小镇和美丽乡村建设，以点连线汇面，扩大旅游辐射半径，扶持乡村旅游公司化运营，对旅游资源富集村进行整体开发和市场运作，引导群众参与旅游脱贫致富。加快 5 个旅游小城镇建设，着力创建一批产业特而强、功能聚而合、形态精而美、体制活而新的特色示范小镇。致力打造天门山旅游休闲度假风情小镇、茅岩河土家人文特色浪漫小镇、沅古坪边区商贸旅游镇、王家坪文化旅游名镇、教字垭旅游风情镇。重点支持 42 个全国乡村旅游扶贫重点村建设，加快 24 个省市级美丽乡村示范建设，做靓做新乡村旅游文章，将美丽资源转化为"美丽经济"。开展"百企联村"行动，依据乡村自身条件、资源禀赋、区位优势和发展水平，精准出招，打造"一乡一业、一村一品"特色产业，逐步扩大规模，延伸"吃住行游购娱、商养学闲情奇"产业链。建立利益互惠链接机制，遵循"市场互动、线路互推、资源共享、游客互送、利益共赢、合力推进"原则，实现旅游可持续发展。鼓励引导能人大户（家庭农场、合作组织）、旅游企业法人或致富能人，开发出适销对路的旅游产品。开展多种经营。围绕"吃、住、行、游、购、娱"旅游六要素，创新多种旅游经营方式吸引游客，让游客把"微笑和钞票"留下，把"永定区"带回家。

三、桑植县旅游发展现状

桑植县，位于湘西澧水上游，以土家族、白族为主的少数民族人口 41 万余人，占总人口的 92.6%。桑植县文化旅游资源丰富，红色旅游资源突出，自然景观优美，是全国 500 个资源富县之一。近年来，桑植县依托自然景观和民族文化旅游资源，以红色旅游为突破口大力发展旅游，取得了显著的成绩。

桑植县有 16 个少数民族，各民族在与大自然的较量和长期的革命斗争中，形成了源远流长、博大精深、丰富多彩的民族文化。竹制工业品与竹编家具等民族工艺制品做工精致、土家织锦西兰卡普工艺独特质地精美、土家粘贴画高雅气派、龟纹石刻图案鲜明栩栩如生、摆手舞动作优美、民族舞蹈形式多样、桑植民歌种类繁多……这些民族文化资源涉及各民族的历史来源、社会制度、经济生活、风俗习惯、宗教信仰、伦理道德、文学艺术、哲学思想和审美观念等内容，展现了桑植县各民族的精神文明程度。桑植县富有地方特色的民族文化旅游资源，具有巨大的开发价值。

桑植县红色资源突出。桑植县是湖南省重要的红色旅游基地和爱国主义教育基地，拥有典型和意义深刻的红色旅游资源，是湘赣闽红色旅游区的重要组成部分。桑植自然景观优美。境内山峦起伏，森林广大。八大公山国家级自然保护区，分布有中国长江南部地区规模最大、保存最完整的原始森林。1998 年被世界自然基金会列为全球 200 个重要生态地区之一。桑植县水资源丰富，水环境优美。水能理论蕴藏量达 48.4 万千瓦，是湖南最具开发价值的水能资源大县。近年来，桑植县构造文化与旅游整合模式，桑植县旅游开发具备资源类型多，旅游条件好的特征。红色旅游、民族文化和自然景观的整合，以民族文化为特色，红色旅游为主题，自然景观为背景来启动旅游市场，形成开发互补优势和强有力的吸引力源。在资源整合上，桑植县依托独特的民族文化资源，特别是土家族文化资源，挖掘红色资源的内在价值，形成资源的有机组合。桑植县尤其注重突出红色旅游资源的主题色彩，按照"革命摇篮，领袖故里"的红色主题，主打红色旅游牌，借助张家界这一世界双重遗产，结合当地的自然景观，"全面打造张家界后花园，努力实现桑植崭新崛起"。

第三节　怀化民族地区旅游发展现状

怀化自古以来就是交通要塞，有"全楚咽喉""黔滇门户"之称。怀化目前航空、铁路、公路"三位一体"的立体交通网络已经形成。怀化于2016年11月获批国家全域旅游示范区创建单位，便利的交通、丰富的文化资源，为怀化全域旅游的发展提供了良好的条件。怀化处于武陵山脉和雪峰山脉之间，沅水自南向北贯串全境，生态自然资源得天独厚，是全国九大生态良好区域之一，被誉为一座"会呼吸的城市"。怀化森林覆盖率2017年达70.83%，远远高于全国平均水平，境内原始次森林30多处，国家级、省级自然保护区、风景名胜区、地质公园、森林公园和工农业旅游示范点27个。2011年环保部正式命名怀化为湖南省首个市级"国家生态示范区"，环保建设成效显著。2017年城区空气优良率达90.1%，环境空气质量综合指数排名全省第2位。随着旅游业的兴盛繁荣，旅游市场不断升温，全域旅游、乡村旅游、全民旅游成为常态。2017年年末，怀化市A级景区达46家，其中4A级景区7家、3A级景区30家、2A级景区3家，全年共接待国内游客4990.09万人次，实现旅游总收入392.27亿元。丰富多样的旅游资源、底蕴厚实的地域文化是怀化的名片，也是怀化全域旅游发展的品牌和软实力提升的关键所在。文旅深度融合推进全域旅游发展是怀化深化旅游业供给侧结构性改革和打造文化旅游胜地的重要举措。挖掘怀化丰富的文化与旅游资源、把文化与旅游资源转变为优质文化旅游产品、促进怀化旅游新业态的出现，既是转变怀化旅游产业发展方式的需要，也是推进怀化文旅深度融合与全域旅游发展的需要。

一、怀化文化与旅游资源分析

怀化具有丰富而独特的文化与旅游资源。"文化为魂，旅游为体"是怀化全域旅游发展不可或缺的结构支撑。早在新石器时代，生活在怀化"五溪"大地上的先民们就已经开始从事原始农业和家畜饲养业，过着定居生活。千百年来，汉族、侗族、苗族、土家族、瑶族等多个民族在怀化这片土地上繁衍生息，和谐共处、共同发展，创造了丰富而独特的地域文化。底蕴厚重的历史文化、丰富多彩的原生态民俗文化、民族文化、商道文化、水运文化、宗教文化等多元文化相互交融。中方荆坪古村、通道芋头侗寨、会同高椅古村等建筑群，是怀化人民高超建筑艺术的代表；芷江受降坊是中华民族团结抗战、不畏强暴的历史见证；粟裕、向警予、滕代远等怀化籍无产阶级革命家在中国革命的历程中立下了卓越功绩；袁隆平的杂交水稻在这里研究培育成功并走向了世界。洪江古商城被誉为"中国资本主义萌芽时期的活化石"，保留有明、清、民国时期的古建筑 380 多栋。怀化水路通道便捷，北通巴蜀、南抵粤桂、西扼滇黔，沅水是历代周边几省军运和商贸的交通要道。怀化水路通道著名的水运码头、沅水号子、洪江商贸诚信守则、伏波信仰、与水运有关的神话传说、民风民俗等是当年水运交通的见证。

怀化各族人民共同创造的丰富多彩的文化已成为怀化发展旅游业的核心竞争力。怀化地域文化具有四大特质。

一是原生态性。文化生境是影响文化发展的一切外界条件的总和。怀化地形地貌复杂多样，为了更加充分地利用"五溪"大地的自然资源，长期以来，怀化各民族居民一直采用混合型生计方式，即农、林、牧经济共同发展，采集渔猎经济有效补充。这在维系着自身生存与发展的同时也保护了当地的生态环境。怀化山多地少，惯称"八山一水一分田"，山地广阔，气候温和，拥有丰富的林果、草场、水能、矿藏等资源，全市有山地 3000 万亩，森林蓄积量 4500 万立方米，占湖南省 1/4。但这种山多田少、坡地多、平地少的条件，使得当地耕地资源非常有限。为了改变土地现状和维持基本生活条件，使当地土地资源持续发挥经济效益和提供食物保障，怀化各民族人民在历史上长期以来不间断地致力于山、水、土的治理。当地百姓早在 18 世纪，就创造出因地制宜的造田法，也就是在坡地砍火畬造梯田，还出现了沼泽地的"木块浮土造田法"。由于人口的不断增长，土地压力逐渐增大，为了提高有限土地的利用率，怀化各民族居民珍惜每一寸土地，在长期的生产实践中怀化各民族居民逐步学会了密植、套种和间种等多种技术，还学会了因气候、水源、坡度、土壤等不同而进行差异耕种，在不同海拔地带种植不同作物。根据，不同土质种植不同作物。例如，民国时的《农宜歌》记载："山地肥者宜诸豆，水田种稻可倍蓗，高山苞谷甚适宜，新垦之田宜小米，湿地宜稗松宜荞，麦类瘠地亦宜子。"由于山区山广田少，怀化各民族居民一直珍视林业经济的发展，杉树、松树、油桐、核桃、柿、梨、枣、油茶是怀化当地长期生长的品种。近现代历史上，油桐生产在怀化各民族居民的生活中发挥过重要的作用，油桐榨取桐油后既可以用来点灯照明，还可以把它作为商品用来换取生活必需品。怀化盛产药材，全市出产的药用植物1900多种，常见的有茯苓、天麻、板党、当归、白术、黄连、厚朴、贝母、续断、百合、益母草等，药材也是怀化各民族居民的重要经济收入来源之一。如药材中的天麻是一种常用的名贵药材，经济价值和药用价值较高。天麻性平、无毒，对人的大脑神经系统具有明显的保护和调节作用，能抗疲劳、抗衰老、强免疫、显著增强记忆力和视神经分辨能力。怀化植物资源丰富，林业生产因地制宜、实行分区域发展，山上常年松柏戴帽，山腰常种植桐、漆、茶、果，房前屋后则栽树养竹，当地居民这种种植方式，既考虑了树木对于不同地带气候的适应性，又考虑了当地植树造林的经济性和人们的不同需求。发展畜牧业经济也是怀化各民族居民的一种生计方式。通过长期的经验积累，怀化各民族居民选择了一批适合在当地山区饲养的畜禽品种，如黄牛、白山羊、黑猪等。怀化各民族居民饲养畜禽的方式也很独特，如历史上怀化各民族人民养猪大多采取放牧的方式，这种方式养的猪抵抗力强，较少发生各种疫病。怀化各民族居民还常常将猪与牛羊等畜禽一起进行放养，由于山羊主要吃树叶，牛主要吃青草，而猪主要吃块茎植物，不同的取食方式有利于合理利用植物资源且不会造成生态破坏。怀化动植物资源丰富，怀化各民族居民采集渔猎生计方式历史悠久，野生采集植物是怀化各民族居民蔬菜、水果、医药及牲畜饲料等的重要来源。怀化各民族居民积累了丰富的野生植物采集知识和野生动物的智取方法，但讲究适度原则，对猎物、狩猎时间、地点和范围都有明确的限制。怀化良好的文化生境孕育了丰富多彩的原生态文化。

二是独特性。怀化文化的"独特"除体现在通道转兵、杂交水稻发源地、抗战治降地外，怀化的一些其他文化形态也很神奇。比如，巫傩文化的"辰州三绝"、秦黔中郡故城遗址、建于唐贞观二年的龙兴讲寺、被誉为明清资本主义萌芽"活化石"的洪江古商城、留下了"洛阳亲友如相问，一片冰心在玉壶"千古绝唱的"楚南上游第一胜迹"黔城芙蓉楼等，都有着深厚的独特的历史文化底蕴。怀化历史文化源远流长，民俗风情浓郁独特，自然景观多彩迷人。比如，高庙文化、商道文化、和平文化等一批历史文化流淌着古朴神韵与自然之美；沅陵借母溪村、芷江五郎溪村、中方桐木镇、溆浦北斗溪镇、麻阳谭家寨乡、洪江古商城、高椅古村落、通道古侗寨等众多乡村旅游景区如珍珠一般点缀在五溪大地上，散落在乡间田野，一批批美丽乡村正向乡村旅游靓丽转型，实现让乡愁有所寄托，让美丽形神兼具完美蜕变。很多美丽乡村已经成为城里人感悟生态之美和人文魅力的假日驿站。怀化现有4A级景区7家，3A级景区30家，国家重点文物单位14个，省级以上自然保护区、森林公园、地质公园、风景名胜区、水利风景区、历史文化名城等29个，省级美丽乡村15个。怀化乡村旅游资源丰富，怀化共有湖南省旅游强县2个、旅游特色名镇4个、旅游特色名村16个、星级乡村旅游点103个，形成了通道皇都侗文化村、靖州地笋苗寨、洪江区星空庄园、中方华汉茶园等一批乡村旅游品牌。

三是本土性。怀化是中华文明的重要发源地，旧石器时代以来，区域内人类活动遗迹密集，保存有从7000年前一直延续到今天的古城古镇古村群落。如被誉为"中南山水第一县，世界巫傩发源地"的沅陵县，是一方古老而神秘的土地，赶尸、放蛊、辰州符、巫傩，惊奇无处不在。这里是文学巨匠沈从文笔下"美得令人心痛的地方"。新石器时期，沅陵境内已有先民渔猎、农耕、繁衍生息。战国时期沅陵属楚黔中地，秦时沅陵属黔中郡，故城在县内太常乡窑头村。沅陵从民国上溯至战国，有文字记载它是湘西及西南地区的政治、经济和文化中心。据考证，沅陵地域古代称为百濮之地。先秦时期的沅陵是濮人聚居的主要疆域，其核心区域在窑头（今黔中郡村）一带。秦朝的时候在沅陵设立了省级机构黔中郡，黔中郡在《史记》中的记载达17次之多，"学富五车""书通二酉""夸父追日"等成语出自怀化沅陵，且"学富五车""书通二酉"已写入《词源》。另外，高庙文化遗址，出土文物有7000多年前的精美的玉器等，原文化部的相关资料认为高庙文化"对追溯我国宗教祭仪活动的起源和发展具有非常重要的意义"，高庙文化可以将中华文明上溯到7800年前。靖州有

"苗侗根祖"之谓。总之，大量出土文物表明，怀化是中华文明的重要发源地之一。据 2015 年统计，怀化市国家、省、市、县级保护名录项目 300 多项，代表性传承人 185 人，其中 14 项已列入国家级名录。怀化文化的本土性特征明显。

　　四是多层次性。怀化文化具有多层次性，每一个文化层次都具有深厚的历史文化底蕴，都可以开发成旅游资源。怀化多样而独特的文化软实力对怀化今后的旅游发展具有很重要的作用。怀化非物质文化遗产丰富，蕴藏着涵盖 10 大门类 100 多个种类，共计 3300 多个非遗项目，有 347 项列入了国家、省、市、县级非物质文化遗产保护名录，其中国家级 14 项、省级 33 项、市级 8 项、县级 212 项。怀化人口 525 万，其中少数民族人口占总人口的 40.5%。怀化是国家重要的交通枢纽，素有"滇黔门户""黔楚咽喉"之称，同时还是中国抗战胜利洽降纪念地、杂交水稻发源地、红军长征战略转折地，具有全国乃至世界性影响力。怀化生态景观秀美，森林覆盖率 2017 年达 70.83%，被誉为"一座会呼吸的城市"。怀化人杰地灵，汉、侗、苗、土家、瑶等 51 个民族在这方土地上和谐共处。怀化各族人民具有独特的创意智慧、精湛的传统技艺和深刻的艺术感悟，创造了灿烂的历史文化，形成了特色浓郁的民俗风情。近年来，通道侗锦、芷江沅州石雕、溆浦花瑶挑花、靖州雕花蜜饯、中方斗笠等非遗项目在国内外屡获大奖，影响力大增，品牌效应逐步显现。同时，非遗生产性保护与文化旅游融合发展日趋紧密，一大批非遗旅游产品不断涌现，丰富了怀化文化旅游市场。

　　怀化地处雪峰山脉与武陵山脉之间，生态自然环境优越、属亚热带季风气候，四季分明，雨量充沛，夏无酷暑，冬无严寒，气候适宜，资源丰富，自古就是理想的人类居住区。怀化生态文化旅游资源丰富、特色鲜明，为怀化旅游产业发展提供了重要的基础条件。近年来，怀化国家等级景区（点）增加至 40 家，其中 4A 级景区从 2 家增至 7 家。通道万佛山、侗寨、洪江古商城、芷江中国人民抗日战争胜利纪念旧址等国家 5A 级景区相继创建。同时，建立了湖南省红色旅游区 2 个、湖南省工农业旅游示范区（点）1 个、湖南省星级乡村旅游区（点）71 个、湖南省级生态旅游示范区 2 个。芷江、通道、洪江市成功创建为"湖南省旅游强县""湖南省旅游十佳县"。怀化有多处湿地公园，如五强溪国家湿地公园、会同渠水国家湿地公园、溆浦思蒙国家湿地公园、麻阳铜信溪湿地公园等。湿地公园是以河流、人工水库、农田和环库森林等组成的湿地——森林复合生态系统，生态环境优美。湿地公园区域水系发达，生物多样性极其丰富，湿地植物有枫杨群系、杨树群系、菹草群系、苦草群系和黑藻群系等。湿地公园区域是休闲养身的好去处。当地政府为了更好地保护湿地资源，强化公园保护管理，充分利用湿地公园及其周边的自然资源和景观资源，致力于将湿地公园规划建设成科普教育和休闲养身及乡村旅游目的地。

二、文旅深度融合与怀化旅游发展面临的问题

（一）文化与旅游资源保护政策机制不完善

目前，怀化文化保护与传承面临的现状令人担忧。从旅游的维度来看，怀化市的旅游产品整体特色不明、力量单薄，各县旅游资源的协调发展、全市旅游网络的形成等方面还有待更进一步完善，这些问题的存在需要整体统筹，集中力量予以解决。文化保护与传承缺乏基本的投入，无论是硬件建设，还是软件建设，都缺乏保障文化保护力度不够，政策机制不完善。政策机制不完善主要表现在三个层面：制度层面、管理层面、操作层面。制度层面上，组织不健全、法规不完善、政策不落实；管理层面上，缺乏统筹规划，政府指导不力，社会参与不够；操作层面上，没有专设机构、没有专业队伍、没有专项资金。各部门的职责不明确，相互配合不默契，难以形成强大的合力，难以建立政府统一领导、各部门相互合作的部门联动机制，容易形成各自为阵、孤军奋战的局面，从而导致文化与旅游资源保护缺乏明确的行政主管部门和具体的政策。

（二）文化与旅游资源融合尚未形成合力

怀化的文化与旅游资源十分丰富，它们遍布于怀化各县区，但在文化与旅游资源开发中，文化与旅游资源与其他资源缺乏有效整合，旅游资源文化内涵深度挖掘还不够。具有怀化特色的文化与旅游产品研发不够，没有与区域内其他资源有效结合，产品的文化附加值不高。文化与旅游融合的实践尚未形成规模效应与规模化平台。从整体上看，文化与旅游资源的整合不够、凌乱无序，主要体现在以下几个方面。第一，对文化与旅游资源发掘不够，对部分文化旅游资源，缺乏全面保护措施，造成"保护性破坏"或"开发性破坏"。第二，是对文化与旅游资源的认定和保护重视不够，特别是对承载着大量文化内涵的文化与旅游资源保护不够。第三，是对文化与旅游资源的理解过于狭隘，造成了只是对一些重要文化资源的孤立保护或仅仅专注于具体表现形式的保护。第四，由于各县区存在着各自为战的现象，缺乏统一规划、统筹安排，使文化与旅游资源的开发缺乏整体规划和有机组合，盲目开发现象大量存在，这样大大降低了怀化文化与旅游资源对游客的吸引力。另外，县区间多以本行政区域内文化与旅游资源为基础，局限在县区的小圈子里，县域之间缺乏联合开发，造成文化与旅游资源保护与发展的不平衡。

（三）文化与旅游资源融合的产业特色尚不明显

目前，由于种种原因，在怀化全域旅游的发展进程中，文化与旅游资源还没有得到有效开发和利用、文化挖掘不够、文化与旅游产品单一、旅游产品单调而缺乏厚度。如黄岩、借母溪、山背、通道万佛山等景区，开发水平不高，也未开发出独具特色的相关纪念品；有的旅行路线只是简单的观光游览，体验式文化缺乏，仅适合短时间游览。走马观花式的短暂的游览淡化了怀化厚重的文化、神秘的民族民俗风情与独有的山水景观，这无形中对怀化景区的配套服务设施造成极大浪费，不利于有效开发利用怀化的文化与旅游资源。尽管怀化有多项国家级、省级非物质文化遗产和侗族大歌、傩戏等知名文化品牌，但由于基础设施薄弱，旅游服务设施跟不上时代发展需求，严重影响了文化品牌的深度开发与利用。

（四）总体旅游形象不突出

尽管怀化旅游资源丰富，但目前大多景区缺乏一个充分概括当地特色、体现文化特质又朗朗上口、便于游客理解和记忆的旅游口号，这在一定程度上影响了当地旅游品牌的建设，不利于当地特色文化和旅游形象的传播。近年来怀化因地制宜地建设了一批特色产业型、生态观光型、乡村旅游型美丽乡村，涌现了沅陵借母溪村、芷江五郎溪村等一批美丽乡村示范村，形成了中方桐木镇、溆浦北斗溪镇、麻阳谭家寨乡等一批乡村旅游示范带。但很多游客来怀化旅游感受最深的是自然风光，而文化休闲娱乐和文化风情体验则很难有相对集中的答案，很难把握怀化的总体旅游形象。可见，怀化文化的知名度还不高、总体旅游形象不突出。

三、文旅深度融合助推怀化全域旅游发展的对策

（一）加强宣传力度，多渠道推广怀化旅游形象

旅游业作为一种关联性强、产业链长、增速快的产业，在提供大量就业机

会的同时还能带动建筑、金融、通信、物流、交通、娱乐、饮食及文化等相关产业的发展。在怀化全域旅游发展过程中，文化与旅游资源的深度融合需要加强宣传力度，充分发挥媒体特别是微信、网络等新媒体的传播功能，吸引人们对怀化文化与旅游资源的关注，提高怀化旅游品牌的知名度与美誉度。怀化必须适时集中力量，建立一个政府主导型的权威性的文旅资源促销组织；加大宣传力度，扩大推广平台，借助"一极两带"的平台，立足特色，充分利用现代信息技术，多渠道树立怀化旅游的良好形象。

（二）加强文化与旅游产品创新，强化品牌建设

怀化全域旅游发展的优势在于文化与生态资源。文化与旅游的深度融合将会成为地方政府关注支持的重点，也将是推动旅游业提质升级的关键，将会从根本上全面盘活文化与生态资源的开发利用率。对于怀化旅游业而言，文化与旅游的深度融合有利于推进怀化全域旅游的发展和旅游产业核心竞争力的增强。文化与旅游深度融合的关键在于将怀化多样的文化符号、文化记忆、文化遗址等资源转化为游客可以感知或观看的文化产品。当前，怀化不少地方的文物遗迹和文化遗产还处于原始资源状态，未能有效转化为游客喜闻乐见的旅游产品。怀化全域旅游发展过程中，文化旅游深度融合还需进一步加强文化旅游产品创新，通过提炼怀化的文化旅游产品的主题，不断丰富其表现形式，使原来静态的文化活起来，让濒危的文化旺起来。如不断完善博物馆、展览馆等场所的旅游服务功能，使来怀化旅游的游客能直观地感受和体会到怀化文化的精髓。从未来旅游消费需求来看，文化旅游产业将是一个多维度、多方位、多层面的综合性产业，文化旅游将成为拉动怀化经济转型升级的新动能。在文化与旅游品牌建设上，与周边地区比较，怀化地区要有差异化发展思维，对文化与旅游要素进行提炼，对各类资源可旅游开发的适宜性进行评价，力求寻找代表性强、内涵丰厚、特色鲜明的资源载体，使文化与旅游深度融合发展。

（三）科学规划，加大政策扶持力度

近年来，怀化在推动旅游业发展过程中，比较注重怀化地域文化元素的植入以及文化与旅游的融合，着力提升各旅游景点和旅游产品的文化内涵。但文化和旅游融合的深度还不够，仍然存在一些问题。推进怀化文化与旅游深度融合，需要加强科学规划，政府部门要主动参与，做好顶层设计。一方面，政府部门要加大政策扶持力度、制定鼓励文化和旅游融合发展的产业政策。扶植乡

村旅游开发，统筹安排农业综合开发、乡村公路、扶贫开发、生态建设和以工代赈等专项资金，有重点的优先扶持乡村旅游基础设施项目建设。另一方面，怀化各县区以及旅游、文化等相关部门，要对旅游资源与文化资源进行摸排、梳理、弄清家底、合理规划，以科学的态度做好旅游产业和文化产业发展的整体规划，使怀化各种旅游、文化资源得到科学合理地开发与利用，走品牌化发展的道路，做大做强文化旅游品牌，使文化旅游产品在竞争中保持长期的竞争力。

（四）催生文化与旅游新业态

文化与旅游深度融合要不断激发出全新的文化与旅游产品及服务形式，以推动文化与旅游产业转型升级。针对不同游客群体的需求，适当运用设计与创意，推出适销对路的文化与旅游产品及服务。比如，针对中老年群体，可开发康体游产品；针对青少年群体，可开发修学游产品等。文化与旅游产品及服务的创新要以游客的体验需求为导向。比如，在美丽乡村建设中，可发展生态农业与观光农业，大力发展乡村旅游；在工业企业旧厂房、矿区改造中，可打造工业文化展示与体验项目等。文化旅游产品的基础是文化资源，其根源是当地的意识形态。在工业化、城镇化、市场化的背景下，乡土居民的外迁、现代化思维的渗透，使得乡土文化逐渐被城市文化同化。究其原因，在于乡村居民在经济收益、文化自信方面的欠缺。文化与旅游产品的创新，可将旅游消费与文化消费结合起来，达到延长旅游产业链、带动相关产业发展、增加当地居民经济收益、增强文化自信的效果。怀化应充分挖掘本土文化旅游资源，对民间传说、历史故事等进行文化创意，创造独特的怀化文旅品牌，带动整个怀化旅游产业和文化产业发展。精心设计一批有创意、有特色的文化与旅游产品，催生文化与旅游新业态，开辟文化与旅游产品市场，推出精品力作和拳头产品，从而推进怀化全域旅游的发展。

总之，怀化丰富的文化资源，为怀化全域旅游的发展提供了良好的条件。文旅深度融合，必将推动怀化文化事业更加繁荣、文旅产业更加发达，对怀化适应经济发展新常态、加快转型经济发展的方式、打造新的经济增长点具有重要的作用。但由于文化与旅游融合力度不足，目前怀化全域旅游发展还不尽如人意。机遇与挑战同在，怀化应依托独特的生态文化资源，促使文旅深度融合，推进怀化全域旅游发展。怀化应从实际和市场需求出发，完善基础设施、优化旅游环境、丰富旅游产品；需在旅游产业发展上注重利益分配，发挥产业优势；需在全面整合资源，科学开发与规划，多渠道筹集资金，加大旅游开发投入，丰富旅游产品，创新旅游业态的基础上，促使文旅深度融合；在旅游开发中既要注重文化资源的保护，又要防止文化资源的过度商品化开发。在政府主导下，怀化区域内市区县联动、部门支持、相关企业参与、媒体配合，通过高强度、大容量、广覆盖、有新意的整体宣传，营造大旅游、大产业、大市场、大营销氛围，实现文旅深度融合，推进怀化全域旅游发展。

第四节　湖南少数民族人口过半县旅游发展现状

20 世纪 90 年代，"少数民族人口过半县"概念被提出，指的是目的少数民族人口占总人口半数以上，但因历史原因既未能划归民族自治州管辖，也没有设立民族自治县的县（区）。少数民族人口过半县属于民族工作面临的新情况、新问题。目前，少数民族人口过半县的情况在全国有 20 多个，主要集中在湖南和贵州两省，其突出特点是社会经济发展相对滞后，与周边相比呈现"洼地"状态。湖南省是一个多民族省份，全省除 8 个民族自治地方外，还有桑植、永定、武陵源 3 个享受民族自治地方优惠政策的县（区），以及会同、沅陵、绥宁、江永、慈利和石门 6 个少数民族人口过半县。经过 20 多年的发展与实践，少数民族人口过半县现象逐步引起了政府有关部门及学者的广泛关注。当前，湖南省的少数民族人口过半县享受民族自治地方待遇的问题已上升到政策层面，并积极向法律层面靠拢。由于会同、沅陵两县的旅游发展情况在上节中有所涉及，因此，本节只对绥宁、江永、慈利和石门四个少数民族人口过半县的旅游发展情况进行分析。

一、江永县旅游发展现状

近年来，江永县提出的"旅游活县"战略、打造"品牌旅游"目标，加快景区创建步伐，加大宣传推介力度，提升行业服务水平，深入挖掘"三千文化"内涵，积极推进旅游与文化的深度融合，取得了较好的成效。

江永县是镶嵌在湘西南边陲的一颗绿色明珠，地处都庞岭南麓，辖 6 镇 5

乡2个国营农林场2个自然保护区和1个国家级森林公园，总面积1540平方千米，总人口27.15万人。江永县被誉为"中国香柚之乡""中国香芋之乡""全国最具文化品位的小城""全国最美小城"，被列为"全国生态建设示范县""全国绿色能源示范县"，是一个风光秀美、历史悠久、文化厚重、香型农产品丰富的旅游胜地，是探源猎奇文化之旅、养生休闲观光之旅、精品农业体验之旅的最佳目的地。主要有以下几个特点。

一是绚丽多姿的自然风光之美。江永县自然风光优美、山水资源丰富、生态环境优良，素有"山清水秀生态美"之誉。林业用地面积占全县拓土面积的73.9%，活立木蓄积量552万立方米，森林覆盖率64.8%，是湖南省重点林业县，2010年被评为"中国最美的小城"。江永县共有11个景区、20余个景点，其中3A级景区3个，特别是都庞岭国家级自然保护区和千家峒国家森林公园，以"山高、林深、洞奇、瀑美、泉温、俗特"而著称。近期发现的高山草原燕子山、万亩野生紫荆花海，风景无限美好。

二是古朴悠远的历史文化之美。江永秦时立县，历史悠久，蕴藏着浓厚的历史文化气息，拥有大量的文物古迹。目前全县共有文物保护单位26处，其中全国重点文物保护单位1处、省级1处、市级7处、县级17处。江永县拥有12处古遗址，7处大型古建筑，以千古之谜女书、瑶族故地千家峒、千年古村上甘棠为主的"三千文化"闻名遐迩、享誉中外。千古之谜——江永女书是世界上唯一的性别文字，堪称中国文化之瑰宝、世界文字之奇观，已被评为中国非物质文化遗产，并在申报世界非物质文化遗产。千年古村——上甘棠是全国重点文物保护单位、中国历史文化名村、中国传统村落，有着一千多年的建村历史。整个村落明清古建筑保护完好，文化底蕴深厚，全村呈太极八卦布局，风水独特，更有龙凤双胎的生育奇观。瑶族故地——千家峒是瑶族的发祥地，有着浓厚的瑶族文化。

三是有闻名遐迩的物产丰盛之美。江永之地气候温和，四季分明，阳光充足，雨量充沛，无霜期长，少有积雪，宜于种养业，被有关专家誉为"长江以南名优果蔬最佳发展地带"；土质肥沃，富含硒等轻稀土元素，有利于农作物芳香物的形成，名优物产香柚、香芋、香姜、香米、香菇等"江永五香"久享盛名。江永香米，曾被三国曹操赞誉"上风吹之，五里飘香"；香柚，则自古即有"橘柚凝烟翠"美誉；香姜，清代就有"筠蓝处处卖红姜"的盛况。其中"江永三香"初其规模，2008年获得农业部农产品地理标志认证。江永县产品远销港澳台和东南亚地区，已建成10个供港澳蔬菜出口基地，面积占全省出口基地的38.5%，年出口蔬菜占全省供港澳蔬菜的70%。

江永县围绕"女书""瑶族""生态"三张名牌，优先发展特色旅游，加快推进旅游产业化发展。景区建设步伐进一步加快，旅游品牌推介效果逐步显现；成功纳入大湘西旅游圈开发范围；兰溪勾蓝瑶寨先后成功入选中国历史文化名村和中国传统村落；千家峒刘家庄村入选国家少数民族特色村寨名录，并与兰溪黄家村一同成功入选湖南省最美少数民族特色村寨。

江永县高度重视旅游产业发展，通过高位推动、完善机制，旅游产业发展环境得到极大改善。首先，是确定旅游产业重要地位。将"旅游活县"列为江永县发展六大战略之一，大力实施"一化带三化"战略，即通过旅游的产业化带动新型城镇化、新型工业化、农业现代化进程。并且，充分挖掘"三千文化"的潜在优势，按照"高标准保护、高起点规划、高质量建设、高水平管理、高效能运营"的原则，进行策划规划、整合资金，加强了景点景区建设、城区到景点景区沿线的风貌建设和景点景区所在乡镇的建设。其次，是进一步完善旅游工作机制。江永县确定了"多部门合作、多系统联动、多行业协同"旅游工作机制，要求全县干部职工工作上要有"一盘棋"的思想，力量上要有"组合拳"的打法，落实上要有"钉钉子"的精神。

精心打好民俗文化牌。通过对女书斗牛节、花山庙会、祭盘王仪式、洗泥节、坐歌堂等传统习俗的原生态恢复，女歌、瑶歌、长鼓舞普及，非物质文化传承进校园工程，江永县基础人文氛围更加浓厚，旅游吸引力进一步加强。大力开展定制旅游，利用独特厚重的文化底蕴、浓郁的少数民族风情等丰富的旅游资源，满足游客文化体验、生态探险游、摄影游、养生度假游等多方面需要；创新宣传方式，利用微信、QQ、微博等新兴媒体宣传，加大与特色俱乐部的对接力度，促进县旅游对年轻人群体的吸引力。

主要景点景区介绍如下。

女书生态博物馆（国家3A级景区）。女书生态博物馆坐落于上江圩镇，距县城15公里，其核心是女书岛，总面积108.36公顷，是湖南省唯一以村寨为单位，没有围墙的"活体博物馆"。博物馆始建于2002年10月，馆内通过文字、图片、实物、音乐、影像等形式，全面展示女书厚重的文化内涵和独特的人文风俗，被评为"新潇湘八景"之一，于2012年被评为国家3A级旅游景区。

上甘棠古村（国家3A级景区）。千年古村上甘棠位于江永县夏层铺镇，在江永县城西南25千米，距省道S325线2千米，距广西阳朔80公里，距桂林125千米。县志记载，汉武帝元鼎六年（前111）至隋文帝开皇九年（589），谢沐县治设于此，历经700年。该村是周氏家族聚族而居的村落，依山傍水，坐东朝西，是我国现今保存最为完整的单姓古村之一，已被列为国家重点文物保护单位和中国历史文化名村。该村是考察封建家族发展史和文化道德建设的一个活标本，有太极八卦的村落布局，有"石落出官"的传奇，历代涌现出101位七品以上的文武官员。村内有秀丽迷人的"甘棠八景"，可谓人文景观如诗，自然景观如画，极具开发价值。

千家峒国家森林公园（国家3A级景区）。千家峒国家森林公园坐落于都庞岭国家级自然保护区内，总面积200平方千米，有8万亩原始次森林，与广西桂林地区交界，距县城5千米，距阳朔100千米，2006年被列为国家森林公园，是理想的旅游、度假、避暑胜地。江永之地是瑶族发祥地，千家峒是瑶族古都，是瑶胞心目中向往的桃花源。走进千家峒，奇山碧水，风景迷人；古朴典雅的瑶族风情，令人目不暇接；小古源水上漂流活动，让人流连忘返。

勾蓝瑶寨（今年正在创建国家3A级景区）。勾蓝瑶寨是江永县古代四大民瑶之一勾兰瑶的居住地，位于江永县城西南35千米，距省道S325线6千米，距广西阳朔90千米，距桂林125千米，修有4.5米宽的水泥路与省道S325相连。勾兰瑶寨历史悠久，起于汉魏、兴于明清，整个瑶寨风景秀丽，处于一闭合式地形，兰溪河迂回曲折，穿村而过，形成"枕山、环水、面屏"的风水格局，面积约5平方千米。瑶寨旅游资源丰富，有9道城墙、22座明代民居、51座清代民居、68座古庙观，以及凉亭、门楼、守夜屋、书屋、商号等古建筑，还有十分丰富的瑶寨民俗文化，有脉络清楚的民瑶形成痕迹，是省级重点文物保护单位、湖南省少数民族特色村寨，2014年国务院第六批中国历史文化名村。

香柚橙生态大观园。江永县是农业部授牌的中国香柚之乡，香柚首批获国家地理标志认证。主产区粗石江镇、源口瑶族乡，区内有连片种植的夏橙、香柚、冰糖橙、贡柑、蜜柚、脐橙、早熟蜜橘等柚橙类水果10多万亩，年产量达30多万吨，销往全国各地。园内道路纵横交错成网络化，交通便利，田园风光迷人，采摘体验游吸引八方游客。

燕子山高山草原。燕子山高山草原位于江永县粗石江镇与广西恭城瑶族自治县嘉会乡交界处，距江永县城 70 千米，恭城县城 30 千米，阳朔县城 70 千米，桂林 120 千米，最高海拔为 1562 米，总面积约 10 平方千米，因其外形如展翅飞翔的燕子而得名。景区内有 2850 亩水面的源口中型水库，10 万亩原始次生林，自然及人文景观众多。其中峡谷高深，飞瀑广布；雾绕群山，恍若蜃楼；竹草攒动，碧浪相接；兽藏深涧，群猴嬉戏，百鸟啾啾。燕子山草原旅游发展潜力大，是桂林游客进入永州的门户。

二、绥宁县旅游发展现状

绥宁县文化旅游资源丰富，文化旅游资源有 300 多种。绥宁县森林密布、生态良好，被称为"动植物王国""天然氧吧"和"动植物基因库"，有全国面积最大的金丝楠木林、铁杉林和穗花杉林。绥宁县苗、汉、侗、瑶等多民族文化长期交织融合，民俗风情浓郁、文化特色鲜明。绥宁县是中国民间文化艺术之乡，文化旅游资源组合优势明显，有国家级自然保护区黄桑、国家级历史文化名镇寨市、国家级历史文化名村大园、国家级非物质文化遗产苗族四月八姑娘节、世界文化遗产提名地上堡、大团侗寨等旅游名片。

随着包茂高速连接线、洞新高速连接线、武靖高速等主干交通建设完成，沪昆高铁、娄邵高铁的通车和武冈机场的建成，绥宁县交通区位大为改善。绥宁县旅游业基础条件也得到了有效改善，接待能力进一步提高，"百亩湖面、千户苗居、万米文化墙"的景观基本成型，为游客在休闲憩息中领略绥宁独特文化和良好生态提供了良好的场所。当前，绥宁县有效接收周边旅游市场的辐射，积极融入旅游市场，发挥生态文化旅游业在产业转型中的助推器作用，大力发展旅游业，有效带动了第三产业的发展，推动了第一、二产业的协调发展。

绥宁县在大力促进文化旅游发展的同时，注重打造文化名片。如全力以赴抓好侗寨申遗，力争乐安大团侗寨和黄桑上堡侗寨申报世界文化遗产成功。绥宁县十分注重文化遗存的活态展现和商业开发，积极编排演出有地方特色、游客参与度高、体验性强的文艺节目，增加旅游文化娱乐活动的魅力和内容。注重把文化载体建设与城市建设有机结合起来，支持新办旅游商品生产企业，鼓励现有工业企业改造、转产生产旅游纪念品、工艺品，重点开发体现绥宁特色的剪纸、苗绣、蜜饯等传统工艺品和青钱柳、胶股蓝、柴火腊肉等土特产。启动旅游商品市场建设，通过"互联网＋"模式，做大绥宁旅游商品销售市场。

三、石门县旅游发展现状

石门县自然资源和人文资源丰富，自然资源品种齐全、品位较高。其中温泉、避暑、漂流、峡谷、瀑布、溶洞、奇泉、高山、平湖、鸟岛、桔岗、茶山等一应俱全，中国第五大传说——犟龙传说、寒武纪标准地质时代剖面等许多资源，具有唯一性特征。以原始生态著称的壶瓶山是新潇湘八景之一，也是全球最重要的200个自然保护区之一，区内有华中地区最伟岸的峡谷群，有最壮观的飞瀑群，有最宜人的高山茶园，有最珍贵的珍稀动植物基因库、避暑胜地和华南虎活动的踪迹。热水溪温泉无论是从水温、水量，还是从医疗价值考虑，都是华中地区最好的温泉。千年古刹——夹山寺是明末起义领袖李自成禅隐之地，是东南亚享有盛名的茶禅祖庭。这些都是石门县的珍稀资源。石门县自然资源的丰度和疏密度，有利于旅游开发的科学布局和整合，有利于形成相对完整、独立的生态疗养度假旅游产品。

石门县人文资源底蕴深厚。以陈振亚、王尔琢、红二方面军遗址旧迹为代表的红色旅游资源、以添平土司衙门为代表的土家文化、以夹山寺为代表的仙佛文化、以虎纽于为代表的巴楚文化、以燕尔洞为代表的古人类文明遗址、以中国第五大传说——桩巴龙的印证地为代表的逸闻传说等，使石门县人文旅游资源异彩纷呈。深厚的文化底蕴，为编排民族歌舞戏剧，推介特色餐饮，夯实了坚实的基础。既可为旅游产品开发中的创意、文化增添提供便利支持，又有利于旅游品牌的打造。

旅游商品资源丰富。石门作为矿都、桔城、茶乡，旅游商品较为丰富。其中高山茶叶，品质卓越，便于携带；中华名果——石门蜜桔，价廉物美；石门奇石、中国岩刻画均是高端旅游商品；节节高玉米乳饮品也深受群众喜爱。同时，竹木制品、山野菜、中药材都有很大的挖掘潜力，具备打造特色旅游商品的价值。

石门县独特的区位体现在"边"上。独特的区位，有利于游客的聚散和景区对接。石门县便利的交通体现在"联"上。石门县交通因属神经末梢严重滞后，制约了旅游及相关产业的发展。反过来看，独特的区位又使其具有无限扩张的潜力，决定大湘西与大三峡旅游圈合作的宽度和深度。

四、慈利县旅游发展现状

慈利县具有丰富的旅游资源，其旅游资源密集性较高，现有万福温泉度假中心、江垭温泉度假村、龙王洞风景区、张家界大峡谷 4 家国家 4A 级景区等各种国家级重要旅游资源。其未来发展趋势必然是朝着湘鄂川黔渝，乃至具有全国影响力的旅游目的地的方向发展，而慈利县实现这一目标的关键则在于资源整合、特色挖掘以及旅游目的地形象的塑造。旅游产业如何抓特色必须坚持有所为有所不为的原则，只有善于抓住不同旅游资源的比较优势，集中力量打造特色旅游经济，形成市场竞争优势，才能在尽可能短的时间内发展成为相互促进、各具特色、共同繁荣的旅游经济新格局，实现旅游产业转型与发展新的历史阶段。

慈利县历史悠久，文化底蕴深厚。慈利县建制已达 2200 多年。境域春秋末，周楚平王之孙白胜筑城于零水之畔，即白公城。公元前 221 年，在黔中郡下置慈姑县。汉高祖十二年（前 195）更名零阳县，属陵郡。隋开皇十八年（598）改称慈利县。取"土俗淳慈，产物得利"之义，沿用至今。慈利古城孕育了众多名流人才，如清末庚子三英雄田邦璇、李炳寰、李超廷，爱国将领孙开华、"南北大侠"杜心五，著名核物理学家陈能宽，经济学家卓炯等，都是慈利人民的杰出代表。文物古迹和风景名胜众多，慈利县博物馆馆藏文物 1 万多件，国家一级文物 10 多件；闯王李自成抗清兴国的根据地四十八寨，湖南省首批确定的重点宗教场所，久负盛誉的道教圣地五雷山。

慈利县自然地理条件优越，区位优势明显。慈利县位于湖南省西北部，地处武陵山脉东部边缘，澧水中游，距长沙市区 242 千米，距张家界市区 80.8 千米，距湖北省荆州市区 185 千米，距离常德市区 81.5 千米，地理区位条件非常优越，属湘西山区向滨湖平原过渡地带，地势自西北向东南倾斜，武陵山余脉在境内分为 3 支东西走向的山脉、澧、溇两水纵贯全境。慈利县属中亚热带季风湿润气候区，四季分明，光照充足，雨量充沛，植被保存完好。独特的区位、气候和地形地貌，孕育了慈利县丰富的自然生态资源，为湖鄂两大市场提供了具有良好通达性和生态性的休闲空间，也为慈利县未来旅游业的发展指明了方向。

慈利县自然景观、人文景观众多，美不胜收。慈利县地文景观比较丰富。

有四十八寨、星德山、五雷山、张家界大峡谷及其龙王洞等，其中每个资源都有自己的特色。如四十八寨，由南经西北向偏东方蜿蜒延向山体构架像一条巨龙俯卧在沅水和澧水之间，活灵活现。而广福桥是龙的龙头和龙身，龙尾经石门县境一直甩到澧县、津市。这种地形地貌在现在实属罕见的，具有很高的价值。整个境内，由几百座气势磅礴、神态各异、险峻崎嶙的山峰组成，境内奇山异水，风景独特，森林茂密，物产丰富，土、汉杂居，民风淳朴，文物胜迹，闻名遐迩，是个集寨、山、石、水、桥、洞、花、鸟、兽样样俱全的人间仙境。此外，其他的地文景观资源也各有特点。发展旅游"水"是重点，也是张家界东线旅游的重头戏和重要补充部分。水上的资源包括两部分，一是"温泉之乡"，二是"水泽之乡"。温泉资源的代表是万福温泉、江垭温泉，已开发成了4A级景区。山丘之县成为"水泽之乡"，这在全国绝无仅有，水泽之乡供旅游的景点有江垭水库、赵家垭水库，溇水漂流，索水河竹筏漂流等地。水域风光类旅游资源如温泉等，应很好的依托张家界的山开发慈利的水资源，其发展空间非常大，水体旅游资源的开发必将成为慈利县旅游业发展中的一大亮点，并将极大地丰富慈利县绿色休闲的内涵。慈利县遗址遗迹类旅游资源较丰富，大多具有较好的研究价值。比较具有代表性的有金台村遗址，经考证，该遗址内涵丰富，体现从旧石器晚期到新石器时期文化延续，对研究湘北古文化发展具有重要价值。屋场田遗址，对研究澧水流域原始文化有重要价值。璞榔岗遗址，对研究湘北原始文化有重要价值。康家溪遗址、象鼻嘴遗址樟、树塔遗址、白公城遗址以及四十八寨的李自成的屯兵的遗址的争议等，它们与慈利的自然旅游资源一起衬托了慈利的历史的底蕴，为慈利县资源的开发增添了浓厚的文化气息。慈利县著名的建筑与设施类旅游资源有赵家垭水库、江垭水库、杜心五故居等，宗教与祭祀活动场所五雷山、梅花殿、四十八寨的军事防御基地及四十八寨中相关的建筑及设施等，均属于该类资源，而且都可以作为未来慈利县旅游开发的亮点工程，可以在开发的过程中实行相应的保护和整修措施，提升其本身的价值，打造新的品牌，为慈利旅游服务。

慈利县的旅游商品类旅游资源主要表现在三个方面：第一，慈利县特色的瓜果食品，如猕猴桃、葛根粉，岩耳，金香柚等；第二，著名的杜仲产品，如茶叶，还有著名的大理石产品等；第三，普遍的人工造纸。丰富的旅游商品资源为慈利县未来的旅游商品开发提供了重要的基础。具有悠久历史文明的慈利县是一个多民族县,自古以来就有汉族、土家族、白族、回族、苗族等 17 个民族在这里繁衍生息,其中以土家族为主。慈和县里,每个民族都有自己的特有的节日,有很多的民族风情的特色节目。

近年来,慈利县加快旅游产业大县建设步伐,取得了显著成效。旅游规模迅猛扩大,慈利县旅游相继建成了一批有冲击力的景区景点。创建了国家 4A 级景区江垭温泉、万福温泉、龙王洞,开发了张家界大峡谷、溇江漂流、江垭水库平湖游、道教圣地五雷山等旅游景区。旅游接待人数呈逐年大幅增长态势。

旅游产业发展助力不断增强。一是领导机制逐步形成,慈利县统筹抓好旅游产业的建设和发展,协调解决重点旅游产业项目建设中的具体问题等。二是出台了一些支持旅游产业发展的政策措施,解决旅游产业推进中的具体问题。三是给予了经费保障。县财政将旅游工作经费列入了县财政预算,加大财政资金投入扶持旅游产业发展。

旅游配套服务日益完善。近年来,随着张常高速、阳龙公路的建成通车,张家界大峡谷、溇江小三峡漂流、龙王洞等景区景点基础设施不断改造升级,现在已构建了东线旅游各景点"1 小时"交通循环圈。江垭温泉、张家界大峡谷、龙王洞正在启动第二期工程。五雷山风景区完成了停车坪、游道、门亭和电瓶车道工程建设。阳和国际旅游商务区建设加快,阳和高速公路连接线、商务区综合大楼、阳和自来水厂一期工程基本完工,溪阳公路等项目正抓紧施工。旅游市场接待规模发展迅速,以农家乐为代表的土家特色餐饮业快速发展,品牌效应初步显现。住宿、娱乐等传统服务业稳步发展,保险、通信等现代服务业加速扩张。

旅游品牌效益逐步突显。经过近几年的发展,慈利县逐步形成了以县城和阳和为中心,江垭温泉和万福温泉为依托,向龙王洞、张家界大峡谷、五雷山、溇江漂流、乡村旅游文化村等五个景区景点辐射,使我县旅游产品摆脱了内容单一、游客停留时间短的状况,"温泉之乡、道教圣地、休闲乐园"的旅游新格局已基本形成,慈利旅游正迈着强劲的步伐向全省旅游强县的目标前进。

第五节　城步苗族自治县和江华瑶族自治县旅游发展现状

一、城步苗族自治县旅游发展现状

城步苗族自治县地处大湘西的南部地段，境内山峦叠嶂，绿荫环抱，山清水秀，林海茫茫，空气清新，气候宜人，是"桂林—龙胜城—新宁—长沙山水风光游"旅游线路上的重要节点。旅游资源非常丰富的城步苗族自治县作为湖南省九条旅游跨省通道之一，其影响辐射珠三角城市群、长株潭城市群、以及桂北地区。南山牧场、两江峡谷、两江峡谷旅游区、白云湖、罗汉洞银杉森林公园、南山牧场旅游区、长安营旅游区和十万古田等景区，包含草原、湿地、峡谷、湖泊、溶洞等各种不同类型的自然旅游资源，以及侗寨、清溪古民居、苗寨、杨氏官厅等丰富的人文旅游资源，资源构成全、品位高、容量大，具备优良的资源本底。各种资源组合良好，紧凑合理，有张有弛，符合旅游游览节奏，能够很好地把握游客的心理。

近年来，城步苗族自治县旅游业由"传统观光游览"向"多元深度型目的地"转型。城步苗族自治县以传统观光游览产品为基础，以休闲度假养生产品为开发方向。从资源潜力和市场需求角度看，观光游览产品可基本满足观光游览市场需求，具有较大体系扩充空间；民俗类旅游产品远未满足市场需求，少数民族文化等产品开发空间巨大；休闲度假养生类产品市场需求量巨大；探险求知类产品值得重视，可开发探险徒步、科普教育、户外露营类旅游产品。城步苗族自治县拥有优越的旅游区位条件，地处大湘西、大桂林两个旅游区交互的黄金线上，周边存在几个国内著名的自然生态和民族旅游目的地，需要制定和这些旅游区的良性竞合模式，树立合作共赢理念，加强区域内与区域外的协作，在旅游产品开发、旅游线路组织和旅游宣传促销等方面，互惠互利，优化整合，错位发展，促进区域协调发展，共同打造中国"标志性"的生态、人文旅游发展板块。此外，城步苗族自治县构建国际旅游品牌系统。以产品品牌化带动"大产品战略"，打造若干条旅游产品线；以要素品牌化带动"大配套战略"，提升区域旅游服务功能。完善吸引物体系、配套体系和运营体系，打造面向未来的旅游产业体系。立足于构建国际旅游品牌的总体目标，国际国内两个市场双轮驱动，制定国际国内两套市场推广方案，面对不同游客施展不同推广方案，实施多维营销战略。

二、江华瑶族自治县旅游发展现状

江华瑶族自治县地处湘、粤、桂三省（区）结合部，素有"三省通衢"之称。江华瑶族自治县总人口49万。有瑶、汉、壮、苗等24个民族，少数民族人口30.7万。其中瑶族人口29.2万，占全县总人口的60%，是全国瑶族人口最多的瑶族自治县，被誉为"神州瑶都"。也是湖南省唯一的瑶族自治县。江华瑶族自治县冬无严寒，夏无酷暑，生态植被保护良好，森林覆盖率达76.7%，有"天然氧吧"之称。江华瑶族自治县水质优良，绝大部分地区的水体均达到国家一类水质标准，是康体健身、森林旅游、度假休闲的天堂。江华瑶族自治县的瑶族文化内涵丰富，颇具特色，底蕴十分深厚。其中有以长鼓舞和盘王大歌为代表的歌舞文化，以龙犬图腾为代表的宗教信仰文化，以盘王节、赶鸟节为代表的节庆文化，以吊脚楼为代表的居住文化，以瑶家腊肉、瑶家干八酿、荷香米粉肉为代表的饮食文化，以坐歌堂、入赘为代表的婚嫁文化等，几乎涵盖瑶族文化生产生活的方方面面。

近年来，江华瑶族自治县大力实施旅游强县战略，积极培育旅游市场，加快旅游资源开发，旅游产业迅速发展，旅游业呈现出良好的发展态势。江华旅游虽然取得了一些成绩，但也存在一些问题和不足，主要表现在三个方面。一是现有的景点规模小，内容单一，游客滞留时间短，参与性项目少，景点建设层次较低。二是旅游开发投入不足，财政自给率较低，资金乏，旅游开发的投资少，造成旅游产品结构单旅游基础设施薄弱，综合接待能力较差。三是瑶族文化与旅游资源还未有效融合，自然资源与文化资源开发相脱节，给发展文化旅游带来了很大的局限性。

江华瑶族自治县地处湖南正南边陲，紧邻两广，区位优势非常突出。境内有207国道、道贺高速、洛湛铁路纵穿南北，326省道和涔天河环库公路横贯东西，特别是二广高速、厦蓉高速、贵广高铁也傍区而过，极大地拉近了江华瑶族自治县与珠三角、大桂林、港澳台和东盟的时空距离，成为江华瑶族自治县承接海内外客源市场的有利依托，对于开启湖南省旅游的"南大门"，推动永州乃至全省旅游的发展，具有较高的战略意义。

第五章

湖南民族地区文化与旅游融合发展的影响因素

第一节　经济发展因素

经济是文化的基础，要保护和传承好民族文化遗产，就必须大力发展民族经济。当前湖南民族地区的民族经济还不太发达，农村有大量的剩余劳动力，湖南民族地区少数民族大多地处山区，生产生活条件极差，环境恶劣，出行困难。因此，大力发展湖南民族地区少数民族经济，一方面能较好地保护湖南民族地区少数民族文化的真实性，促进湖南民族地区少数民族文化得到有效传承、保护与创新，在发展过程中不断吸收、利用符合本民族文化模式的元素，可促进本民族文化的发展与繁荣；另一方面，也可以较好使湖南民族地区少数民族文化适应游客带来的异文化，满足游客的不同需求，使游客和当地居民建立和谐的关系，不断加强与其他民族的互动交往，构建旅游经济与民族文化的共生路径，为民族文化的保护和传承奠定坚实的基础。

要加大保障力度，调整优化湖南民族地区经济社会发展总体布局，引导旅游产业发展、基础建设、城镇布局、环境保护等各类专项规划与湖南民族地区民族文化产业发展对策全面对接。全面深化改革，加大支持力度，引导市场主体积极参与。按照"创新、协调、绿色、开放、共享"五大理念，落实中央和省市宏观调控政策，加强政府主导，确立旅游形象，大力进行市场推广，并协调多方利益，培育市场主体，建设重点项目，加快旅游接待和服务设施的建设和完善，为实现旅游业跨越式发展奠定基础。完成重点旅游发展项目的旅游策划、规划和建设；大力开展和推进市场营销，以观光、节庆和专项旅游为先导，吸引人气，启动市场。注重短期政策与长期政策的衔接配合，强化政策导向，进行科学规划，提出湖南民族地区民族文化产业发展对策的目标和任务，促进旅游发展，促进湖南民族地区经济社会的可持续发展。湖南民族地区民族文化产业发展对策应围绕湖南民族地区经济社会发展的重点领域，根据宏观环境变化和发展的实际情况，进行政策研究，制定配套政策。加强湖南民族地区民族文化产业发展对策的制度建设，提高相关制度的科学性、指导性和操作性，形成定位清晰、功能互补、统一衔接的湖南民族地区无障碍旅游发展制度体系。鼓励湖南民族地区积极探索相互协作的方式方法，实现无障碍旅游规划一张图、内容相融合。加强无障碍旅游规划衔接，坚持以规划确定项目、以项目落实规划，并发挥重大项目在产业发展、基础设施、生态环保、农业科技创新等方面的带动作用，确保湖南民族地区民族文化产业的科学性。

第二节　地理环境因素

　　普列汉诺夫认为，一个民族（族群）的文化，"都是由它的心理所决定的；它心理是由它的境况所造成，而它的境况归根结底是受它的生产力状况和它的生产关系制约的"。湖南民族地区的独特地理环境是文化与旅游融合发展的重要影响因素之一。地理环境是族群生存和发展的物质基础，也是族群文化形成的自然空间。湖南民族地区多山，属中亚热带季风性湿润气候，日照充足。这种自然条件有利于植被的生长，孕育了丰富的森林资源，成为许多珍稀动物栖息的胜地，山区历来多豺狼、虎、豹、野猪、鹿等野兽亦有野鸡、野鸭、娃娃鱼、虾、鳖和鳝等珍稀动物。历史上，人们生活简朴，捕杀野生动物是改善生活的途径之一，野猪、野鸭、娃娃鱼、虾和鳝等飞禽走兽水产常常是人们餐桌上的美味佳肴。近年来，由于滥砍滥伐森林资源、农药普遍使用等原因，湖南民族地区生态环境遭到了一定程度的破坏，另外，由于大肆捕杀野生动物，导致动物资源减少，甚至有的野生动物濒临灭绝，现在人们的餐桌上不再提倡传统的野味。人类生存与发展的过程是适应环境的过程，在适应环境的历史过程中，人类逐渐建立了自己的文化体系及类型。"人类是一种动物，和其他动物一样，必须与环境维持适应的关系才能生存。虽然人类是以文化为媒介而达到这种适应的，但其过程仍然与生物适应性一样受选择法则的支配。"① 此外，湖南民族地区有的地方不仅山高水险，而且交通十分闭塞。陆路险峻崎岖，窄如羊肠小道，土路多石路少，需绕溪越岭，水道也极不发达。但是，地理环境的开放和封闭是相对的，在湖南民族地区文化与旅游融合发展背景下，由于湖南民族地区交通条件的改善和对外开放的深入，湖南民族地区封闭的地理环境被打破，文化信息交流日益频繁，外来文化强烈冲击着湖南民族地区传统文化。随着社会的发展，湖南民族地区的自然环境也随之发生着变化，自然环境的变化势必引起湖南民族地区传统文化的不断调整以适应湖南民族地区文化与旅游融合发展。

湖南民族地区要充分营造重点景区景点的视觉观赏力与游客吸引力，不断延伸服务功能，多层面开发武陵山片区生态文化旅游、节庆休闲旅游、乡村旅游、红色旅游、医疗养生旅游、科考旅游、自驾车旅游和背包徒步旅游等多类型旅游产品，全面提高湖南民族地区旅游综合服务效益与整体规模效益。对脆弱性、稀缺性旅游资源实行立法保护。加强湖南民族地区可开发资源地居民的生态文明教育，严格开发性项目的环境评估与市场准入管制，确保湖南民族地区旅游生态景观持续优美、旅游发展环境更加和美、旅游服务产品日趋绝美。支持高星级酒店服务行业、现代电子商务中心、移动办公中心、文化艺术交流中心、健身美体中心、体育集训中心、医疗养生中心快速发展。加强林业生态体系建设，采取人造林、封山育林、低产林改造、绿化建设与修复等综合措施。加大森林、河流、湿地、水库保护和修复力度，强化重点区域地质灾害防治。加强自然保护区建设，通过新建、晋级、范围和功能区调整，形成类型齐全、分布合理、面积适宜、建设与管理科学的自然保护区网络。加强水资源保护和水环境综合治理，推进中小河流综合治理，强化重要水源涵养区和饮用水水源地保护。建立土壤污染防治和修复机制，抓好森林、湿地、湖库等重要生态系统以及生态脆弱地区保护修复。在优化结构、提高效益、降低消耗、保护环境的基础上，积极推进湖南民族地区工业化、城镇化、信息化，适度集中人口、

---

① 〔美〕R. M. 基辛. 文化·社会·个人［M］. 甘华鸣，译. 沈阳：辽宁人民出版社，1988：151.

集聚产业，着力提高综合承载能力。不断优化农产品主产区农业产业布局，积极发展高效经济林，促进花卉苗木、中药材、特色水果等农产品生产，推进现代生态农业发展。加强对重点生态功能区保护与建设，依法禁止任何破坏性开发活动，控制人为因素对自然生态系统的干扰，努力实现污染物零排放，不断提高生态环境质量。

第三节　教育因素

教育既可传递人类知识，也可扩散新的文化取代旧有传统，教育是传承文化、促进文化与旅游融合发展的重要力量。"政治、经济和文化等社会因素制约教育的发展，社会经济发展必然促进教育的发展，而教育发展又必然会促进文化的发展。"① 教育的社会功能必须通过人的培养来实现，通过教育使受教育者具备一定的思想、道德、知识、能力，成为能参加社会经济、政治与文化活动的合格主体，从而发挥教育的社会功能。目前，湖南民族地区年轻一代大多宁愿到城里打工也不愿留在封闭的湖南民族地区村寨。经常在城镇生活的年轻一代对传统文化逐渐淡化，他们一般不会主动学习和传承本民族的文化。由于经济条件的限制，很多家庭没有能力继续供孩子读高中或大学，大多数孩子只能选择外出打工，因此，年轻一代受教育程度普遍较低，这也造成了其自身没有意识到传承本民族文化的重要性，导致文化传承出现危机。在当今湖南民族地区，学校是主流文化的传播阵地，学校教育在传播主流文化方面起到了前所未有的重要作用。村民们也可以通过学校知晓外面的社会、了解主流价值取向、学习主流社会知识。学校教育对湖南民族地区的发展至关重要。我国高等教育的大众化，推动了现代文化在湖南民族地区乡村的传播和应用，年轻一代是现代文明在湖南民族地区乡村的主要传播和践行者。

大力培养和引进创新型人才，大力发展湖南民族地区高等教育，进一步完善持久性人才政策和人才引进、评价、培养、使用、激励机制，努力培育和引进一大批创新型优秀人才。加大创新创业政策支持力度，加大财政资金引导力

---

① 杜学元．试论教育与文化变迁的关系［J］．四川师范学院学报，1989（5）．

度，完善创业投融资机制，降低创新创业门槛和风险，努力形成有利于创新创业的良好环境。构筑开放开发高地。主动对接"一带一路"、长江经济带、北部湾经济区、西部大开发、武陵山片区区域发展与扶贫攻坚、"一带一部"、湘黔战略合作、湘西地区开发等国家和湖南省重大发展战略，积极参与国际竞争与区域合作，推进全方位、多层次、宽领域的对内对外开放。依托主城区、火车站、飞机场、经开区，设立综合保税区、海关和外贸口岸，创新通关模式和转关机制，完善综合保税功能，打造集口岸作业、保税物流、保税加工、国际贸易、综合服务等功能于一体的海关特殊监管区和国际经济合作平台。着力发展对外贸易，开拓国际贸易通道，畅通南下广西、广东出海通道。全面扩大招商引资，坚持国资、外资、民资并重原则，积极引进央属企业、省属大型国有企业，大力引进产业关联度大、技术含量高、辐射带动力强的重大项目，进一步调整优化产业结构。

确保人才供给，按照整体规划、要素互补、单体联动、规范有序的基本原则，消除湖南民族地区行政壁垒与人为障碍，鼓励并支持异地旅行社按有关规定在当地开办分支机构，积极培育核心旅游企业，加快推进区域旅游产业集群化进程。兴建湖南民族地区旅游电子商务平台，全面开放并对接旅游市场与服务，集中发布和推介旅游产品。健全湖南民族地区各主要旅游景区景点的旅游专业气象、地质灾害等监测预警预报系统和紧急救援体系，推进旅行社责任险和游客意外险改革。开展旅游行业服务与管理标准化体系建设，加强湖南民族地区旅游市场的统一监管与联动执法，维护旅游消费者和旅游经营者的合法权益。

第四节　管理因素

为了吸引更多的游客，在对市场了解不足的情况下，一些地区存在重复开发的现象，以新景点开发最为明显，缺乏创新。有的地区，一些开发商不顾旅游市场的整体利益，缺乏长远的眼光和全局化视角，开发了一系列粗制滥造、滥竽充数的外围景点和项目，破坏了湖南民族地区的品牌形象。而真正的精品旅游项目和景点却因宣传不足，而不被人所熟知。有的景区管理力度不够，基础设施不够完善，使湖南民族地区旅游资源受到了一系列挑战。因此，应全面提升湖南民族地区旅游景区的管理力度，加强对湖南民族地区旅游风景区建筑物以及相关产业的管理与监督。要完善湖南民族地区旅游公共服务体系，健全基础设施建设。另外，湖南民族地区旅游开发中还存在对自然景观的开发方式不科学，对人文资源的挖掘不足等问题。比如，自然资源的发掘大部分还停留在观光旅游的层次上，而对其科学文化内涵的挖掘明显不足，大部分仅是为向游客呈现自然风光，或者是加入灯光等人为因素加以修饰和渲染，而不去深度挖掘和描述其科学成因。再比如，强行赋予自然资源以文化含义，强调附会文化，以"像什么"和编创神话传说来吸引游客注意力，或不科学的开发利用导致张家界自然资源遭受破坏等。除了对自然旅游资源开发方式不科学外，人文资源的发展也因为投资大，成效慢，难以抓住旅客的注意力而被搁置。

强化政府主导、业界作为，全方位发挥湖南民族地区旅游资源的整体优势，推介和提升湖南民族地区文化生态旅游的品牌魅力，注重观光旅游产品控制性开发，加速休闲度假旅游产品规模性开发，推进湖南民族地区旅游产品高规格开发，鼓励节庆、休闲、疗养等旅游产品的创新开发，引导其他旅游产品体系辅助性开发，择机适时推出并上市旅游资源品与权益品期货。科学指导重点景区的旅游发展，加快重点景区及周边区域的环境整治与资源保护工作，高质量完成景区净化工作，打造良好的旅游环境。以改善交通、卫生等基础设施为先导，加强餐饮、住宿、购物等配套设施建设。构建具有吸引力的旅游活动和商品体系。加强村寨之间的旅游公路建设，道路修建按风景道标准进行建设，要构建多样化的旅游交通体系，让道路本身也成为一种风景、一种体验。增进景区之间的联动，便利线路整合和旅游品牌的提升。大力加强市场营销，改变市场知名度弱势的基本状况。完善重点景区的解说系统建设，对重点景区建设项目给予政策上的优惠和倾斜。

第五节　利益相关者因素

旅游活动中主要的利益相关者包括中央和各级政府、旅游企业、旅游者和当地居民。

一、中央和各级政府

旅游业发展对湖南民族地区经济增长有着不可替代的作用，中央和各级政府一直非常重视，并给予了湖南民族地区旅游业的发展极大的政策和资金支持。比如，西部大开发政策和战略的实施就对湖南民族地区旅游业的发展产生了重大作用，极大地改善了民族地区旅游的可进入性。在支持湖南民族地区旅游业发展的同时，中央和各级政府也通过立法、税收和行政管理等形式对旅游景区的开发及经营行为提出了严格要求。如在环境问题上，全国人大常委会先后通过了《清洁生产促进法》和《环境影响评价法》，把全程控制的环保模式以国家法律的形式确立下来，确保其贯彻实施，为防止因重大决策失误造成对环境的破坏提供法律保障，有利于防止景区规划中的短视行为，减少景区开发过程中生态环境遭破坏的可能性，党的十八大报告更是突出了生态文明建设的地位。①

二、旅游企业

旅游企业是能够以旅游资源为依托，以有形的空间设备、资源和无形的服务效用为手段，在旅游消费服务领域中进行独立经营核算的经济单位，包括旅游开发公司、旅行社、宾馆、餐馆、旅游商店、运输公司、旅游景点、娱乐场所等。它们利益诉求的重要目标就是追求经济利益，但同时它们也给旅游开发区带来了不小的收益。它们对旅游资源和生态环境的依附性很强，因为旅游资源的优势、优良的生态环境和人文环境是旅游企业赖以生存和发展的根基。但在实践中，由于旅游企业受逐利动机驱使对资源采取掠夺性开发、对旅游景区进行粗放式管理，反而造成对生态的破坏、环境的污染、风俗的同化变异等使旅游资源遭到破坏甚至消失。

三、旅游者

旅游者是旅游活动的主体，是旅游资源的主要消费方。旅游资源的可观赏

---

① 林龙 . 论环境污染事件受害者利益表达机制的困境及对策 [J] . 西华大学学报（哲学社会科学版），2013（1）：97 – 101.

性和不可替代性是旅游者关注的问题。旅游者在享受旅游资源的同时，由于个人习惯与素养等原因，也对旅游资源和生态环境造成一定的破坏，如损毁景观、随意丢弃垃圾、践踏植被、随地便溺、采摘植物、污染水体等，旅游资源和生态环境遭受破坏后反过来又影响游客感官，使其旅游兴致降低。

四、当地居民

旅游资源、生态环境和当地居民是共存共荣的关系，当地居民是湖南民族地区旅游资源的一部分，他们以独特的民俗、服饰、原汁原味的文化氛围和生活场景融入湖南民族地区旅游资源景观中。当地居民对旅游资源和生态环境既爱又恨，因为一方面游客的增加使得当地的经济增长，当地居民收入也得到增加，因为旅游业带来了大量的就业机会和附属产业，如民间小吃、艺术品、纪念品等，当地居民感激旅游资源和生态环境带来的经济实惠和收入增加；但另一方面游客也成为旅游资源和生态环境的受害者和破坏者，旅游资源的过度开发让当地居民失去了世代赖以生存的生态系统，也对当地居民生活造成干扰，发展旅游带来的社会成本上升，如物价上涨、交通拥挤、环境污染。可反过来说，当地居民在从事附属产业时也产生一些破坏生态环境的行为。①

---

① 纪金雄，陈秋华. 生态旅游利益相关者共生机制研究［J］. 现代农业，2009，6（6）：109－111.

第六章

湖南民族地区文化与旅游融合发展的案例

目前，湖南民族地区文化与旅游融合发展正在朝着高质量方向发展。然而，由于地理条件的差异，各地文化与旅游融合发展的内容各有侧重。比较分析湖南民族地区各地文化旅游的形成过程，对其成因及特征形成影响较大的因素是区位因素。如何构建文化旅游布局模式，在湖南民族地区文化与旅游融合发展过程中作用重大。湖南民族地区文化旅游根据其资源特点及所开展的文化旅游活动的内容可分为如下一些模式。

第一节 跨区域文化与旅游融合案例

湘黔桂三省坡边区是长江水系和珠江水系的分水岭，土壤、植被、动植物种类、出产和气候等自然条件相同，侗族人民均使用侗语南部方言，社会发展状况相同。新中国成立前普遍按款规规范社会生活，风俗习惯和其他传统文化也十分近似，历史上侗乡曾打破区乡县地域界线联款，或联合反抗民族压迫斗争。这个区域的侗族人交往频繁，每年三省坡歌会、六月六歌会、大戊梁歌会、三月三歌会、三江花炮节、贵州侗族大歌节等都有三省区（湘黔桂）境内上万余侗族人参加。甚至通婚、结友、村寨互访，也都没有省境或县域的限制，民族团结传统由来已久。

三省坡，又称基拉维山，侗语称为弄基拉维，意为水牛骨岭山脉，坐落在贵州、湖南、广西三省（区）交界处。云雾缭绕的三省坡充满了神秘感。弄基拉维被称为侗族的"香格里拉"，三省坡是侗族人民的精神家园，侗语称为"隆基拉维",顾名思义既整个片区就像一头水牛的骨架,头部朝向黎平水口地区,尾巴在湖南广西边界,卫达唐奥湖处于膀胱位置,主峰隆布萨维刚好位于牛脖子上。本课题所指三省坡侗族原生态文化区是指湘桂黔三省(区)交界地区以三省坡为中心的湖南省的通道侗族自治县、靖州苗族侗族自治县,广西壮族自治区的三江侗族自治县、龙胜各族自治县,贵州省的黎平县、从江县和榕江县这七个县所辖区域,面积20431平方千米,人口近220万,其中主体人口侗族约占54%。区域内以活态存在并一直传承的非物质文化遗产,包括三个方面:四级(国家、省、市州、县)非物质文化遗产名录项目、文物保护单位和自然保护区(单位)。三省坡被喻为侗族"圣山",该区域文化以侗族文化为主,区域内侗族人民交往频繁,团结一致,自古迄今是"山同脉、水同源、语同音、俗同形、人同心",是侗族传统文化保存得最好、最完整的地区。

三省坡上有一个人工湖,名为天湖、天鹅湖,侗语称"卫达唐奥",意为大山坳中间的水库之意。湖水清幽,湖上还置有游艇,可供人们游览高山平湖风光,夏秋时节,游泳爱好者在湖里开展多种比赛和泅渡等活动。三省坡区域植物丰富,阔叶树成林,牧草茂盛,树种繁多,有大量的栲栎树类树木,还蕴藏有国家二级保户树种伯乐树、马尾树,三级保护树种白辛树、红花木莲、凹叶厚朴等珍贵树种。山中中草药材丰富,人们经常采集的有勾藤、厚朴、灵芝、桂皮、百味莲、独角莲、九牛胆、断续等几十种。三省坡风光独特,坡顶有一道十分罕见的大自然奇景——天然"长城"。天然"长城"为三省坡顶裸露的岩石山脉,其出露长度达300多千米,高度为10—30米。层层叠叠的巨石之上,怪石嶙峋,危崖兀立,错落有致,浑朴自然,初看似人为设计、垒砌,实则自然天成。同时,三省坡还是一座文明的山坡,蕴藏着丰富灿烂的侗族文化,它既是侗族历史的发源地之一,也是侗族传统文化保持最为完整的"圣地",更是侗族原始生态旅游的一颗亮丽明珠。

在旅游资源方面,桂黔湘边区的旅游资源既存在共性,同时又具有互补性。共性方面,由于大部分人口都是侗族,鼓楼、风雨桥、大歌等传统文化成为桂黔湘边区吸引海内外游客的主要因素,是这一区域主要的旅游资源。在互补性方面,龙胜县以梯田和温泉著称,侗族文化旅游资源并不是其拳头产品;三江县以保存有历史的侗族文化旅游资源为特色;贵州的侗族文化资源丰富,素以"侗都"自誉;而湖南通道在皇都侗文化村、芋头古侗寨之外,另有龙底漂流、万佛山等自然旅游资源作为其主打产品。旅游资源的共性是该区旅游业作为一个整体联动开发的基础条件，资源的互补性则为旅游产品的多样化和产品组合的多元化提供了充分的条件，为避免区域内产品雷同现象的反复出现提供了可靠的保证。

三省坡坐落于湘桂黔三省（区）交界，素有"一脚踏三省"之美誉，平均海拔1000多米，属高寒山脉，常年云雾缭绕风光独特。三省坡东面的湖南省通道独坡镇因地制宜地对其进行开发和保护，将杜鹃花节、三省坡歌会等活动与三省坡品牌进行深度融合推广，吸引了全国各地大批游客慕名而来。

目前，三省坡生态公园和大型风电场项目正在逐步规划建设中，三省坡的品牌效应正日益凸显，必将为全面深化美丽乡村建设，助推乡村振兴发展和民族团结提供新样本。

文化旅游促进了民族团结，目前，三省坡边区结合当地的生态环境、侗族民俗文化、传统手工艺品等丰富资源，进行整体开发，将三省坡边区打造成了一个侗文化集中展示区。围绕文化旅游产业，进行种、养、加工以及开办客栈、农家乐的就有100多户。经济发展起来后，不少外出打工的年轻人也回来了。侗乡的久远历史、深厚文化、淳朴民风、优美生态以及越来越便利的交通条件，有利于打造特色文化生态旅游。随着湘黔桂三省坡侗族文化生态保护试验区的不断推进，地处大湘西、大桂林以及黔东南旅游圈的侗乡，一定会迎来更加美好的未来。

第二节 雪峰山文化旅游案例

文化需要传播，旅游需要文化，这种联系，就为相互融合提供了可能。雪峰山文化有四个特点：神秘性、多样性、观赏性和经世致用性。这些特点，能满足游客的多种文化需求，如知识、趣味、视觉冲击以及猎奇等方面的需求，能使旅游产生兴趣和爱好，能吸引游客的关注和向往。有了游客，又有文化，融合发展就能够实现。枫香瑶寨，地处溆浦穿岩山国家森林公园内。雪峰山深处的无边际泳池，算是近一两年兴起的"网红"景点了。因为露天建在山坡岩壁上，在这仿佛没有边际的泳池里游泳，环顾四周都是翠绿丛丛，天离得都格外近，游至边际，环绕四周的高山、峭壁、流水、云雾都扑面而来。时间慢慢流淌，整个午后都泡在这无边际的高山泳池里，让人感到惬意。当夜幕降临，游泳池周边整个灯光打开，这里又变得炫目而迷人。

一、雪峰山文化的神秘性

一处景观或一种文化，能蒙上一些神秘面纱，对于满足游客的猎奇心理，很有好处。雪峰山文化的神秘性主要体现在两部分。一部分是巫傩文化。巫傩文化是雪峰山区的一种古老文化，它与人类敬畏天地鬼神有关，是人类灵魂联系天地鬼神的桥梁。巫傩文化在我国南方多有存在，但以雪峰山区氛围较浓而为世人瞩目。它以"老司还愿"的形式实现天人沟通交流对话，也有以"贡仙"的形式使神灵附体解答人间疑惑。它还有赶尸、放蛊、迷药、辰州符、上刀山、下油锅等"法"文化，使巫傩文化蒙上神秘色彩。另一部分是梅山文化。梅山文化是雪峰山区的一种独特文化。在现代地理学概念以前，雪峰山脉中部的溆浦、隆回、新化、安化地带，都统称大梅山。梅山文化的形成，可能与上古人类狩猎有关。梅山人本着对天地万物的敬畏，在狩猎生活中，他们也始终不忘对天地万物的感恩，终慢慢形成梅山教。梅山教敬奉的祖师为张五郎。梅山教形成后，梅山人凡有狩猎活动，必先敬请五郎神。特别是以狩猎为生的职业人如虎匠，就必须严格遵守梅山教规。而后，梅山教又与巫傩的法术结合，形成梅山法。梅山法包罗万象，有很多外人莫知的神秘技艺。

二、雪峰山文化的多样性

雪峰山文化的内涵非常广泛，既有原生文化，也有外来文化。原生文化有高庙文化、稻作文化、巫傩文化、梅山文化、民俗文化、民族文化、红色文化、抗战文化以及儒教、道教、佛教文化等。外来文化主要是西方文化，其中最突出是国际化的工业文化，其影响力之大，已深入人们生活的方方面面。对于游客的各种文化需求，应根据实际情况具体对待。比如，游客喜欢餐饮，雪峰山也有饮食文化，包括"茶""酒""菜"文化。茶有茶文化，雪峰山有穿岩山天目茶、溆浦瑶茶、安化黑茶、沅陵碣滩茶。酒有酒文化，雪峰山有猎户酒、NA-NA酒、苞谷烧、黄酒。菜有菜文化，雪峰山菜属湘菜系，但与湘菜又有区别，有新晃黄牛、辰溪毛狗、溆浦鹅、芷江鸭、龙潭腊八菜等，还有大量山里野生的时令小菜。游客在餐饮时，直接感受到的只是一种味觉享受，其文化含量则是在制作背后的工艺过程。

三、雪峰山文化的观赏性

文化和旅游相融合的发展思路，就是让游客既饱览自然风光，又欣赏更多人文景观。雪峰山文化资源中能用于游客观赏的内容很多，主要有戏剧、歌舞、民俗等。雪峰山区戏剧也很多，有花灯戏、木偶戏、巫傩戏、阳戏等，观赏形式可以在舞台上表演，也可宴会上表演，还可以在节庆活动上表演。歌舞方面也有多种表现形式。歌的方面有一般性歌会和特殊性歌会。一般性歌会用于闲暇之余或节庆活动，特殊性歌会用于青年男女唱情歌恋爱场合。如隆回虎形山花瑶青年男女唱情歌恋爱就有专门的对歌台。舞蹈多用于宴会场合或篝火晚会。民俗文化中的舞龙灯和赛龙舟，也是很受游客喜爱的传统活动。中国人是龙的传人，喜龙爱龙亲龙，对龙情有独钟。在雪峰山中的龙潭古镇，至今保存有20多种龙灯。每年从正月初二出灯，一直舞到正月十五收灯。另外，凡有重大活动，龙潭人也要舞龙灯助兴。在沅水流域的雪峰山人，都喜欢赛龙舟。但他们赛龙舟跟端午节关系不大，因为时间节点不同，他们赛龙舟时间为农历五月十五，据说跟纪念屈原有关。每年龙舟开赛之际，外出打工的青壮年劳动力，都会不远千里赶回家乡，他们的心中就只一个信念，"能输一丘田，不输一条船"。龙舟开赛，大河两岸，观者云集，游人如潮。

四、雪峰山文化的经世致用性

雪峰山文化是湖湘文化的重要组成部分，它的精髓与湖湘文化一脉相承。湖湘文化的精髓是经世致用。雪峰山东西麓地区的魏源和舒新城，就是雪峰山文化经世致用的典型代表。魏源提出"师夷长技以制夷"，就是告诫大家，为学就要学别人的长处，要学有用的，且学了就要用。舒新城的"一丝不苟，字斟句酌，作风严谨"的辞海精神，则强调要埋头苦干，付诸实践，为社会大众服务。经世致用的湖湘文化，在近代为推动中国的社会变革发挥了巨大作用。曾经，雪峰山区成长起来的英雄儿女，用自己的经世致用之学，积极参与改变中国命运的社会变革，为国家为民族做出了巨大贡献。现在，我们把雪峰山文化的经世致用性，以旅游的形式推给游客，想必游客也非常欢迎。

五、雪峰山文化和旅游融合发展的基本路径

文化和旅游可以融合，但具体怎么融合，就需要不断探索和实践。为此，本书提出以下路径。

（一）故事与演绎融合

这里说的"故事"，是指当地流传下来的一切文化成果；而这里讲的"演绎"，指的不是逻辑推理方法，而是指把故事"展现"出来。中华民族历史悠久，角角落落都有历史故事，每个故事都有文化内涵。但如果不能很好地将其展现出来，只是口口相传，那就不是文化与旅游的融合。文化与旅游要融合就必须有展现、有演绎，而展现演绎又需要人去做，有些还需要专业人士去做。因此，做好文旅融合，还需要文化专业队伍。演绎展现的方法很多，具体说，对于历史故事、民间说唱艺术，可以著书立说，也可以做成戏剧搬上舞台，还可以做成歌曲、舞蹈进行表演；对于传统的农耕生活，传统劳动工具和工艺可以直接做成旅游项目，如民俗馆或各种体验类民俗活动；对于其他各种文化现象，都可以整理成文，有些也可以做成项目或产品进行演绎展现。总之，要让历史文化通过项目演绎，使游客受到教育得到享受。

（二）历史与现代融合

由于历史和地理的原因，雪峰山区保留了很多不为外界所知的文化现象，如巫傩文化、梅山文化，还包括一些农耕文化、民俗文化。过去这些文化与人们日常生活息息相关，是大众化的文化。但随着时代的发展，当今人们的生活方式发生了颠覆性的结构改变，过去常用的文化现象，现在很多已脱离了人们的日常生活，并进入被淘汰的边缘，或被尘封于历史的陈迹之中。但从旅游的角度看，这些资源是老祖宗留下的宝贵财富。虽然现在它们的使用价值少了，但文化价值仍在，旅游作用很大。现在有很多人，当他们静下心来，往往会怀念、追思过去，人们在技术落后物资匮乏的年代，是怎样度过艰难困苦的沧桑岁月。如果我们现在将这些历史文化与现代旅游结合起来，做成旅游项目，打造成人文景观，如巫傩故事、梅山狩猎等，让今天的人们在休闲游览中去感受昔日的生活风采，应会大有市场。

（三）本土与国际融合

当今，随着交通和通讯的迅猛发展，科学技术不断进步，人类活动全球化

趋势正在不断加快。因此，旅游观光业的发展必须放眼海内外，在文化项目打造上必须与国际相融合，与国际化接轨，这是时代发展的客观必然。根据湖南全域旅游"板块说"和建设"锦绣潇湘·神韵雪峰"的设想，雪峰山旅游的发展目标应为国际化的旅游目的地。那么，雪峰山文化与国际融合的要求就更加紧迫。因此，就必须在文化产品体系的优化、营销理念的转变、目的地管理的强化、无障碍服务体系的打造以及综合素质的培养等方面，加大与国际化水平的对接，以充分发挥雪峰山文化的作用，并进而根据世界不同人群，有针对性地打造不同文化产品，如美食、中医药、康养、休闲、山地度假等旅游项目，推动雪峰山文化的国际化融合，实现雪峰山文化的国际化表达。

（四）开发与保护融合

开发与保护相融合，实际上就是要做到开发和保护相兼顾。首先，在开发方面，一定要明确哪些可以开发，哪些不能开发。不能为开发而开发，更不能破坏性开发，其中包括过度和过滥开发。比如，巫傩文化、梅山文化，开发一些能寓教于乐的表演项目。其次，在保护方面，不能过于保守，什么都当作"禁区"。我们总结历史上一些被淘汰的文化现象，其原因就是不适用了才最终被淘汰出局。所以，利用才是最好的保护。比如，花瑶"非遗"项目的"呜哇山歌"和"花瑶挑花"，就必须要很好地开发和利用，这样才能最有效地保护"非遗"。又如，农耕文化，现在人们的日常生活与传统农耕文化渐行渐远，要想不被历史遗忘，也唯有加强开发和利用。

（五）运作与市场融合

我们讨论文化和旅游相融合，其目的是推动文化和旅游事业的共同发展。而文化和旅游事业的发展，又需要大量资金投入。雪峰山地域广大，文化资源丰富，要解决这一难题，就必须发挥市场的资源配置作用。在方法上加大市场融合，运用市场手段，化解资金难题，使文化与旅游的同步发展。同时我们还要看到民营企业在旅游事业发展中的生力军作用，要坚持"市场主导、民营主体"的格局，让民营企业在旅游事业中大显身手，从而走出一条文旅融合快速发展的大道。

六、雪峰山文化和旅游融合发展的深刻含义

湖南旅游"五大板块"确立后，湖南中部旅游的地位和作用就一下子凸显

出来，雪峰山文化和旅游融合发展的意义也就更加深远。

（一）有利于助推国家实施乡村振兴战略和区域协调发展战略

党的十九大报告提出"实施乡村振兴战略"和"实施区域协调发展战略"。这两个战略具体落实到雪峰山区，就与雪峰山旅游密切相关。首先，乡村振兴战略指出："促进农村一二三产业融合发展，支持和鼓励农民就业创业，拓宽增收渠道。"可以看出，农村不仅只发展农业，二、三产业也要融入农村发展。旅游业作为第三产业，融入乡村振兴战略，则具有天然的融合力。雪峰山区大力发展全域旅游、乡村旅游、田园综合体、农家客栈、农家乐等，能很好地拓宽增收渠道，使农民群众在不脱离土地的前提下，很好地实现一、三产业融合发展。其次，实施区域协调发展战略。雪峰山既是贫困地区，也是民族地区，还是革命老区，是经济落后地区。雪峰山区要摆脱贫困落后面貌，走区域协调发展之路不失为一条重要路径。目前，沪昆高铁贯通雪峰山区，长株潭以及长三角、珠三角等沿海大城市与雪峰山的空间距离大大缩短，雪峰山成了长株潭的后花园，城市与山区的融合大大加强。甚至连香港游客也只用 5 小时的高铁旅程便可到达雪峰山腹地，快捷便利的交通为跨区域协调发展奠定了良好基础。因此，把旅游作为抓手，将大大有利于雪峰山区推动实施乡村振兴战略和区域协调发展战略的不断深入。

（二）有利于中华传统文化的繁荣兴盛

文化是一个国家、一个民族的灵魂。文化兴则国运兴，文化强则民族强。没有高度的文化自信，没有文化的繁荣兴盛，就没有中华民族的伟大复兴。地方文化是国家文化有机构成，国家文化的繁荣离不开地方文化的兴盛。雪峰山文化资源丰富，这是国家和民族的宝贵财富。但近些年来，由于人们生活习惯的改变，很多传统文化都有面临失传的危险，这是一个值得高度重视的问题。为保护传统文化，国家大力实行"非遗"保护措施，但要从整体上解决传统文化的保护问题，则明显存在很多困难。现在，我们开发雪峰山旅游提出文旅融合发展之路，让雪峰山文化与雪峰山经济实现共同繁荣，这是一个振兴和保护地方文化的好举措。雪峰山文化和旅游融合发展，首先就要做好雪峰山文化的收集、挖掘、整理、保护工作。这些都是基础性的工作，也是确保传统文化兴盛的必要环节。其次是要做好雪峰山文化的开发利用工作。我们将传统文化资源转化为旅游产品，形成"文化促旅游，旅游带文化"的局面，从而使雪峰山文化长期流传下去。这实际也是在为振兴繁荣中华传统文化添砖加瓦。

（三）有利于湖南扶贫攻坚战役的顺利完成

旅游大开发为湖南扶贫攻坚找到了一个有力抓手。旅游扶贫是在农村开展的第三产业扶贫，是有就业门路和有稳定收入的扶贫。而文旅融合发展的旅游之路，更是将旅游扩展到文化领域，门路更宽，业务更多。文旅融合思路，有助于湖南扶贫攻坚战役顺利完成。

第三节　张吉怀精品生态文化旅游经济带建设案例

生态文化是由特定的民族或地区的生活方式、生产方式、宗教信仰、风俗习惯、伦理道德等文化因素构成的具有独立特征的结构和功能的文化体系，是代代沿袭传承下来的针对生态资源进行合理摄取、利用和保护，能够使人与自然和谐相处，可持续发展的知识和经验等文化积淀。地处武陵山片区的张家界市、湘西自治州和怀化市三地市地缘相邻，文脉相承，风情相通，形成了以土家族、苗族、侗族、瑶族历史文化为特色的多民族地域文化，民族风情浓郁，生态文化旅游资源丰富多彩、各具特色。这为打破行政区划的限制，整合旅游资源，打造张吉怀精品生态文化旅游经济带提供了基础条件。张家界市、湘西自治州和怀化市三地市地域内峰峦叠嶂，山高谷深，是全国重要的生态功能区和资源富集区。该地域具有丰富的生态资源、生物资源、矿产资源、能源资源、旅游资源和少数民族文化资源。近年来，在当地党委、政府的正确领导之下，该地域人民群众励精图治、务实奋进，发展步伐明显加快，经济总量大幅增长，基础设施不断完善，人民生活逐年改善，区域影响日益扩大，由过去的蛮夷之地、贫穷之乡成长为中国极具发展潜力的希望之地。然而，由于受多方面因素的制约，该地域长期处于贫困落后状况，经济社会发展一直处于低位运行阶段，与其他地区的差距更呈现越来越大的发展趋势，扶贫攻坚仍需努力。张吉怀建设精品生态文化旅游经济带建设既能提供大量就业机会，又能带动建筑、物流、交通、金融、通信、娱乐、饮食及文化等相关产业发展，促进张吉怀旅游产业结构升级和地方经济的发展，从而帮助张吉怀地区居民快速增收脱贫致富，促进张吉怀地区经济社会全面发展。张吉怀精品生态文化旅游经济带建设有利于加快张家界市、湘西自治州和怀化市三地市经济社会发展步伐，促进各民族共同团结奋斗和共同繁荣发展。

二、张吉怀精品生态文化旅游经济带建设的生态资源禀赋

生态环境是影响人类与生物生存和发展的一切外界条件的总和，包括生物因子（如植物、动物等）和非生物因子（如光、水分、大气、土壤等）。张吉怀三地市处在武陵山脉和雪峰山脉之间，沅水自南向北贯串全境，高山、丘陵、盆地、溪河、森林等，天工布局，自成体系，形成了最适宜人类生息的神秘地带，且自然资源、物产资源极为丰富，森林覆盖率远远高于全省、全国乃至全球平均水平。怀化生态资源种类总体上可分为以下四种类型。

一是山地型生态资源，指以山地环境为主而建设的生态旅游区。适宜开展科考、登山、探险、攀岩、观光、漂流、滑雪等活动。

二是森林型生态资源，指以森林植被及其生境为主而建设的生态旅游区，也包括大面积竹林等区域。适宜开展科考、野营、度假、温泉、疗养、科普、徒步等活动。

三是湿地型生态资源，指以水生和陆栖生物及其生境共同形成的湿地为主而建设的生态旅游区，主要指内陆湿地和水域生态系统，也包括江河出海口。适宜开展科考、观鸟、垂钓、水面活动等。

四是人文生态型生态资源，指以突出的历史文化等特色形成的人文生态与其生境为主建设的生态旅游区。主要适宜历史、文化、社会学、人类学等学科的综合研究，以及适当的特种旅游项目及活动。

良好的生态环境，对人的身体健康，具有重要意义。空气清新、阳光充沛、水质甘醇、气候宜人、树木茂盛、环境幽雅将会非常有利于改善和促进人的健康发展。当地居民农村人口恰恰具有理想的、得天独厚的居住环境，当地人口一般都会选择依山傍水的地势建筑住宅，而茂密的树林，可减少阳光的强烈辐射，降低气温，调节气候，且绿树成荫，鸟语花香，能使人感到心旷神怡，使自己与大自然完美融合，身心愉悦；其中山地的山泉清澈甘洌，终年不断的，并含有大量的有利于身体健康需要的矿物质。如麻阳苗族自治县的"西晃山"远近闻名，当地有句俗话是"麻阳有座西晃山，离天只有三尺三，人过要脱帽，马过要卸鞍"，而"西晃山"的山泉水更是人人皆知。据中国科学院地理科学与

资源研究所环境地理与人类健康研究室做出的一份检验报告显示，"西晃泉水厂所测水样的检测项目均符合国家饮用水标准，水样中含有人体必需的一些常量及微量元素，如 K、Ca、Na、Mg、Li、P、S、V、Sr、Se、Cu、Zn、Mn、Al、Fe 等，其有害元素，如汞、砷、镉、铅、铬等远低于国际规定的标准限值。根据分析结果，所测水样为优质饮用水，长期饮用对人体健康十分有利。"而空气清新、环境幽雅的户外更有利于负氧离子的产生和生存。区域内空气清新、阳光充沛、树木葱郁、环境幽雅，具有负氧离子产生和较长时间生存的自然环境。良好的生态环境还有助于人的延年益寿。以麻阳苗族自治县为例，生态环境良好，山清水秀。从地图上看，麻阳县西、南、北三面都是高山环绕，东面的地势由高向低过渡，地貌形状恰似一朵含苞待放的莲花，圣洁、美丽而又充满诱惑；无独有偶，独具特色的地理环境、天人合一的人文环境，将麻阳县这方热土铸造成了"中国长寿之乡"。据相关统计数据显示，麻阳县 37 万人中，60 岁以上的人口有 48320 人，占麻阳县总人口 13%；80—99 岁的老年人口有 5430 人，占麻阳县总人口 1.46%；100 岁以上的老人有 45 位，占麻阳县总人口的 0.011%。麻阳县人均寿命为 75.6 岁，是一个名副其实的长寿之乡。

张吉怀三地市区域内自然风光优美，生态环境良好、历史文化厚重、民族风情浓郁，是中国"绿色生态优质区、自然物种密集区、历史文化沉淀区、山水风光富集区"，拥有大量具有唯一性、独特性、创新性和创意性的旅游资源。如怀化市以洪江古商城、黔阳古城、夜郎古国、荆坪古村、高椅古村、皇都侗寨、芋头侗寨等资源为依托，打造独具魅力的生态文化旅游目的地和贯通南北的旅游大通道。复合型的自然与文化旅游景观、名人资源与历史大事件所形成的旅游资源，由于地域性强，稀缺高，是独特和唯一旅游资源，为怀化提供了一个创意旅游资源、开发旅游产品的良好平台，并涌现出一批极具创意性的旅游资源和产品。依托原有的生态文化旅游资源，为张吉怀精品生态文化旅游注入创新性元素，改变其组合方式，可获得价值提升的新旅游资源。

三、张吉怀精品生态文化旅游经济带建设的民族文化优势——以怀化为例

文化是人类文明进步的结晶，是推动人类继往开来、与时俱进的强大精神力量。随着时代的进步，文化对经济的促进作用越来越突出。怀化市民族文化优势在经济社会发展进程中的地位和作用越来越明显。因此，在精品生态文

旅游经济带建设中，必须高度重视民族文化建设，摆正民族文化的位置。

（一）怀化市少数民族人口及其分布

怀化市民族地区①面积 1.79 万平方千米，占全市的 65%，是湖南省真正意义上的民族大市，民族地区经济发展事关全市发展大局。据怀化市 2010 年第六次全国人口普查统计，怀化市常住总人口为 4741673 人（含其他未识别的民族人口和外国人加入中国籍人口），比第五次全国人口普查的 4639738 人增加 101935 人，全市常住人口共有 39 个民族，其中少数民族 38 个，少数民族人口 1832099 人，比第五次全国人口普查的 1793961 人增加 38138 人，少数民族占全市总人口比重为 38.63%，比第五次人口普查的 38.67% 减少 0.04 个百分点，汉族占全市总人口的比重比 2000 年第五次人口普查的 61.33% 增加 0.03 个百分点，表明怀化市少数民族人口的增长速度低于汉族，与全国相比，汉族人口 10 年增长 5.74%，各少数民族人口 10 年增长 6.92%，全国少数民族占总人口的比重为 8.49%，怀化市少数民族人口增长速度不是在增加，而是在减少，但少数民族占总人口的比重仍然高达 38.63%，高于全国，说明怀化市仍然是一个少数民族人口大市。

怀化市少数民族人口虽有增加，但增幅不大，增长速度略低于汉族。从行政区划上来看，怀化市少数民族分布广泛，遍及全市 13 个县（市、区）。其中，少数民族人口 10000 人以上的有通道侗族自治县、新晃侗族自治县、芷江侗族自治县、靖州苗族侗族自治县、麻阳苗族自治县、会同县、沅陵县、辰溪县、溆浦县、洪江市、鹤城区等 11 个县（市、区），10000 人以下的仅有中方县和洪江区 2 个县（区），少数民族人口已遍布怀化各县（市、区），怀化市已成为真正意义上的民族大市。

从民族分布来看，怀化几个人口较多的世居少数民族分布广泛，侗族主要分布在通道、新晃、芷江、靖州、会同、洪江市、鹤城等县（市、区），苗族主要分布在麻阳、靖州、沅陵、洪江市、会同、芷江、新晃、通道、鹤城等县（市、区），土家族主要分布在沅陵、溆浦、芷江、鹤城等县区，瑶族主要分布

---

① 民族地区的概念分广义和狭义两种。广义的民族地区包括民族自治地方、少数民族人口较多的县区和民族乡，狭义的民族地区仅指民族自治地方。本书所指少数民族人口为怀化市的少数民族人口，所指民族地区为怀化市广义的民族地区。

在辰溪、溆浦、鹤城、中方、通道、洪江市等县（市、区）。

（二）怀化市丰富多彩的民族文化

文化资源有广义和狭义之分。广义的文化资源定义即普遍意义上的文化资源定义，是指人们在长期的历史发展中共同创造并赖以生存的一切文明成果的总和。这一成果包括物质方面的、精神方面的和介于两者之间的制度方面的成果。其中，物质方面的成果实质上就是人们在物质生产活动中创造的全部物质产品，以及创造这些物品的手段、工艺、方法等，包括人的衣、食、住、行、用所属的多种物品及制造这些物品的物品，如食物、服装、日用器物、交通工具、建筑物、道路、桥梁、通信设备、劳动工具等。精神方面的成果是观念性的东西，通常以心理、观念、理论的形态存在，包括两个部分。一是存在于人们心中的心态、心理、观念、思想等，如伦理道德、价值标准、宗教信仰等。二是已经理论化对象化的思想理论体系，即客观化了的思想，如科学技术、文学、艺术等。制度方面的成果是精神成果的外显，是人们反映和确定一定的社会关系并对这些关系进行整合和调控而建立的一整套规范体系，包括政权体系、法律法规等，如历史上少数民族的土司制、寨老头人制、合款制、各种规约等，又如党和国家按照马克思主义基本原理，结合少数民族的实际，建立的民族区域自治制度。狭义的文化资源专指精神创造，它着重人的心态部分。其实，人类文化很难将物质创造和精神创造截然分开，所有以物质形态存在的创造物，都凝聚着创造者的观念、智慧、意志，这些都属于精神的因素。而之所以提出狭义文化资源概念，就是要排除纯粹的物化自然世界，集中研究人类自身的心理状态。因此，狭义的文化资源也可以说是民族人文文化，是人们在长期的历史发展中经传承积累而自然凝聚的共有的人文精神及其物质体现的总和，包括科学技术、文学、艺术、思想道德、价值观念、宗教信仰、语言文字、风俗习惯、民间工艺等。怀化市居住着汉族、土家族、苗族、侗族、瑶族、白族、回族和维吾尔族等40多个少数民族。在民族分布上表现为土家居北、苗家居中、侗家居南、汉居各地、瑶族散少、多族杂居的特点。怀化市县区山水相连，自然条件相近，民族多样、经济相融、文化相通，民族文化丰富多彩。

怀化市在区位上具有北通巴蜀、南抵粤桂、西扼滇黔的优势，是出入滇黔的重要通道，是周边几省历代军运和商贸的交通要道。怀化市区域内水运航线在明清和民国时期达到极盛，木材、桐油、盐、药材、煤、粮食、棉花、矿产以及鸦片等物资每日在河道和码头川流不息；抗战时期，长江主航线被毁，隐匿于大山之间的沅水、辰水航线更是成为关系国家安危的生命线。怀化市区域内著名的水运码头、麻阳船、麻阳水手、麻阳号子、沅水号子、洪江商贸诚信守则、杨公信仰、伏波信仰，以及与水运有关的神话传说、歌谣舞蹈、民风民俗等，都是辉煌一时的水运交通的见证。

　　从远古时代就有人类在怀化市区域内定居、繁衍，至今已发现的旧石器与新石器遗址多达400多处，先秦时期文化遗址有700多处。靖州斗篷坡遗址、洪江高庙遗址、新晃高坎垅遗址、麻阳九曲湾古铜矿井遗址、沅陵黔中郡遗址、虎溪山西汉墓等古遗址、古墓葬的发掘证明了当时怀化市区域内的生产力水平并不亚于黄河流域和长江流域。唐代的龙兴讲寺、芙蓉楼、元代出土的侯王墓、明清时期的中方荆坪古建筑群、会同高椅民居、通道芋头侗寨、沅陵虎溪书院等历史文物是辉煌的怀化市文化的见证。怀化市目前已有多项国家级非物质文化遗产、多处国家级旅游景区和多处全国重点文物保护单位。怀化市区域内近现代的文化遗产也十分丰富，著名的有芷江抗日战争胜利纪念坊、"湘西大会战"遗址、"通道转兵"遗址、向警予故居、粟裕故居、滕代远故居、袁隆平杂交水稻实验基地等。怀化市杰出人物为反帝反封建所进行的革命文化，既继承了马克思主义的基本理论，具有坚定的革命性和强烈的政治性，同时在革命的具体实践过程中，又带有浓郁的地方性和民族性。怀化市早期革命家丰厚的马克思主义思想，力图凸显马克思主义的地方化。它与中华文化及各地的红色文化既一脉相承，又有所突破创新。在探索马克思主义地方化的发展轨迹中，一方面继承了中华文化中的优秀文化，另一方面又丰富和发展了整个中华文化的体系。怀化市革命家的革命思想及其社会实践应根据不同的时代变化、地域特色和民族特点来理解，它是个人、地域、革命实践等多种因素的"合力"共同起作用的结果。在考察怀化市早期无产阶级革命家理论与实践的同时，要结合怀化市的少数民族文化、地域文化、时代特点等逐一分析以粟裕、滕代远、向警予等为代表的早期革命家理论。要尽量将理论与实践的发展变化置于当时区域性、民族性的经济政治环境中，以及当时中国共产党提倡的马克思主义中国化、马克思主义地方化的大环境之中，对此进行全方位、立体的剖析和论证，以期更好的还原事物的本来面目。怀化市红色文化遗产是在民主革命时期，由以粟裕、滕代远、向警予等人为代表的怀化市无产阶级革命家、中国共产党人、人民革命军队、先进分子和人民群众共同创造的，留存至今的大量的农村革命根据地建设、红军长征、抗日战争、解放战争各个时期的重要革命纪念地、纪念馆、纪念物及其所承载的革命精神，是极具区域特色的先进文化遗产，由红色物质文化遗产和红色非物质文化遗产构成，其历史印证、传承教育、艺术鉴赏、科学研究、开发利用、经济助推等诸多价值功能有待进一步研究和挖掘。

怀化市的多元文化融合，既表现在多民族文化的融合，也表现在多地域文化的融合。怀化市的文化是五溪文化、巫傩文化、盘瓠文化等土著文化与湘楚文化、巴蜀文化、云贵文化、岭南文化、吴越文化及中原文化的多元融合。这些文化汇聚于怀化市，并相互影响和融合，为怀化市增添了中原文化底蕴。怀化不仅自然景观优美奇特，历史文化积淀丰厚，而且民族风情古朴浓郁，民族文化资源非常丰富，侗族的鼓楼、风雨桥、吊脚楼、拦门酒、合拢宴独具民族韵味，苗族的盘瓠文化与新晃的夜郎文化极富神秘色彩，侗族大歌、苗族多声部合唱、麻阳现代民间绘画、辰溪目连戏驰名中外。由于多民族杂居，怀化市的各族人民共同创造了丰富多彩的民族文化，如沅陵辰州傩戏、辰溪辰河高腔、溆浦辰河目连戏、新晃侗族傩戏、辰溪茶山号子、通道侗族芦笙、通道侗戏、靖州苗族歌鼟、溆浦花瑶挑花等。

四、张吉怀精品生态文化旅游经济带建设的制约因素与原因分析

（一）制约因素

1. 生态文化旅游资源开发水平不高

首先，生态旅游的文化性挖掘不够。生态资源良好，但资源的文化性挖掘得不够全面，尚未利用生态资源的文化内涵，仅仅利用了它们的观光休闲功能，如对森林生态文化的挖掘仅仅限于自然科普知识介绍。其次，文化旅游与自然生态文化融合不够。表现在对民俗文化的利用与生态环境的融合不是很密切，存在商业化和过度包装化的倾向；对文化资源的利用和保护不够，旅游演艺节目多将文化资源搬离其依附的原生态环境，并通过现代化道具进行艺术加工，导致文化项目在表演中失真。再次，非遗保护力度偏弱。民族民俗文化保护、传承、发展存在着建筑风格难保、传承后继乏人、民族语言濒危、保护开发脱节、挖掘创新不够等问题；非遗资源保护力度滞后，非遗传承基地建设基本处于起步阶段；传统村落保护力度不够，原生态民族建筑和传统村落不断损毁，

民族特色淡化消失趋势加剧；非遗传承人整体年龄偏大，民族文化培训力度有限，对青年人的吸引力十分有限，文化传承度低。

2. 基础设施建设滞后

首先，基础设施较薄弱。交通、通信、市政等基础设施建设滞后，配套服务设施比较差，不少景点的宾馆、饭店等设施陈旧，专业导游，景区景点、宾馆酒店和旅行社配套服务尚处于低水平状态，特别是生态文化旅游景区的基础设施十分不完善，水、电、通信、厕所、服务中心、停车场、景区游道、标识标牌等旅游基础设施和公共服务设施建设严重滞后。其次，交通瓶颈制约严重。区域内交通等级整体偏低，二级公路干线畅通性不够，景区公路等级偏低，旅游可进入性较差；到核心景区的高等级公路少，不少景区景点之间路况较差，特别是传统民族村寨大多地处偏远，基本是简易的通乡通村公路连接，道路标准低，路况差，会车比较困难。近年来，国家和省市加大对基础设施的投入，使基础设施得到了很大改善，但是由于历史欠账过多，公共投入供给与投入需求之间严重不平衡，加之投入成本高，比较效益低，制约社会资本投入的增长，使得交通、水利、电力、通信等基础设施很难得到根本改善。

3. 生态文化旅游产品业态不够丰富

首先，资源的产品转化能力不足，缺乏精品。产品以单一和初级的产品为主，优质产品、知名品牌较少，资源尚未真正的转化为产品；产品特色不明显，技术含量低、形式单一、档次不清晰、雷同度高，缺乏市场竞争力，不能满足旅游者多层次、多样化的休闲旅游需求。其次，参与体验性和休闲型产品明显不足。文化与生态的融合程度偏低，导致产品业态不丰富，产品档次偏低，结构比较单一，旅游吸引力和附加值低。资源深度开发不够，还停留在简单的观光旅游和浅层次休闲度假功能上，对文化内涵和地域文化价值的挖掘与创新不够，有特色的旅游产品少，附加值低。再次，资源的整合力度不够。旅游资源还没有得到充分的开发与利用，单个景点品质高，但是整合力度不够；市场成熟度弱，产品开发与当地的乡村文化内涵联系不紧密，开发设计较少依赖于乡村有形的自然资源、乡土文化、乡村民俗等无形文化遗产。区域特色产业与旅游开发的融合程度不够，未能有效把特色产业通过旅游转化为强势产业。

4. 市场运作能力较低

首先，缺乏高水平营销。营销力度整体偏弱，缺乏持续性的旅游促销宣传手段；旅游营销主要依靠主题活动，营销的持续性和影响力不强，市场拓展力度有限，品牌效应不显著，市场知名度整体不高。部分旅游宣传促销活动效果不明显，虽然部分旅游节庆活动期间有游客增加，但参加活动的游客费用是由当地买单的，旅游经济效益并不明显。其次，缺乏规模大、实力强的旅游市场主体。旅游开发项目普遍投入小、运作能力低，多实行最为简单的经营方式，缺乏专业人才和先进管理手段，经营效益不高。旅游实际经营主体多为外来经营者，社区居民被边缘化，当地村民对发展生态文化旅游的积极性不高，甚至部分村民持反对态度。再次，旅游效益整体偏低。产品产业链条不完善，带动能力不强；资源的底蕴深厚，但是市场转化力度不够，未能较好地实现经济效益。整体上看，客源低端多、高端少，短线多、长途少，游客消费整体处于较低水平。

5. 管理体制与机制创新不足

首先，经营机制不够灵活。旅游开发投入机制上仍是政府主导型模式，市场化、产业化、组织化程度不高，吸引社会资本能力不强，投入能力不足。部分景区缺乏资源整合、市场合作理念，开发经营方式单一，直接影响旅游产业的发展活力。其次，资金投入渠道单一。张吉怀各地政府财政资金困难，旅游招商引资的难度大，旅游项目难以得到更深层次的推进。同时，社会资本参与旅游投资的渠道仍然比较有限，社会资本进入旅游市场的渠道不畅，严重制约了旅游产业发展。再次，产权管理缺明晰。生态文化旅游资源的特殊性主要表现在私有产权与公共利益的混杂，难于清晰界定，房产为村民私有，土地为集体所有，大部分土地、林地已经实行承包责任制，导致村民为求短期利益侵害公共利益行为不时发生。最后，区域合作效果不显著。虽然各地区之间签订了一系列的合作协议，但是各种协同机制并未得到有效落实，导致区域之间的资源整合与协同发展的难度偏大，特别是市州之间断头路还比较多，区域间和景区间游客和信息共享障碍多。

（二）原因分析

1. 自然条件恶劣

由于地处山地、森林以及高湿度地区，特别是在边远山区和高寒山区，山高坡陡路险，人们生产生活条件恶劣。

（1）生产条件差。"八山半水半分田，一分道路和庄园"是区域内自然地理特色的真实写照。山地面积比例大，耕地面积比例小，人均耕地面积尤其是高产稳产面积少。加上大多地处高寒山区和岩石山区，气候复杂多变，日照时间短缺，农田水利设施落后，自然灾害频繁发生，投入产出比例失衡。

（2）发展机会少。区域内人民群众在社会和经济发展方面的机会少。尤其是少数民族群众中的妇女，因为遭受诸多社会条件限制，严重影响她们在社会和经济发展方面的机会，处境尤为不利。距离学校较远、教育成本高以及与当地语言和文化不相容等因素也造成一些少数民族人口尤其是妇女文盲率高。这对当地人民提高生产技能、获取就业机会和增加收入的能力产生了巨大负面影响。缺乏与外界的接触以及语言沟通的障碍，使得少数民族群众获取非农就业机会、市场开发与投资方面的相关信息较少，因而较为不利。

（3）区位条件差。区域内目前仍有很多村庄离集镇路途遥远，出村离乡道路崎岖险陡，区位条件差严重制约了这些地区与外界之间尤其是经济发达地区之间的人员往来、物资交流和信息沟通，无形中增加了资源配置的成本。例如，人才回不来、引不进、留不住、用不起，除收入水平因素外，在很大程度上也是因为这些地方自然条件差，地域偏僻，交通不便所致。

2. 人才缺乏

区域内人才总量明显不足，高学历复合型人才严重缺乏。据 2010 年第五次人口普查，全国少数民族各类人才中，大专以上学历的仅占 35.3%，低于全国平均水平 6.7 个百分点。人才总量不足、复合型人才奇缺现象表现得尤为严重，区域内人才结构不合理，主要表现在三个方面。首先，学历结构不合理，高学历人才严重不足，文化层次偏低。2012 年，三地区专业技术人员的学历结构比，研究生：本科：专科：专科以下比例为 1∶266∶1019∶775。其次，人才的学科专业结构不合理。2012 年，区域内专业技术人员中，中文、数学、物理、化学等基础学科的较多，外语、工程技术、计算机及应用、工民建、农业生产等专业的较少，而环境科学、水土保持、旅游、天然林保护、生物工程等方面的人才基本上是空白。再次，区域和行业分布极不均衡，大致体现在四个方面。一是文化、教育、卫生行业人才相对较多，工业、农业、工程技术等面向国民经济建设主战场的人才严重缺乏。二是事业单位、全民所有制单位专业技术人员相对较多，企业及非公有制单位专业技术人员很少。三是干部人才队伍总量不足。从总体上看，据第五次人口普查，少数民族干部人才占全国干部人才的比例为 7.4%，低于全国少数民族人口比例 1%。并且，出现了各民族干部的增长比例不平衡的现象，一些少数民族的教育发展程度较高，因而干部成长相对较快一些，所占比例较高；而另一些少数民族的教育发展程度相对较低，干部成长相对比较缓慢，出现领导干部选拔难的问题。人才队伍结构不合理。从学历结构看，张吉怀地区少数民族干部中大专以上文化程度占比偏低，甚至还有一部分是初中以下文化程度。从专业结构来看，少数民族干部在企业工作和从事经济、金融、法律等部门工作的人才比较少，而在文教、农林医、党政管理部门的比较多。从分布来看，存在着党政干部多，专业技术干部少，妇女干部少。从理论功底看，少数民族干部大多是在工作实践中锻炼成长起来的，有很多没有系统地接受过基础知识的学习和理论思维的训练，基础不够扎实，理论功底不强。四是高端创意和管理人才不足。由于待遇问题，难以留住高端的旅游创意人才和管理人才，特别是旅游演艺人才极度匮乏。留住本土培养的旅游演艺人才难度偏大，从而无力准确定位市场需求和细分生态文化旅游市场，难以形成区域内的产业链。

3. 少数民族群众受教育程度低，积淀性贫困突出

贫困使得教育难以普及，而教育不普及又造就了更深的贫困，形成了教育与贫困之间的恶性循环。同时，在这些地区，人口的快速增长与人力资本水平低下的现象共存，过剩的人口加大了资源和环境的压力，抵消了经济增长的成果，而人力资本的不足又使得过剩的劳动力无法实现有效的转移，双重问题的作用加剧了区域内农村的贫困深度和广度。首先，儿童在校率低。张吉怀地区人口素质低下的原因之一是儿童在校率低。数据显示，尽管国家对农村和部分试点城市贫困人口实行了义务教育"两免一补"特殊政策，但是，有的农村儿童在校率特别是初中学生的在校率明显低于全国平均水平。其次，劳动力文化程度低、思想观念保守陈旧。大多数贫困经济学家赞同贫困经常是历史积淀下来的产物这样的观点，这里面包含了传统的生产方式，也包含了历史形成的观念和意识形态。在相当程度上支配着张吉怀地区不少居民的生产和生活，并成为经济发展的桎梏。由于人口的低素质除表现为文化水平和生产技能普遍低外，还表现在劳动者的愚昧落后的传统文化观念、保守陈旧的习惯思维定式和胆小怕事的落后社会偏见等。例如，在一些地方，有的安贫乐困、抱残守拙，小农经济意识根深蒂固，竞争意识极度缺乏；有的畏惧困难、"等、靠、要"思想甚

为严重，对新理念、新事物难以迅速接受；有的受交通的极其不便和家乡情节思想的共同作用本想外出务工的村民仍停留在家中，甚至一些村民根本就没有出去打工赚钱改善生活的念头。这些落后的观念，严重阻碍了生产力的发展，即使国家在这些落后地区投入了大量的人力、物力和财力，也仍难以取得预期的效果。这种积淀性贫困是扶贫工作中的一大难题。按照新制度经济学的理论，有效率的制度能够促进经济增长，反之，无效的制度会成为生产发展的阻碍。从制度角度对区域内的贫困状况进行分析，制度安排上的不合理和不平衡是形成区域经济发展不平衡的重要因素。

（1）市场化改革取向使资源向发达地区流动。在个体发展资源上，存在着市场配置资源的现象。在农村经济次发达地区，最大的资本是土地资本和劳动力资本。在我国市场化的进程中，农业成为低效劳动，而贫困地区的劳动力家庭负担重且整体素质偏差，无论在当地工作还是转移到较富裕地区，大多从事低酬劳、低效率、高耗时性劳动。由于当地的教育、培训、就业体系等建构不健全，导致剩余劳动力无法得到有效配置。与此同时，经济自由和市场机制最显著的社会功能是导致"社会问题个人化"的社会环境。市场配置资源的经济运行机制的主导作用和教育、培训、就业等配套保障机制的缺失状态，是导致区域内农村居民贫困的社会因素。

（2）科学性缺乏使管理机制和工作机制不畅。制度设计失当，政策导入乏力是农村人口贫困的社会根源。其主要表现为农村贫困地区不合理的政策和发展思路加剧的农村贫困地区人口贫困化。区域内农村主要面临着上级财政扶贫资金投入的规模偏小的问题，而且政府没有有效地为分配扶贫资金而灵活的制定政策。资金跟着项目走造成了整村推进扶贫目标偏离，扶贫资金的供给模式一方面不能满足贫困农户多样性、分散性及小规模性的生产需求，使他们得不到扶贫资金的扶持，其结果是大多数非贫困农户受益。同时，以扶持贫困村基础设施建设项目为重点的项目安排，虽然也考虑到了项目的覆盖度与受益范围，能使更多的人口得到扶持，但对商品生产程度低，获取经济收入机会缺乏的农户，这种扶持方式能够方便他们的生活，而不能增加他们的收入。在扶贫资金的确定和分配问题上，扶贫资金在总量上严重不足，地方扶贫策略效果不佳。贫困村要有效实现整村推进，按国务院扶贫办的测算，一般是需要投入资金为150万—200万，甚至更多。

（3）不健全体制使社会保障制度落后。由于缺乏强有力的财政政策资金的支撑，农村社会保障制度仍然存在保障层次偏低、投入结构不合理、事权归属不明晰、管理运行不科学、县级财政不堪重负等亟待解决的突出问题。农民最关注的养老保障在范围、力度、效果等方面远均未达到理想效果。其主要表现：第一，农村社会保障体系不健全，保障面窄。由于体系不健全，种类划分过细；第二，管理体制分散，政出多门。农村社会保障事业的管理以民政为主，主要有救灾救济、安置、社会优抚、养老保险等业务，卫生部门负责医疗保障。从表面上看，好像农村社会保障工作多部门负责，易形成合力，共同解决问题。而实际上，各部门从本部门利益出发，看问题的角度不同，在实际工作中经常发生决策及管理上的摩擦和矛盾。多部门管理还造成农村社会保障苦乐不均，操作不规范，短期行为多。

五、张吉怀精品生态文化旅游经济带建设的建议

（一）明确张吉怀精品生态文化旅游经济带建设的思路

全面贯彻"创新、协调、绿色、开放、共享"五大理念，以创新理念解决旅游业态陈旧难题，以协调理念解决旅游同质化竞争难题，以绿色理念解决生态文化保护难题，以开放理念解决内外部市场开拓难题，以共享理念解决利益冲突和旅游主体缺位难题，实现民族生态文化民族经济旅游健康可持续发展。明确将旅游业打造成为生态文化保护的摇篮、精准扶贫的实施平台、特色产业的发展路径、基础设施的建设载体、新农村建设的强劲动力、城镇化发展的重要支撑、争取政策项目的抓手、大众创业万众创新的舞台、生态文明建设的有效途径。

1. 打破地方保护主义，推动区域旅游一体化

旅游业发展不能搞条块分割，不能有"山头主义"和"地盘主义"的错误思想，更不能人为设限搞地方保护主义。要尽快构建武陵山认知共同体，形成相对平等的成员地位、明确的旅游合作主题、多形式参与机制、利益共享风险共担的协调机制，以实现旅游宣传合作、游客互送合作、旅游利益分享和无障碍旅游合作。

要构建以政府为主导、旅游企业为主体、非政府组织及个人积极参与的"四位一体"多元主体合作架构。政府要在旅游基础设施建设、整合营销实施、

生态与文化保护制度、政策及法规制定与执行方面发挥主导作用；企业及其联盟则在旅游景区、市场客源和产业运营方面加强合作，构建更大空间范围内、更广产业体系下的大旅游产业链，固化合作关系，深化合作行为；旅游协会、各类社会团体、高校等学术机构、媒体等非政府组织，作为"认知共同体"发展的重要智囊力量、主要策划和宣传者，围绕旅游合作主题，自觉开展学术研究、决策咨询和宣传推介，成为推动旅游合作的重要理论导向和社会舆论力量；个人要积极参与到"认知共同体"学习之中，要认识到旅游业发展"合则两利，分则两害"，做旅游合作市场秩序的坚定维护者和执行者。

2. 构筑精品化生态文化旅游服务体系

深入推进生态文化旅游管理与服务创新，强化旅游业现代服务功能，提升生态文化旅游服务水平。加强景区精品化建设和管理，推动景区创优和旅游服务标准化；加快精品酒店、特色餐饮、绿色交通、精品购物等旅游支持服务体系建设；推进精品旅游信息化建设，提升生态文化旅游服务科技含量；完善公共服务体系，推动生态文化旅游精品工程建设；深入开展精品社区创建工作，优化生态文化旅游目的地社会环境；等等。把张吉怀打造成"宜食、宜居、宜旅、宜游、宜购、宜娱"的便捷化、精品化综合旅游服务高地。

3. 实现生态文化旅游与生态文化保护的对接

生态文化旅游应从六个方面对接生态文化保护区工程：一是积极动员和扶持文化遗产传承人作为开发生态文化旅游主体；二是以国家、省、州、县四级非物质文化遗产名录体系为基础开发生态文化旅游产品；三是以自然环境、物质文化遗产为依托的文化空间来规划旅游空间，使文化空间与旅游空间实现有机融合；四是将非物质文化遗产专题博物馆和传习所作为游客参观和互动场所；五是推动生态文化保护项目与生态文化旅游开发项目有机对接；六是推动生态文化保护区后续申报与 A 级旅游景点区建设对接。

（二）努力培育民族文化精品

民族文化的发展和繁荣，必须不断推陈出新。一是要挖掘精品。通过深入挖掘、整理、提炼、创新，进一步绽放"国宝"级民族艺术奇葩——被列入国家非物质文化遗产的"侗族大歌""侗族芦笙""侗族傩戏""苗族歌鼟""辰溪高腔"独具魅力，打造一批具有国际影响的"文化名片"。二是要创作精品。利用民族自治县逢十周年县庆的契机，对侗苗民族民间文化进行了深入挖掘整理，创作了《哆嘎哆耶》《杨梅姑娘》《咯罗打打》《苗山飞歌》等脍炙人口的曲目，深受各族群众的喜爱。三是要推介精品。通过各种活动，推介创作出来的精品走出怀化，面向全国和世界。如通道大型侗族原创歌舞《哆嘎哆耶》荣获湖南省艺术节"田汉新剧目奖"，成为通道文化产业的龙头产品逐步走向市场；通道和怀化群艺馆、怀化学院联合创作表演的《咯罗打打》舞蹈获湖南省第四届"三湘群星奖"金奖，并在参加日本世界博览会演出时获得一致好评；靖州苗族歌鼟两次进京参加中央电视台演出，均获好评。

（三）优化生态文化旅游发展的区域空间

1. 打造土家族、苗族、侗族三个民族民俗特色核心

张吉怀主要世居少数民族有侗、苗、土家、瑶等，民族风情浓郁。深厚浓郁的土家族、苗族、侗族民俗文化资源已经形成"土家探源""神秘苗乡""天下侗寨"的旅游特色优势，是提升旅游整体竞争力的重要战略资源。因此，要发挥好这三个少数民族（土家族、苗族、侗族）的特色民族民俗风情、特色民族文化、特色民族历史、特色民族名人、特色民族民居、特色民族村寨等资源。

2. 开发精品文化生态旅游线路

（1）土家探源西水民族特色文化生态旅游线路。沿西水流域打造土家族生态文化乡村游精品线，向下对接沅陵凤滩，联动西水、沅水流域一体化发展，开辟"西水—沅水—洞庭湖—长江"黄金旅游新线路，融入国家"长江经济带"发展战略；以西水自然生态景观、土家族风情和土司文化为核心，彰显"智者爱水"的休闲养生体验主题。

（2）神秘苗乡民族特色文化生态旅游线路。以"苗族文化造廊、地域邻近集群、水陆交通连线、资源特色亮点"为原则，打造神秘湘西苗家乐形象。

（3）天下侗寨民族特色文化生态旅游线路。依托怀化靖州县、通道县深厚的古建筑文化资源和浓郁的侗族苗族民俗资源，以地笋苗寨、飞山、杨梅生态基地、恭城书院、百里侗文化长廊为核心，以包茂高速、G209为发展轴，形成北接洪江、南连桂林的侗乡苗寨风情线路，打造侗苗风情形象。

（4）古城古镇古村商道特色文化生态旅游线路。依托怀化独特的古商道文化、夜郎文化旅游资源，以雪峰山、洪江古商城、高椅古村、黔阳古城、清江湖、南方葡萄沟、荆坪古村、夜郎古国为核心，以沪昆高铁、沪昆高速、包茂高速、G320、G209为发展轴，形成东接邵阳、西连贵州的古城商道线路，打造

古城商道形象。

（5）峰林峡谷画廊特色山水生态旅游线路。依托沅陵原生态自然与文化资源，以借母溪、西水画廊为核心，以常张高速、常吉高速、G319、G241、G5513、S244为发展轴，形成东接大民族经济洞庭，北连荆楚生态文化的峰林峡谷画廊特色山水生态旅游线路，打造奇峰奇峡丽水画廊形象。

（6）红色爱国文化特色旅游线路。依托怀化抗日爱国主义文化旅游资源、独特的民族民俗资源自然与文化资源，以芷江受降纪念坊、粟裕故居、通道转兵、山背花瑶梯田为核心，以沪昆高铁、沪昆高速、包茂高速、张花高速、G209、S310为发展轴，形成东接大洞庭、北连荆楚生态文化的红色爱国主义文化生态特色旅游带，打造怀化红色爱国主义形象。

（四）创新生态文化旅游的发展业态

将旅游的各个环节、各个要素全面地融入生态文化旅游，除了要打造传统的"吃住行游购娱"全要素生态文化旅游产品外，还要更好的体现新时代下"商养学闲情奇"六大旅游的新要素，立体化的开发生态文化旅游产品，挖掘出唯一性和不可替代性的产品卖点。因此，产品开发中，既要依托现有的旅游产业基础，又要摆脱传统旅游产品开发的限制，不能单纯局限于文化观光层面，要针对未来游客的需求发展趋势，立足创意，依靠科技创新，开发出系列新型旅游产品，促进旅游产品多元化、规模化、精品化；要大胆挖掘新市场、吸引新旅游者、培植新消费模式，创新旅游业态，激活各类资源的价值内核。

（五）保护特色生态文化资源

首先，建立保护制度体系，对生态资源进行有效的保护与利用。实现政府主导、行业自律、企业、居民与游客自觉参与的保护机制，形成水环境、地表环境、大气环境综合保护的立体保护系统。构建生态补偿机制、景区环境预警系统、保护农业景观及农业生态系统。严格遵守国家环境保护政策与法规，坚持环境保护第一，实现政府主导、行业自律、企业、居民与游客自觉参与的保护机制，形成水环境、地表环境、大气环境综合保护的立体保护系统，按照"谁破坏、谁恢复，谁污染、谁治理，谁受益、谁付费"的原则，构建生态补偿机制。合理开发、适度利用，确保生态旅游资源的有序开发和持续利用。其次，对文化资源进行有效地保护与利用。建设一批民族文化展示基地和产业园，通过非遗文化博物馆、民间艺术馆、专题展览馆、非遗传习所等形式，将土家、苗、侗、瑶、白等民族文化遗产保护场所及产品开发场所与交易卖场结合，成为互动旅游景点。强化古镇古村保护，积极申报中国历史文化名城名镇名村、中国传统村落、国家重点文化保护单位、少数民族特色村寨等。建设民族特色景观门楼建筑房屋、民族特色景观道路、民族风情小镇、民族传统村寨，把民族风俗、民族节庆、民族工艺、民族歌舞有效地转化为游客喜欢的旅游产品。搞好民俗风情文化保护和民族工艺品与土特产品的生产性开发。

（六）拓展生态文化旅游的内外市场

1. 建立区域旅游分工协作机制，避免旅游开发恶性竞争

鼓励生态文化旅游发展基础较好的县市先期探索组建生态文化旅游集团，逐步推广，共同协调发展生态文化旅游，在打造生态文化旅游特色村寨的基础之上，统筹划一，规范旅游发展中的旅游餐饮、旅游住宿、旅游购物等要素，提升生态文化旅游的整体水平，打造标准化的生态文化旅游。

2. 构建利益群体关系协调机制

建立政府、企业、村集体、农户的利益协调机制，避免旅游开发利益冲突。构建利益群体关系协调机制，包括投资商与农民利益关系，重点张吉怀可以实现政府、企业、农民合作的资本多元化的集体所有制股份公司，政府以资源入股，如土地等；农民也以资产参股，作为股东，保障其利益；企业投资，作为控股方；以多种方式寻找三方的和谐合作。

3. 构建农民利益保障体系

构建农民民族经济利益保障体系，保障农民利益分配与长远利益，保障直接受益与间接受益群体的合理分配。开发初期，保障农民利益分配与长远利益，保障直接收益与间接收益群体的合理分配。强化旅游资源产权意识，保护村集体和农户利益，避免低价转让和变相独占山水旅游资源。

4. 实施区域联合营销战略

整合各地旅游产品、线路，打破行政区域障碍，打造区域旅游联合体，协调区域旅游产品开发、区域品牌打造和整体形象塑造等。强化区域旅游市场合作，主推特色文化旅游品牌，消除市场营销恶性竞争，捆绑抱团，形成"一个品牌，差异开发、突出特色、利益分享"的市场格局。实施政府主导、企业联合的"整体营销、联合推广"模式，实现民族特色文化生态旅游整体形象高品位、高层次、高频率、高密度、广范围覆盖，产生集群效应。"整体营销"凸显

张吉怀旅游的整体形象塑造和传播，强化旅游资源的整合及形成合力，强调各级政府和企业在旅游市场的广泛合作，强调跨区域间的联合和不同类型旅游产品的有机结合。

（七）强化生态文化旅游的保障措施

1. 政府推动

灵活融资方式推动旅游发展，在张吉怀组建旅游投资公司，适度利用政府融资平台，大胆利用融资模式，增加公共服务项目投资。在不违反国家法律法规的前提条件下，大胆采用方式灵活的农村土地流转方式，推动生态文化旅游项目建设。选择生态文化旅游典型项目，由涉旅或对口扶贫部门进行全程打造，做成旅游示范工程。积极编制实施旅游发展规划，落实投资、消费、土地、税收、科技、扶贫、贷款、创业等扶持政策，保障卫生应急、治安巡护、消防监管和生态安全，制定和完善生态文化旅游产业标准，开展行业指导和管理。

根据《中华人民共和国自然保护区条例》，建立健全完善的自然保护区管理体制。因科学研究需要，经自然保护区行政主管部门批准除外，自然保护区核心区禁止任何单位和个人进入；自然保护区缓冲区，只准进入从事科学研究观测活动；在核心区和缓冲区内不得建设任何生产设施；自然保护区实验区可以进入从事科学试验、教学实习、参观考察、旅游以及驯化、繁殖珍稀、濒危野生动植物等活动；禁止在自然保护区内进行砍伐、放牧、狩猎、捕捞、采药、开垦、烧荒、开矿、采石、挖沙等活动（法律、行政法规另有规定的除外）；等等。加强生物多样性保护，对矿区复垦区、地质灾害易发区、退耕还林区必须全面完成生态修复。严格限制自然保护区核心区内的人类活动，实验区和外围区可适当进行生态旅游、生态农业、休闲度假开发，实施积极的建设性保护。

加强森林等自然景观资源的保护和管理，加大风景林营造和景观改造等公益性设施的建设，不得破坏林木而安排建设项目。禁止开山采石破坏山林植被和景观资源，并进一步完善旅游设施。

旅游业发展规模应处于调控状态。旅游开发强度、密度应限定在对自然生态环境和社会生活扰动最小的程度，各项建设应选择少、隐、藏的模式，保持生态特色；旅游容量即游人容量应按生态允许标准来控制和确定，并通过各景区予以疏解；整个旅游区要建立动态的游客流量测报体系，实现对游客流的有机疏导。

要强化风景名胜区与森林公园土地管理、保护和分类控制。对于生态用地实行绿灯管理、对旅游用地实行黄灯管理，对居民点及农耕用地实行红灯管理，严格审查，严禁滥占滥建和无度无序开发，重点加强对风景游赏地的保护。

应控制和治理旅游环境污染。避免在城镇、风景名胜区、森林公园和集中居民点的集中饮用水水源地开展旅游活动；风景名胜区及其中的集中居民点排水设施要积极采用埋地式、分散就近布局为主，防止对水体的污染，积极发展生态净水工程和埋地微动力处置工程，就近处置污水；风景名胜区及其中的集中居民点应设垃圾收集点，定期集运、防止暴露、防止排入水体和二次污染。公厕可采用免冲生态公厕，垃圾收集点采用密闭式垃圾箱，垃圾集运采用密闭式压缩车；风景名胜区内生活垃圾收集后分别运往就近的城镇生活垃圾处置场统一处置；风景名胜区内应积极使用太阳能、生物能、水能、电能等清洁能源，推广节柴灶，严格控制机动车尾气排放，旅游交通工具采用电动车、船。

2. 精英带动

一要发挥基层党组织的引领作用；二要发挥本地旅游人才的带动作用；三要发挥外部高级运营人才的带动作用。考虑到本地高级旅游运营人才的匮乏，因此要高度重视生态文化旅游思想理念建设，经常邀请国内外经济、文化、旅游、社会工作等专家学者讲学，解放思想，统一意志。另通过创新合作模式，提供优惠条件，引进先进的旅游管理公司和管理人才，为旅游人才队伍注入新鲜血液；聘请一批民族民间文化研究专家作为顾问；引进国内外知名酒店管理集团、旅游营销策划机构、旅游院校和旅行社的高层次人才，从事生态文化旅游一线管理工作。

3. 市场拉动

首先，明确市场经营主体及市场经营方式，可通过转包、转让、入股、合作、租赁等方式组建股份公司合作开发，或者卖断经营权，独立开发。其次，兴办各种旅游开发性企业和实体，鼓励农民集资入股或以村组集体经济组织采取"公司＋农户"方式参与生态文化旅游投资开发，有条件的地区要引导大企业参与投资开发，推动旅游向集约化、规模化发展。再次，大力推进旅游项目建设，通过引进旅游大企业集团，学习其先进的管理技术和管理方式，支持其产业链条延伸和产品创新。最后，重视对本地企业的培育，特别是要强化金融支持，促进企业发展；要注重"能人＋创客"这一新型模式的推广，以点带面，借助产业、文化、科技、创新等各领域人才的智慧，壮大旅游发展的人才队伍，以期做到旅游的全域化、特色化、精品化发展。

总之，张吉怀精品生态文化旅游经济带建设，政府应加大对张吉怀精品生态文化旅游经济带建设的支持力度，突出县（市、区）主体地位，加强组织领导，整合各方资源，扎实高效推进；充分发挥市场机制作用，广泛吸引社会力量和民间资本参与精品线路建设，形成多层次协同推进、各方面共同参与的发展格局；进一步完善旅游公共服务设施，加强信息互联互通及文化内涵的发掘传播，用信息化带动旅游产品的便利化；推动民俗文化产业、特色农业、商贸物流等相关产业融合发展，促进产业要素集聚，实现精品线路向产业经济带转化，推进区域内文化生态旅游特色化、规模化、品牌化、休闲化发展，把张吉怀打造成为文化生态旅游融合发展示范区和特色鲜明的文化生态旅游目的地。在坚持规划引领、科学定位的基础上，把张吉怀精品生态文化旅游经济带建设与当地相关专项规划紧密衔接，与扶贫开发、生态保护、文化传承、现代农业、新农村建设等紧密结合起来。根据现有基础和现实需要，明确张吉怀精品生态文化旅游经济带建设的阶段性目标任务和优先发展项目，重点推进，分步实施。因地制宜，突出特色。结合地理区位、民族风情、历史文化、生态环境和发展水平等，大胆探索开发具有地方特色、民族特点、符合市场需求的旅游产品，建设生态休闲游、观光体验游、历史人文游、民俗风情游、养生养老游、探险游、红色游、地质科普游等各具特色、互有侧重的旅游线路。保护优先，持续发展。坚持环保与生态优先，强化生态文明理念，以开发促保护、以保护促传承，积极探索既能有效利用自然资源、文化资源和城乡一体化发展成果，又能最大限度科学保护自然文化遗产及生态环境的旅游发展新路径、新机制，走有特色、可持续的发展之路。

第四节 红色文化旅游案例

一、湖南民族地区长征文化资源的现状

红军长征在湖南经过的县份多、地域广、影响大。湖南既是红六军团西征的落脚点，又是红二、六军团长征的出发点。1934 年 7 月 23 日至 11 月 7 日，

任弼时、萧克等率红六军团奉命先遣西征途经湖南；1934 年 10 月 16 日至 12 月 18 日，党中央和中央红军八万六千余人长征进至湘南；1934 年 11 月至 1936 年 1 月 19 日，任弼时、贺龙等率红二、六军团在湘西建立根据地，开展斗争，其后誓师长征，挺进湘中，由湘入黔，北上抗日。这三支长征的工农红军队伍在先后一年半的时间里，途经湖南现在的 9 个市州 48 个县市区的广大地区，谱写了一段段可歌可泣的长征史诗。① 在这片广袤的湖湘大地上，红军曾深入怀化的通道侗族自治县、湘西土家族苗族自治州、靖州苗族侗族自治县、麻阳苗族自治县、芷江侗族自治县、新晃侗族自治县及湘南的江华瑶族自治县等众多少数民族地区，为我们留下了极其丰富而又珍贵的长征红色文化遗产资源。

（一）分布广泛，种类齐全

红军长征在湖南所经过的民族地区保存下来的长征红色文化遗产资源分布广泛，主要围绕红军长征途经的这些县城、乡镇成点状分布，根据相关文物保护名录统计约有一百余处，但相对而言，怀化市、张家界市、郴州市、永州市的长征红色文化遗产资源相对集中，数量较多，集群优势比较明显。同时这些民族地区长征红色文化遗产资源种类齐全，按照性质进行划分，可以划分为战争战斗遗址、著名战役、名人故里、会议遗址、红军故事等五种类型。如工农红军活动纪念馆（增日乡增日村）、桂东县红军村、誓师西征旧址、《三大纪律·六项注意》颁布地、"红军楼"、红军墓、塔卧镇中共湘鄂川黔革命根据地旧址、中国工农红军长征通道转兵纪念馆等战争战斗遗址；延寿阻击战、百丈岭战役、蒋家岭会战、血战湘江等战役；贺龙元帅故里、粟裕故居、萧克故居等名人故里；"红六军团誓师西征"座谈会、"小源会议"、通道会议等会议遗址；"半床棉被""瑶民大妇勇救红军战士""四爷爷帮助红军过桥""萧克让水给战士喝"等众多红军故事。同时，这些长征红色文化遗产资源与优美的自然资源、独特的民俗风情资源、深厚的历史文化资源紧密结合在一起，有着独特的魅力。

（二）遗址较多，保存较好

湖南民族地区拥有长征时期大量保存下来的会议遗址、战役战斗遗址、根据地机关遗址等长征红色文化遗产资源，这些遗址历经多年岁月的洗礼，在历

---

① 夏远生. "惊回首，离天三尺三"：在湖南的长征与湖南人的长征［J］. 新湘评论，2016（1）.

史的沧桑巨变中矗立不倒，默默讲述着革命先烈的丰功伟绩。它们在相关部门的精心维护和少数民族同胞的自觉保护下普遍保存较好。如湘南起义指挥部、梨山纪念亭、邓家祠堂红军标语、县总工会院内"红军墙"（湖南最大标语）、抢渡湘江战前会议会址、小源公祠、冷水镇红军纪念碑、钟水河渡口、祠市公社红军烈士墓、岸山红军烈士墓、道县茶园渡、潇水浮桥、何氏宗祠红军墙、洞口县花园红军桥、红军街、西中红军烈士纪念碑、肖氏宗祠红军标语墙、半边庵战壕、十字铺红军亭、鸡公坡红军纪念亭、湖南坡红军战场遗址、马颈坳渡口、金鞭溪红军路、红二军和红六军团指挥部旧址龙堰峪、红军长征便水战斗遗址、中国工农红军长征通道转兵纪念馆、通道小水战斗纪念碑、通道县红军标语、红军驻足地"吉新庆"南货铺、"新裕"锡矿山革命烈士纪念碑、大水田红军长征纪念地等，这些都是极其宝贵的民族地区长征红色文化遗产资源。

（三）底蕴浓厚，特色鲜明

红军长征经过湖南时期的遗存，特别是经过少数民族聚居地区所流传下来的有形的、无形的史迹，都是极其珍贵的长征红色文化遗产资源。湖南民族地区长征红色文化遗产资源底蕴浓厚，人文资源突出，具有鲜明的特色。红军长征在湖南经过的广大民族地区，涉及苗族、土家族、瑶族、侗族、回族、壮族等众多少数民族，这些民族拥有各自灿烂的文化和独特的民族风情。如土家探源、神秘苗乡、侗苗风情、武陵民俗、瑶家古风等，这些与长征红色文化遗产资源紧密地联系起来，极大地丰富了民族地区红色旅游资源的种类，并且在很大程度上形成了特殊的集群效应——湖南民族地区长征红色文化遗产资源带。同时，湖南省红色文化遗产资源丰富多样，拥有全国爱国主义教育基地10个，省级爱国主义教育基地59个，为数众多的伟人故居、革命纪念碑、纪念塔、革命遗址、旧迹、活动场所，以及与革命有关的文献、图片等，这些丰富的红色资源其中不少就是民族地区长征红色文化遗产资源的重要组成部分，它们与民族地区长征红色文化遗产资源交相辉映，互为表里，相得益彰，共同铸就了湖南作为红色资源大省的地位。

二、湖南民族地区长征文化资源的价值

（一）历史价值

红军长征在湖南时期是红军长征中最艰难、最危险的一段，面临着"左"

倾错误的军事指挥和几十万敌人的围追堵截，可谓生死存亡的严重关头。但也正是红军长征在湖南的这段艰险经历，使得广大战士和指战员认识到"左"倾错误的严重危害，开始认同毛泽东同志的正确主张，特别是通道会议，挽救了危机中的中央红军，也为遵义会议的召开奠定了群众基础，准备了思想、组织条件。① 同时红军长征经过湖南，在广大民族地区，宣传了革命思想，撒播了红色火种，促进民族团结，书写了英雄事迹，湖南党组织和湖南各族人民踊跃支援红军，为长征的胜利做出了积极贡献。而红军长征经过湖南沿途众多的光辉足迹、历史事迹、建筑旧址等也成为宝贵的长征红色文化遗产资源，成为留给湖南人民和中华儿女的宝贵精神财富。这些民族地区长征红色文化遗产是红军长征在湖南的真实见证，是中国革命历史的时代记叙，有着极其重要的历史价值。

（二）文化价值

长征时期，红二、六军团以及中央红军在湖南境内谱写了一曲曲英勇雄壮的英雄赞歌，途经广大民族地区，为我们留下了大量极其珍贵的长征红色文化遗产资源。它们既是中华儿女宝贵的精神财富，也是特别珍贵的世界文化遗产。对于我们深入了解万里长征的艰难历程，加强民族团结，感知革命先烈们坚定信念、不怕牺牲的崇高品质，更加自觉坚定地拥护党的领导发挥着重要作用，是我们社会主义现代化建设的巨大精神动力。而把这些长征红色文化遗产资源保护好、管理好、利用好，对于建设和巩固社会主义思想文化阵地、大力发展先进文化、支持健康有益文化、努力改造落后文化、坚决抵制腐朽文化等，具有深远的意义;② 同时，对我们确立正确导向，树立鲜明旗帜，培育和践行社会主义核心价值观、全面建成小康社会，实现中华民族伟大复兴的"中国梦"也发挥着极其重要的文化价值。

（三）旅游价值

湖南民族地区长征红色文化遗产资源具有特殊的旅游价值，它是旅游资源的有效载体，是发展红色旅游极其珍贵的特色旅游吸引物。自 2004 年中共中

---

① 真言. 红军长征在湖南学术讨论会综述［J］. 湖南党史通讯，1986（1）.

② 徐仁立. 论红色旅游的思想政治教育功能及其现实［J］. 学校党建与思想教育，2009（17）.

央、国务院做出大力发展红色旅游的重大决策以来，湖南省委、省政府高度重视红色旅游发展。目前湖南共有 23 个全国红色旅游经典景区、34 个红色旅游等级景区，成功打造了多个红色旅游品牌。如怀化通道举办了"红色通道美丽侗寨"纪念通道转兵 80 周年暨 2014 年中国（湖南）红色旅游文化节。同时，其中不少红色旅游景点正是湖南民族地区长征红色文化遗产的重要组成部分，如作为全国重点文物保护单位的红二军和红六军团长征出发地旧址（桑植）、红二军团长征司令部旧址（新化）、恭城书院（通道）等。在民族地区依托当地丰富的长征红色文化遗产资源，发展红色旅游，对于民族地区实现脱贫致富、增加少数民族同胞收入，促进当地经济社会健康快速发展等具有极其重要的意义。

三、湖南民族地区红色文化资源保护与开发的路径

在智慧旅游大发展背景下，湖南民族地区红色文化旅游资源保护与开发借助各类"智慧化"技术，科学保护与有效开发并重，大力发展红色旅游业，促进当地社会经济的全面发展。只有红色文化旅游资源保护与开发两个方面互相作用、互相促进，并产生整体效应，才能实现红色文化旅游资源保护与开发的协同发展。

（一）提高长征红色文化遗产资源认识

湖南民族地区长征红色文化遗产资源是中华儿女宝贵的精神财富，也是近代世界文化遗产的重要组成部分，更是一种珍稀的红色旅游资源。它是湖南省红色旅游开发中最具潜力、最具影响力的特色资源之一，是湖南旅游经济社会发展的宝贵财富。[①] 从经济价值分析，它可以转变成旅游资源，成为旅游吸引物；从革命文化价值分析，它是进行革命传统教育的有效载体，给人以教育启迪；从历史文化价值分析，它是历史的记忆，历史的见证；从审美文化价值分析，它是社会美、物质美的体现；从社会教育价值分析，它可以资政育人，传承先进文化，促进民族团结，给人教益。因此，保护好湖南民族地区长征红色文化遗产资源就是保护湖南红军长征的历史文化记忆，也就是传承伟大的长征精神。这就要求我们必须充分挖掘内涵，只有充分领会这些遗产资源的深刻内

---

① 刘建平、刘向阳. 区域红色文化遗产资源整合开发探析［J］. 湘潭大学学报（哲学社会科学版），2006，9（5）.

涵，才能不断提升其品质，彰显革命先烈们伟大的爱国精神和崇高品质，才能结合时代赋予其新的气质，这样长征红色文化遗产资源才能长久持有凝聚力和吸引力。为了充分挖掘长征红色文化遗产资源的内涵：一是要加强中国革命史和中共党史研究，深挖长征文化特质；二是要抓住长征主题，凸显资源特色；三是外化长征红色文化，解读其深刻内涵。

（二）加强长征红色文化遗产资源保护

湖南民族地区长征红色文化遗产资源作为我国极其宝贵的革命遗产和近代重要的世界文化遗产，具有稀缺性、不可再生性和不可替代性，必须建立科学的保护体系，强化对革命文物、文献、建筑、遗址等"长征红色文化遗产"的保护，同时参照对世界文化遗产地的保护方法，对重大战役、重大事件以及在民间留存的长征红色文物等进行局部的原风貌保护。为此，湖南省围绕红军长征胜利 80 周年这一契机，努力做好长征文化资源的普查和排查工作。系统研究、梳理、整理区域内长征红色文化遗产资源，深入开展红军长征相关全国各级重点文物保护单位的安全隐患、消防安防雷、维修保护、展示陈列、周边环境、开放服务等情况排查，目前已取得一定的成绩。① 然而保护是一个系统，民族地区长征红色文化遗产资源的保护，不仅要注重对物质文化遗产的保护，更要注重对革命历史文献、红色歌曲等非物质文化遗产的保护，注重长征红色文化遗产资源的真实性、整体性、可读性、可持续性。首先要进行文物普查，摸清底子；其次要进行保护，将长征文化遗产纳入文物保护单位；最后要保存信息，对非文物保护单位包括已经消失的遗址，实行挂牌保护，将历史信息保存下去。② 核心是要努力做到有效保护，保护实物、修复实物、整治实物，出台相应的规范与制度，使保护制度化、规范化。

（三）整合湖南境内相关红色文化资源

湖南省作为红色资源大省，有着极其丰富和独具特色的红色历史文化资源。在湖南这块红色热土上，发生了秋收起义、湘南起义、平江起义、红军长征等众多重大革命历史事件，涌现了黄兴、宋教仁、蔡锷等民主革命先驱，毛泽东、

---

① 李国斌. 湖南红军长征相关文物保护单位9月底前对外开放 [N]. 新湖南，2016 – 03 – 14.
② 刘建平，刘向阳. 南岳衡山抗战文化遗产的保护与利用研究 [J]. 衡阳师范学院学报，2011（5）.

刘少奇、任弼时、彭德怀、贺龙、罗荣桓、粟裕、黄克诚等众多无产阶级革命家，向警予、蔡畅、杨开慧等巾帼英雄，可谓"革命摇篮，伟人故里"。① 对民族地区长征红色文化遗产资源进行保护和利用，不是为了开发而开发、为了保护而保护，将其孤立起来，而是要对湖南境内相关红色文化资源进行有效整合、优化整合，将长征红色文化遗产资源的保护利用与湖南省红色旅游的发展统筹起来，协调推进，着力发展红色旅游。2013 年，湖南省政府将韶山确定为第一轮红色文化旅游产业重点县，此后又相继将通道、炎陵、汝城、宜章等红色旅游重点县列为第二轮、第三轮红色文化旅游产业重点县。而通道、炎陵、宜章等民族地区所依托的红色资源在很大程度上正是长征红色文化遗产资源。长征红色文化遗产资源与其他各种丰富的红色资源整合起来，以点带线，串点成线，极大地丰富和促进了湖南红色旅游的发展，也使得长征红色文化遗产资源得到了更加有效的保护和充分利用。

（四）打造长征红色文化遗产特色旅游

红军长征是中国共产党人宝贵的精神财富，也是中国共产党取之不竭的宝贵精神资源，更是中国共产党之魂、军之魂、民族之魂的最高体现。长征红色文化遗产资源是红色旅游业的优良旅游载体、宝贵的旅游资源，要充分利用这种资源，使之成为湖南省红色旅游发展新的增长极。红军长征在湖南所经过的地方旅游资源遗存丰富、类型多样，很好地展示了当时红军长征时的历史情况。在长征红色文化遗产资源开发的过程中，要将民族地区长征红色文化遗产资源与红色旅游有机地结合起来，积极引入旅游文化资源管理制度，着重开发一些具有特色鲜明、内涵浓厚，能够充分体现红军长征在湖南这一主题的旅游项目，通过举办文化节庆活动等，来提高红色旅游的品位。

（五）加强长征红色文化遗产宣传力度

红军长征在湖南民族地区留下了丰富的红色文化遗产资源，具有重要的价值，但是以红军长征为主题的红色旅游却发展较晚，品牌形象缺乏，影响力相对有限。为此必须要加强湖南民族地区长征红色文化遗产资源的宣传力度，实施一整套主动、积极地宣传营销，只有这样湖南红军长征的光辉史迹才会得到更多的关注和重视，湖南民族地区长征红色文化遗产资源才会得到更好的保护

---

① 黄得意，李耀华．湖南着力打造红色旅游升级版［EB/OL］．湖南新闻网，2015 - 03 - 10.

和更充分的利用，以"红军长征在湖南"为主题的红色旅游也才会有更好的发展前景，游客的数量也必然会得以增长和提高。为此，要从多方面加强湖南长征红色文化遗产资源建设与宣传。一是不断完善湖南长征文化遗产资源相关资料的编制和印刷，如《红军长征在湖南》文史资料丛书，还可编写湖南长征红色文化遗产资源名录、概述，红军长征在湖南研究等。二是与主流媒体、旅游杂志和旅游网站合作，开辟专栏、专题等形式，把湖南长征红色文化遗产旅游作为一个整体品牌进行营销和推广。三是建立湖南长征红色旅游主题网站，不断丰富旅游网站的内容，图文并茂，生动活泼，增强其知识性、吸引力、可读性。四是着力开发湖南长征红色文化相关产品，要深入挖掘红军长征在湖南的历史、人物、事件遗存，不断发现事物背后的英雄故事，积极开发文化产品，创造更多喜闻乐见、雅俗共赏的优秀文艺作品，再现湖南红军长征的历史文化，彰显独特品牌。

（六）完善智慧旅游服务体系

在智慧旅游背景下，将大数据、云计算等科学手段利用到旅游景区建设中，形成包括地理信息系统、旅游电子商务平台和电子门禁系统、景区门户网站和办公自动化系统、高峰期游客分流系统，从而建设一流智慧景区，提高旅游质量。同时加强景区环境建设，满足对基本旅游设施的需求，使游客在景区内能提高旅游舒适度。另外，重点打造景区旅游项目，建设高体验性、高参与度的旅游产品，增加游客的旅游体验，是红色文化通过形象的旅游活动展现出来，增强湖南民族地区红色旅游的趣味性，丰富当地旅游形式。

第五节　张家界文化旅游案例

近年来，张家界充分发挥在"锦绣潇湘"全域旅游基地建设中发挥龙头作用，大力推进全域旅游，旅游经济呈现勃勃生机。

一、全域旅游强力推进，呈现强劲的生机活力

张家界将全域旅游建设确定为践行新发展理念、提升发展品质、扩大发展格局的重大战略，全力推进"对标提质，旅游强市"战略和"11567"发展工程，力争率先形成区域发展的新支撑、新引擎，为全国全省全域旅游建设探寻新路径、提供新示范。其中，一是开展了"国家绿色旅游示范基地""中国国际特色地质奇观旅游目的地""国家全域旅游示范区"三项创建工作；二是加快了智慧旅游建设，构建宣传营销、交易平台、咨询服务、监管平台、信息共享的五大板块智慧旅游系统，形成产业与游客对接、政府与产业服务监管对接、线上与线下对接、区域与行业对接的四大体系；三是深化了旅游综合改革，成立了乡村旅游发展公司，多渠道筹措发展资金。

二、文化旅游纵深发展，助推张家界提质升级

"白天看美景，晚上赏大戏"已成为游客在张家界旅游的文化体验消费方式。《张家界·魅力湘西》《天门狐仙·新刘海砍樵》《武陵魂·梯玛神歌》《西兰卡普》等为张家界的文化旅游推波助澜。张家界文化旅游业从最初的"小打小闹"，逐渐演变成颇具行业竞争力的"新兴产业"，被誉为张家界旅游"延伸的美景"。近年来，国内外颇具实力的战略投资商纷纷来到张家界投资，抢占旅游文化产业高地。张家界正努力将文化旅游不断向纵深发展，助推文化旅游提质升级。

三、张家界文化旅游的制约因素

（一）交通瓶颈制约旅游发展

张家界属长线旅游目的地，要求交通必须具备可进入性。当前的交通现状不能满足快速发展的旅游形势。荷花机场航线航班少、无航空公司基地；2016年共35个航点城市，其中国际航线仅有9条，国际航点相对单一，主要集中在韩国、泰国、印尼。列车始发、直达班次少，无高铁，高速公路网络还未形成。市域内交通网络正处于提质升级阶段，从市中心进入武陵源核心景区、老道湾景区等景区景点均受影响，给游客带来不便。

（二）旅游国际化水平不高

旅游企业管理、服务国际化品牌引进不够，国际高端旅游人才引进不够。目前，全市外语导游仅有130名，只占执业导游的10%左右。国际旅游客源市场结构相对单一、规模小，2016年接待境外客人只有总接待量的7.27%，虽然境外客源地多达百个，但65%以上为韩国客人。自"萨德事件"发生以来，张

家界市境外旅游市场特别是韩国市场深受影响，境外接待市场不容乐观，2017年1—10月，接待境外游客299.95万人次，同比下降24.76%。

（三）旅游产品供给结构不优

张家界市自然、人文资源丰富，但是因为融合发展程度不高，旅游带动相关产业发展的效果不明显。目前旅游消费仍以自然风光产品为主，休闲度假产品不是很丰富，文化产品仅限于《天门狐仙》《魅力湘西》等几台演出节目；乡村体验游、休闲度假游、康体疗养游、研学科考游、户外探险游、红色旅游、购物游、宗教游等产品，品类不齐、规模不大、品质不高，没有形成现代化体系。后相继引进俄罗斯马戏城等大型节目，但均在建设之中，不能够满足中外游客多层次、多样性的旅游消费需求。

（四）智慧旅游建设滞后

智慧旅游的建设与发展最终体现在旅游体验、旅游管理、旅游服务和旅游营销的四个层面。目前，张家界市在利用云计算、物联网等新技术，通过互联网和便携的终端上网设备主动感知旅游资源、旅游经济、旅游活动、旅游者等信息方面，有待加强建设，主要体现在智慧景区建设还比较滞后，无线宽带网覆盖的景区少、使用质量也不高，景区视频、人流监控建设不足，缺乏对自然资源环境进行监测或监控等。

四、促进张家界文化旅游的对策

（一）改革创新旅游管理体制

要构建从全局谋划和推进、有效整合区域资源、统筹推进全域旅游的体制和工作格局，形成各部门联动的发展机制。成立高规格的全域旅游领导小组，加强对旅游相关事务的综合协调。要强化旅游部门在产业促进、资源统筹、发展协调、服务监管等方面的职能。旅游管理要从单一部门推动向部门综合联动的转变，形成对旅游业统一领导、统一规划、统一管理、统一协调的综合管理体制。

（二）推进旅游产品结构调整

重在坚持以游客为中心，以市场为导向，从提高供给质量出发，推进旅游结构调整，加快培育形成具有核心吸引力的全域旅游新产品。适应国内外旅游新趋势、新特点，提质传统旅游产品，开发新兴旅游产品，打造特色旅游产品，大力发展休闲度假、中医养生、红色旅游、乡村旅游、民俗文化旅游，打造商务会展、时尚演绎、极限运动、低空飞行、户外探险等对整个旅游市场具有引领和示范作用的中高端旅游产品，优化旅游产品供给，让游客在张家界全季节、全时空、全行程都可观景、休闲、度假。

（三）完善景区配套服务体系

旅游业涉及"吃住行游购娱"，要高度重视游客旅游之外的体验，在硬件和软件方面都要精心布局，完善道路交通，方便旅客出行；培育打造一批有代表性的酒店、宾馆、商场、停车场、公厕，给游客创造温馨、舒适、便利的环境和氛围；加强旅游市场监管，提升服务水平，严厉打击哄抬物价、强买强卖等扰乱市场秩序、侵犯游客权益、破坏旅游形象的违法行为，确保游客"吃得好、住得好、玩得好、行的通畅、游的开心、购得满意、娱的尽兴"，留下美好的旅行体验。此外，还要注意统筹抓好食品安全、交通安全、生产安全等，让游客玩得开心、吃得放心、过得舒心。

（四）培育培强市场主体

坚持"谁开发、谁投资、谁保护、谁受益"的原则，建立公开透明的市场准入标准和运行规则，鼓励各类经济成分投资旅游资源开发、建设和保护，推动旅游市场向社会资本全面开放，激发社会创造力。发展总部经济，培育、引进一批旅游集团、骨干旅游企业，推动有创新能力、有竞争力的企业上市。抓好"个转企、小升规"，搭建中小企业创业创新平台，开辟众创空间、创客基地，形成充满活力的旅游市场主体，不断满足旅游发展需求。

（五）加强旅游营销推广

树立"酒香也怕巷子深，酒好也要多吆喝"的理念，坚持"政府主导、企业主体、整合资源、统一营销"的原则，制定实施张家界旅游整体形象推广战略，构建传统与现代营销方式相结合、网上与网下相互动、国内与国际市场相统筹的宣传营销体系。要按照"运用大手笔、形成大声势、造成大影响、产生大效益"四大要求，利用"节事、政策、媒体、客源地"四大营销载体，开展多渠道、高密度的有影响、有创意、有效果的营销创新活动，不断制造兴奋点，让世界目光聚焦张家界，持续提升张家界旅游的美誉度和知名度。

第六节 侗族文化旅游案例

"文化景观由文化族群对自然的塑造而成。文化是动因，自然地域是媒介，文化景观是结果。"① 自 20 世纪初索尔首次提出"文化景观"（cultural landscape）概念以来，"自然—文化"的关系就成为这一概念及相关研究的核心议题。视觉理论家米特切尔认为，景观是一种文化实践，属于人类社会中社会文化关系自然化、再生产和转变的社会—政治过程。② 在西方的理论谱系中，景观理论呈现多元、动态发展的过程，包括被视为是"凝视"、看的方式、政治与社会空间、遗产，以及文化的景观、现象学方法、乡土景观等理论视角。③ 从遗产和乡土景观研究视域看，文化景观既是自然与文化交互的结果和产品，也包含这一过程中的文化实践和社会关系。作为历史地传承的栖居空间，村落文化景观是物质文化景观和非物质文化景观的结合体，是村落中的人在特定村落自然空间的生活、生命实践活动所塑造的时空表达，具有显著的空间性特征。在旅游介入背景下，传统村落的生产方式和社会关系受到深刻影响，这是一种在旅游利益相关者互动下的多维度旅游空间生产实践，其中重要的一点即是文化景观重构。湖南通道侗族自治县以其得天独厚的自然景观、人文胜迹和民俗风情相得益彰，成就一方神奇热土。旅游是文化的载体，文化是旅游的灵魂。通道结合地域文化特色，加快文化挖掘，一个个浓郁特色的文化资源、生态资源和旅游业发展完美结合，绘制出文化、生态与旅游相融互动的美丽画卷。文化因子的深耕精播，生态环境的恬静舒适，旅游资源的丰腴土壤，让通道这片传统与现代叠加、民族与世界大同的神奇之地焕发绚烂光彩。

---

① Sauer CO. The Morphology of Landscape ［J］. University of California Publications in Geography, 1925, 2 (2): 19 –53.

② Mitchell D. Landscape and Surplus Value: the Making of the Ordinary in Brentwood, CA. Abingdon: Routledge: 102 –107.

③ 徐青，韩锋. 西方文化景观理论谱系研究［J］. 中国园林，2016（12）.

一、立足优势资源，建设县域经济支柱产业

通道境内文化旅游资源丰富，禀赋高、组合佳，有神秘的民俗风情、神奇的自然山水、神圣的红色印迹，有"世遗侗寨""世界地质公园万佛山""通道转兵"堪称世界级和史诗级旅游名片，张家界—桂林国际旅游走廊和大湘西国际旅游走廊于此交汇，"中国步道"旅游大区将由此引领"国家公园"旅游时代，发展文化生态旅游产业是通道必然选择。通道侗乡素有"歌舞之乡"之称，在侗乡有一句俗话"饭养身、歌养心"，充分体现了侗族人民对歌舞的喜爱。通道侗族歌舞文化丰富多彩，境内流传着以哆吔、侗戏、琵琶歌、芦笙舞为代表的多种民族歌舞，其中侗族大歌享誉国内外。通道还是国家文化部授予的"中国芦笙艺术之乡"，特别是大型原创侗族歌舞"哆嘎哆吔"，2006年在湖南省艺术节上一举获得"田汉新剧目"奖等8项大奖。通道县是绿色醉人的生态王国，全县森林覆盖率达74.56%，是天然的"生态氧吧"；通道县是侗文化圣地，侗族文化遗产保存完好，沿黄土、芋头、坪坦、坪阳一带"百里侗文化长廊"多姿多彩；这里是人文景观画卷，马田鼓楼、芋头侗寨古建筑群、坪坦河风雨桥群让人走进侗族的历史；这里是淳朴民风的"世外桃源"，步入通道就如走进了天人合一的侗民族文化的美丽画卷。通道秉持"文化旅游是县域经济发展唯一出路"的共识，围绕"打造世界侗族风情旅游目的地"目标，坚定实施"生态立县""旅游兴县""文化强县"发展战略。作为文化旅游资源大县，通道握有"生态、文化、民俗"三张好牌，经过成功创建"全国最佳休闲旅游县""全国生态旅游示范县""全国民间艺术之乡""全国休闲农业与乡村旅游示范县""中国大学生最喜欢的旅游目的地""中国最具潜力的十大县域旅游排行榜榜首"，文化旅游已积聚了跨越式发展的强大能量。目前通道积极申报湖南省第二轮特色县域经济重点县（文化旅游类），依托侗族文化、生态文化和红色文化等核心资源和产业要素，坚持"全域旅游"理念，以"侗文化原生态体验"为主题，引导各类资源、资本、智力向重大项目聚集，形成旅游产业增长极，最终将通道建成为融民俗体验、山水观光、生态休闲、红色旅游为一体的全国侗文化旅游第一县，成为"张桂国际旅游走廊"的黄金节点、"中国步道"旅游大区的龙头、世界侗族风情旅游目的地。

二、文化与旅游深度融合，变无形文化为有形价值

2015 年 4 月，通道县成功举办了中国侗族大戊梁歌会暨第四届湘桂原生态风情节，打包推介民族文化的动人魅力，有效地促进了区域旅游资源共享、民族互融互助和经济社会共同发展。2014 年 10 月，在中国通道第十届侗族芦笙文化艺术节上，来自湘桂黔三省（区）近万名群众身着鲜艳的民族服装在这里载歌载舞，欢庆自己的节日。芦笙精英大赛，激情演绎侗族芦笙文化魅力；原生态歌舞表演，演员本乡本土，节目自编自演，歌舞原汁原味；传统体育竞技表演，哆毽、高脚马、打陀螺等传统体育竞技项目趣味十足；旅游商品展销，展示银饰、侗锦制作工艺，展销手工艺品、土特产品，表现侗族非物质文化遗产魅力。热闹纷呈的芦笙文化节，通道已经举办了九届。通道侗民族文化具有世界性、独特性、唯一性。通道应借助文化、生态的优势发展旅游，坚持走产业融合式发展的旅游兴县之路，按照"农业为旅游兴、工业为旅游活、商贸为旅游旺、服务为旅游强"的发展理念，以旅游为龙头，多产业融合发展。注入文化气息的旅游，就有了灵魂；有了文化的支撑，才能彰显其活力和生命力。皇都侗文化村、百里侗文化长廊、风雨桥、鼓楼、芋头古侗寨、独岩民俗风情园、侗族大歌、芦笙、侗锦、侗戏等侗族文化资源富有神秘色彩。原生态侗族歌舞"哆嘎哆吧"实景演出作为原生态音乐村的拳头旅游产品，与丹霞风光有机结合，在有限的区域内既能让旅游者感受侗族异质文化，又可游览秀美的自然生态景观，具备吸引游客眼球、激发消费欲望的优越条件。通道侗锦先后在全国"古城、古镇、古村"发展论坛、澳门非物质文化遗产展、第二届中国成都国际非遗节、第四届首尔国际纺织品博览会上亮相。坪坦河流域侗族聚居核心区村寨均为侗族村寨，芋头、坪坦、高步、横岭等侗寨保存现状好，文化元素全，集中体现出侗寨和侗族社会形态、文明形态的核心价值。通道侗寨以其独特的文化魅力和保护价值，已进入中国世界文化遗产预备名单。随着"申遗"的不断推进，通道走向世界步伐日益加快。行走在侗乡村寨，民族文化如颗颗璀璨的珍珠"缀"满大地，诠释着通道厚重的历史，给旅游带来了火爆的人气。

三、民俗生态给力，文化品牌带活朝阳产业

在独坡乡上岩村和坪寨村，"月地瓦"是一年一度的侗乡"情人节"，每年

吸引来自全国各地的新闻媒体记者、摄影协会的摄影爱好者，湘桂黔边区侗族群众上万人前来观看。当天上午，上岩和坪寨的小伙子们分成好几队，挑着酒桶，到对方的寨子里有姑娘的家庭中去"讨酒"。当天下午，两个村子的长者吹起芦笙，带领本村小伙到对方的寨子，把姑娘们接到本寨来。姑娘们在鼓楼旁的广场上手牵着手围成一圈，唱起侗家"哆吔"。小伙子和他们的长辈则在一旁观察，寻找合意的姑娘。"月地瓦"在晚上合拢宴时逐渐进入高潮。外村的姑娘和本村的小伙子在长长的合拢宴餐桌两边相对而坐。合拢宴上，年轻男女们相互敬酒、对唱，用各种方式表达爱意，交流情感。笑语欢歌，一直持续到深夜。"月地瓦"活动古老而富有特色，不少青年男女，通过"月地瓦"活动喜结良缘。不仅"月地瓦"受人欢迎，"大戊梁歌会"也是声名远播。为纪念"肖女与门龙"的爱情悲剧，侗族人民每年农历谷雨前3天的"大戊"之日，青年男女盛装打扮，云集大戊梁山上，对歌赛舞。

民族文化和特色旅游相融合，使得旅游更具生命力、吸引力和竞争力，文化也能更好地展现、弘扬和传承。通道按照市场运作、政府支持、部门负责、社会承办的机制，成立了县旅游节事办，面向游客办节事，把各类节事活动开发成游客青睐的旅游产品。通过举办湘桂黔大戊梁侗族民歌节暨侗锦织造技艺大奖赛、湘桂黔民族旅游商品博览会、芦笙文化艺术节、"吃冬"等节庆活动，做到了"一年两大节，一月一小节"。县里还承办了国台办海峡两岸民族文化交流活动，主办了全国摄影大展、全国旅游歌曲征集大赛、风景名胜区活动周等旅游主题活动，使通道旅游知名度不断扩大。

文化带动旅游，生态观光也是重要卖点。通道县森林覆盖率达74.56%，是天然的"生态氧吧"。龙底漂流号称"南国第一漂""矿泉水上的漂流"，这里有茂密丛林，有嶙峋怪石，有珍稀的动物和植物，感觉像世外桃源。4A级景区万佛山千峰竞秀，吸引各地游客慕名而来。观光农业方兴未艾。通道多家公司利用通道的生态环境与区位优势，在溪口、临口、下乡等地租基地1200多亩，投资1000多万元连片开发种植蔬菜，主要种植菜心、芥蓝等10余个品种，产品销往香港、澳门市场，很受欢迎，供不应求。哪里有旅游景区开发，哪里就有生态观光农业。通道休闲观光农业园区已投资发展蔬菜标准化生产采摘体验基地、玫瑰园、兰花基地、铁皮石斛生态种植基地、万佛山优质水果休闲体验基地，借此打造成集生态旅游、（休闲）观光农业、现代农业科技示范、农副产品精深加工为一体的高科技农业园区。游客们在这里体验"农"的氛围，参与"农"的生活，享受"农"的风情，感受"农"的文化，接受"农"的教育，品味劳动的乐趣与丰收的喜悦。

四、树立现代理念，打造通道旅游升级版

就民族文化旅游产业化而言，通道作为特色相当突出、资源极其丰富的一处"侗族文化圣地"，要全面实现民族传统文化、自然生态环境和现代化建设的和谐发展，就必须提升和整合各类资源，走产业延伸、产业关联、产业集群的路子，推动侗族文化产业的集群式发展，创新"侗族文化圣地"的丰富内涵。结合通道文化产业中歌舞文化、民俗文化、商贸文化，取其精华，去其糟粕。在招商引资的同时，要做好文化产业资源的整合、保护和开发工作。全力打造县城5A级旅游景区，这是通道树立现代理念，发展全域旅游的大手笔。文化旅游产业发展之路，是一条新路，需要勇气、魄力，更需要智慧、创新。要树立全域旅游的理念，将整个通道打造成一个大景区，旅客踏入通道，就是踏入景区。

全域旅游是通道未来发展的希望所在，通道把"全域资源、全面布局、全境打造、全民参与"的理念贯串到经济社会发展的各个行业、各个方面、各个领域。各行各业都自觉围绕旅游发展、服从旅游发展、服务旅游发展，做到结构围绕旅游调、设施围绕旅游建、产品围绕旅游卖、工作围绕旅游干。既要树立全域旅游资源的意识，每一个村寨、每一栋建筑、每一家酒店都是重要的旅游资源，都应严加保护；又要树立"做旅游就是做艺术"理念，用艺术的感悟去认识，用艺术的眼光去保护，用艺术的思维去发掘，用艺术的手法去打造，用艺术的灵感去组合；还要树立"做旅游就是做细节"理念，做到"吃有特色""住有档次""行有保障""游有看点""购有商品""娱有品位"。同时，把旅游市场做深做细。树立"后发也要高起点"理念，克服因陋就简倾向；树立"做旅游是一个过程"的理念，克服急功近利倾向。另外，发展"无景点旅游"是通道发展旅游的又一崭新理念。"游客在一个地方悠闲地待上几天，想做什么就做什么。"对于进入通道旅游的游客来说，不存在明确的游览目标，真正做到放松休闲，体现了新的旅游开发思路，从门票经济向产业经济转变。县政府已与万佛山、芋头侗寨、皇都侗文化村等景区群众全部签订了经营合作协议，

实行经营成果群众共享，鼓励群众参与旅游经营。通道旅游相关设施的建设正如火如荼。其中，怀通高速已建成通车，5条旅游公路投入使用，2家宾馆通过三星级评定，开工建设1家五星级宾馆，3家四星级宾馆，开发了有嚼头、惠龙兔业等旅游商品。新增2家大型购物示范点，正在建设县城旅游商贸街和皇都民族特色一条街。全县建成星级农庄11家、特色侗家乐45家。推出了闹春牛、哆吔等20余个原汁原味、参与性强的民俗表演节目；启动县城灯光亮化景观工程，在215个景区侗寨广泛开展"三清五改"整治活动。通道文化旅游业的迅猛发展，展示了古老的侗民族文化，成为通道形象的名片，为通道经济社会发展插上了腾飞的翅膀。

侗乡人民在千百年的历史长河中，保存和发展了原生的民族文化，原始的自然生态，原貌的历史遗存，形成了绚丽多姿的侗民族文化。通道侗族文化神秘，自然山水神奇，红色胜迹神圣，历史文化积淀丰厚，而且民族风情古朴浓郁，民族文化资源非常丰富。侗族丰富的文化资源也是一种旅游资源，具有很大的经济价值。因此，对侗族丰富的文化资源进行整体性的保护、挖掘、整理与科学开发实属必要。当地政府应精心策划，利用好发展民族文化旅游产业的良好条件，抓产业结构调整和资源开发整合，把文化体制改革引向深入，汇聚社会各方面的正能量，为民族文化旅游产业的发展提供强有力的思想保证、精神动力、舆论支持和文化条件，不断促进民族地区的经济腾飞、文化繁荣和旅游产业的发展。

第七节　无障碍文化旅游案例

在漫长的历史岁月中，湖南民族地区土家、苗、侗、瑶、白等民族创造了丰富多彩的文化，并留下了大量珍贵的历史文化遗产。随着当今经济和文化全球化的不断推进以及城市化进程的加快，环境污染日益突出，纯净的大自然离人们的日常生活越来越远，农村山清水秀的生态环境也越来越成为稀缺资源，人们渴望到大自然中感受人生，提高生活质量。"回归大自然，享受轻松生活"成为当前的旅游潮流。在民族传统文化流失严重与生态文化旅游日益发展的今天，湖南民族地区民族传统文化保护及无障碍旅游机制构建，有利于我们全面了解湖南民族地区的民族传统文化、弘扬湖南民族地区的优秀传统文化和增强民族自信心；有利于依托湖南民族地区的民族文化、生态、民俗等旅游资源，推进湖南民族地区无障碍旅游区域建设，提升湖南民族地区民族传统文化内涵及其文化地位。

一、湖南民族地区民族传统文化保护及无障碍旅游机制构建的紧迫性和重要性

目前，湖南民族地区的经济发展模式仍以高能耗、高排放、高污染的初级加工并输出为主，沿河的高污染源工厂的开设，不符合该地区可持续性经济发展要求，湖南民族地区部分地方出现了饮水水质低、水土保持差、污染严重等一系列问题。这对湖南民族地区文化遗产元素、生态系统以及生活方式造成了巨大破坏。

20世纪50年代，自国家开发湖南民族地区的水利资源以来，建设的主要水利工程达70多处。由于水体受重金属、有机物等污染，影响到鱼类的生长发育，在水库大坝截污的作用下，导致鱼的种类减少，产量下降。20世纪90年代初期，曾爆发过大规模死鱼现象。湖南民族地区因水利工程的修建，导致大部分地区的水位上升，很多古镇被淹没。由于防洪堤坝的修建，改变了原来的生态环境，破坏了原来的风貌，对湖南民族地区的文化遗产造成了巨大的破坏。而且，区域内的文化遗产保护及旅游开发大都处于个案状态，没有形成系统的全局观，区域内各县市的保护政策不一，信息资源不能共享，出现了保护资金的互相争夺，保护技术得不到沟通、旅游开发趋向于同质等现象。

湖南民族地区是国家目前正在大力扶贫攻坚区域的重要组成部分，这里少数民族比较集中，也是贫困人口较多的地区，加强区域内新农村建设，建立绿色生态带，加快旅游业的发展，构建无障碍旅游机制，对促进区域内社会、经济的可持续发展十分重要。

二、湖南民族地区无障碍旅游机制的构建

（一）加大保障力度

湖南民族地区无障碍旅游机制构建应围绕湖南民族地区经济社会发展的重点领域，根据宏观环境变化和发展的实际情况，进行政策研究，制定配套政策。

调整优化湖南民族地区经济社会发展总体布局，引导旅游产业发展、基础建设、城镇布局、环境保护等各类专项规划与湖南民族地区无障碍旅游机制构建全面对接。全面深化改革，加大支持力度，引导市场主体积极参与。按照"创新、协调、绿色、开放、共享"五大理念，落实中央和省市宏观调控政策，加强政府主导，确立旅游形象，大力进行市场推广，并协调多方利益，培育市场主体，建设重点项目，加快旅游接待和服务设施的建设和完善，为实现旅游业跨越式发展奠定基础。加强湖南民族地区无障碍旅游机制构建的制度建设，提高相关制度的科学性、指导性和操作性，形成定位清晰、功能互补、统一衔接的湖南民族地区无障碍旅游发展制度体系。完成重点旅游发展项目的旅游策划、规划和建设，大力开展和推进市场营销，以观光、节庆和专项旅游为先导，吸引人气，启动市场。鼓励湖南民族地区省市间积极探索相互协作的方式方法，实现无障碍旅游规划一张图、内容相融合。加强无障碍旅游规划衔接，注重短期政策与长期政策的衔接配合，强化政策导向，进行科学规划，提出湖南民族地区无障碍旅游机制构建的目标和任务，促进旅游发展，促进湖南民族地区经济社会的可持续发展。坚持以规划确定项目、以项目落实规划，并发挥重大项目在产业发展、基础设施、生态环保、农业科技创新等方面的带动作用，确保湖南民族地区无障碍旅游机制的科学性。

（二）强化政策支持，加大建设资金投入力度，加大旅游产业扶持力度

在交通、能源、水利、生态环保、基础设施、农业生产和社会事业等方面项目的安排上，支持湖南民族地区取消县以下（含县）以及集中连片特殊困难地区市州级配套，并享受国家差别化土地政策。适当放宽区域内具备旅游资源优势、有市场需求的部分行业准入限制，对在湖南民族地区开发利用旅游资源项目，予以优先审批核准、优先审批设置旅游资源开发权，可以申请减缴或免缴开发权使用费，加大旅游产业扶持力度。提升旅游产业在湖南民族地区国民经济中的地位，将湖南民族地区旅游产业培育成为有规模、有实力、可持续的重要支柱产业。开发休闲度假产品，建成休闲度假旅游目的地。完善旅游管理体系，提高服务水平，加大对外宣传力度，提高旅游收益，旅游业增长由数量规模型转向质量效益型，旅游业总体实力不断增强。

（三）深度开发精品资源

充分营造湖南民族地区重点景区景点的视觉观赏力与游客吸引力，不断延

伸服务功能，多层面开发湖南民族地区生态文化旅游、节庆休闲旅游、乡村旅游、红色旅游、医疗养生旅游、科考旅游、自驾车旅游和背包徒步旅游等多类型旅游产品，全面提高湖南民族地区旅游综合服务效益与整体规模效益。对脆弱性、稀缺性旅游资源实行立法保护。加强湖南民族地区可开发资源地居民的生态文明教育，严格管制开发性项目的环境评估与市场准入，确保湖南民族地区旅游生态景观持续优美、旅游发展环境更加和美、旅游服务产品日趋绝美。支持高星级酒店服务行业、现代电子商务中心、移动办公中心、文化艺术交流中心、健身美体中心、体育集训中心、医疗养生中心快速发展。加强林业生态体系建设，采取人造林、封山育林、低产林改造、绿化建设与修复等综合措施。加大森林、河流、湿地、水库保护和修复力度，强化重点区域地质灾害防治。加强自然保护区建设，通过新建、晋级、范围和功能区调整，形成类型齐全、分布合理、面积适宜、建设与管理科学的自然保护区网络。加强水资源保护和水环境综合治理，推进中小河流综合治理，强化重要水源涵养区和饮用水水源地保护。建立土壤污染防治和修复机制，抓好森林、湿地、湖库等重要生态系统以及生态脆弱地区保护修复。在优化结构、提高效益、降低消耗、保护环境的基础上，积极推进湖南民族地区工业化、城镇化、信息化，适度集中人口、集聚产业，着力提高综合承载能力。不断优化农产品主产区农业产业布局，积极发展高效经济林，促进花卉苗木、中药材、特色水果等农产品生产，推进现代生态农业发展。加强对重点生态功能区保护与建设，依法禁止任何破坏性开发活动，控制人为因素对自然生态系统的干扰，努力实现污染物零排放，不断提高生态环境质量。

（四）大力拓展共同市场

强化政府主导、业界作为，全方位发挥湖南民族地区旅游资源的整体优势，推介和提升湖南民族地区文化生态旅游的品牌魅力，注重观光旅游产品控制性开发，加速休闲度假旅游产品规模性开发，推进湖南民族地区旅游产品高规格开发，鼓励节庆、休闲、疗养等旅游产品的创新开发，引导其他旅游产品体系辅助性开发，择机适时推出并上市旅游资源品与权益品期货。科学指导重点景区的旅游发展，加快重点景区及周边区域的环境整治与资源保护工作，高质量完成景区净化工作，打造良好的旅游环境。以改善交通、卫生等基础设施为先导，加强餐饮、住宿、购物等配套设施建设。构建具有吸引力的旅游活动和商品体系。加强村寨之间的旅游公路建设，道路修建按风景道标准进行建设，要构建多样化的旅游交通体系，让道路本身也成为一种风景、一种体验。增进景区之间的联动，便利线路整合和旅游品牌的提升。大力加强市场营销，改变市场知名度弱势的基本状况。完善重点景区的解说系统建设，加强旅游人才队伍建设。对重点景区建设项目给予政策上的优惠和倾斜。

（五）共建共享旅游市场

按整体规划、要素互补、单体联动、规范有序的基本原则，消除湖南民族地区行政壁垒与人为障碍，鼓励并支持异地旅行社按有关规定在当地开办分支机构，积极培育核心旅游企业，加快推进区域旅游产业集群化进程。兴建湖南民族地区旅游电子商务平台，全面开放并对接旅游市场与服务，集中发布和推介旅游产品。健全湖南民族地区各主要旅游景区景点的旅游专业气象、地质灾害等监测预警预报系统和紧急救援体系，推进旅行社责任险和游客意外险改革。开展旅游行业服务与管理标准化体系建设，加强湖南民族地区旅游市场的统一监管与联动执法，维护旅游消费者和旅游经营者的合法权益。

（六）强化旅游生境保育

组建经济带地质生态保育监察委员会，全面开展边际水体的流域化治理，建立区域动植物保育目录和旅游产品保护目录，实行常年保育与动态监控。建设永久性禁止开发的亚热带物种基因保育特区，对脆弱性、稀缺性旅游资源实行立法保护。建立湖南民族地区协作共享信息平台，整合网络和信息资源，使公民在协作区内能够享受"异地无区别服务"，推进交通、信息、市场、工商监管、信用体系、法制、金融等政策一体化。推动大众创新创业。实施创新驱动战略，引导高校、科研机构与企业深入合作，建设一批高水平的创业园、科技园、孵化器、研发机构、信息平台、服务中介、创新中心，力争在湖南民族地区优势产业领域形成一批产学研战略联盟。加大财政对科技的投入力度，确保科学技术经费投入增长与财政收入增长相适应，支持企业提升自主创新能力，培育形成一批能够引领市场的创新型企业。大力培养和引进创新型人才，支持高等院校建立现代大学制度，进一步完善持久性人才政策和人才引进、评价、培养、使用、激励机制，努力培育和引进一大批创新型优秀人才。加大创新创业政策支持力度，加大财政资金引导力度，完善创业投融资机制，降低创新创业门槛和风险，努力形成有利于创新创业的良好环境。构筑开放开发高地。主动对接"一带一路"、长江经济带、北部湾经济区、西部大开发、湖南民族地区区域发展与扶贫攻坚、"一带一部"、湘黔战略合作、湘西地区开发等国家和湖南省重大发展战略，积极参与国际竞争与区域合作，推进全方位、多层次、宽领域的对内对外开放。依托主城区、火车站、飞机场、经开区，设立综合保税区、海关和外贸口岸，创新通关模式和转关机制，完善综合保税功能，打造集口岸作业、保税物流、保税加工、国际贸易、综合服务等功能于一体的海关特殊监管区和国际经济合作平台。着力发展对外贸易，开拓国际贸易通道，畅通南下广西、广东出海通道，努力把湖南民族地区建成我国西南腹地国际贸易的重要中转地区。全面扩大招商引资，坚持国资、外资、民资并重原则，积极引进央属企业、省属大型国有企业，大力引进产业关联度大、技术含量高、辐射带动力强的重大项目，进一步调整优化产业结构。

随着湖南民族地区社会经济的发展，湖南民族地区民族传统文化资源保护和开发具有了很好的机会。湖南民族地区民族传统文化保护及无障碍旅游机制的构建对增强和提升湖南民族地区文化软实力具有重要的现实意义与战略意义。湖南民族地区民族传统文化保护及无障碍旅游机制的构建应综合运用政策的、法律的、经济的、文化教育的、社会的等方面手段和方法，开展理论研究、申报保护、开发应用的系统性工程建设。湖南民族地区民族传统文化的历史印证、传承教育、艺术鉴赏、科学研究、开发利用、经济助推等诸多价值功能有待进一步研究和挖掘。

第八节　芷江和平文化旅游案例

中国人民抗战胜利受降纪念馆位于怀化市芷江县城东七里桥。1945 年 8 月 15 日，日本政府宣布无条件投降；8 月 21—23 日，日本降使今井武夫代表日本政府在芷江向中国政府无条件投降，中国政府在芷江举行震惊中外的中国战区受降典礼，史称"芷江受降"。为纪念"芷江受降"这一重大历史事件，1947 年国民政府在芷江修建"受降纪念坊"。1995 年，在纪念抗战受降 50 年之际，又在受降纪念坊右后侧修建一栋两层楼式的纪念馆。其建筑面积 1500 平方米，采用金字塔式纪念性、牌楼式民族性、屋顶式地方性造型。整个展馆设有"日寇侵华，罪行累累"，"中国抗战，浴血疆场"，"芷江受降，载入史册"，"牢记历史，珍爱和平"四个主题展览。馆内采用声光电等高科技手法陈列展出珍贵文物 436 件、资料照片 625 幅、二战时期兵器 43 件，被誉为"抗战胜利受降博览窗"。中国人民抗战胜利受降纪念馆于 2006 年 5 月被国务院公布为全国重点文物保护单位；2005 年 11 月被中央宣传部公布为全国爱国主义教育示范基地，是国家级 4A 级旅游景点，中国侨联爱教基地。

近年来，芷江依托悠久灿烂的历史文化，挖掘当地的和平文化和民俗文化，设计开发其旅游产品，有针对性地开发了民俗文化旅游线路等，使得芷江旅游有的看、有的听、有的吃、有的玩，也更有意义，从而更具竞争力和吸引力。

一、打造文化旅游品牌

文化品牌是一种市场资源，它综合了历史、自然、人文、地域等因素，形成一种文化心理的认同。文化产品的竞争力、文化产业的竞争力甚至文化竞争力，最终都体现在文化品牌的竞争力上。在经济全球化和文化多元化的环境中，一个地区的旅游文化产业的发展前景如何，固然与其自然环境和人文环境等因素密不可分，但制胜的关键在于能否根据本地实际塑造具有特色的文化品牌。和平文化作为芷江的文化旅游品牌，和平文化旅游主题开发大有可为。以旅游开发为切入点，继而统筹规划芷江和平文化资源的整合与开发，能较快产生聚合效应，形成具有竞争力的文化品牌和旅游品牌，从而可以充分利用珍贵的芷江和平文化资源，开发形成芷江新的系列旅游主题，为人民群众提供新的旅游内容和旅游方式。

二、增强和平文化与旅游的契合度

文化作为一种思想形态，只有植根于群众，植根于实践才能焕发生机和活力。在人们生活方式发生变化、生活质量不断提高的今天，为芷江和平文化找寻与人民群众感情相附、记忆相连的通道，进行适度的旅游开发不失为一个切实可行的选择。同时文化又是旅游持续发展的灵魂，文化含量在旅游中的作用愈显突出。在以文化为主要内涵的旅游方式日渐盛行的今天，和平文化旅游主题的切入恰逢其时。如果能以和平文化旅游作为引领，将是对芷江旅游的一次创造性开发。

实施和平文化旅游开发具有一石二鸟的效果。对于旅游者而言，和平文化资源作为历史文化的时空凝聚，其彰显的主题和内涵、引发的多元刺激超越了单一的感官体验，获得了以撷取文化印象、启发文化思考的旅游感受；对于本地文化建设而言，和平文化资源的集中包装、提炼，可以装点并彰显一个地方、一座城市的人文精华，从而促进文化旅游与区域文化的融合，并因此形成地方区域性品牌，增大了品牌影响的聚合效益。国内外文化旅游开发中旅游产业发展较快的地区，无不是文化得到充分挖掘与传承、开发与创新的地区。如果说，在旅游与文化日趋紧密结合的今天，全国很多旅游目的地已集中开发了生态旅游、红色文化旅游、民族旅游等旅游主题，并取得了良好的经济效益和社会效益，那么，整合芷江和平文化资源，发挥其潜在的旅游价值，以独特的和平文化旅游主题开发丰富并拓展芷江文化旅游新产业，无疑可以形成独一无二的新品牌，迅速提升芷江旅游的品位。

三、拓展和平文化旅游的意义

提出和平文化旅游主题的重要意义不仅仅是在于整合、开发旅游资源，而整合、开发旅游资源也不仅仅在于能够促进芷江旅游经济的增长，更重要的是它对人类社会发展的启迪与昭示意义。和平文化旅游主题所传达出的人与人、人与自然、人与社会之间和谐和睦、和平共存的理念，对于今天和未来世界文明的发展，意义无疑十分深远重大。因此，和平文化旅游主题的开发，可以使我们在扩展旅游视野的同时，也培植了旅游者的和平文化理念，懂得去培养和平意识、珍爱和平环境、弘扬和平文化，唤起人类追求和平的共同心声，从而达到促进世界和谐发展和人类社会不断进步的根本目的。开发和平文化旅游主题可以产生聚变效应、拓展和平文化旅游的意义。

第七章

湖南民族地区文化与旅游融合发展的前景与路径分析

第一节　加强旅游基础设施和公共服务设施建设

一、加强旅游公共服务设施建设

提升旅游公共服务设施。结合美丽乡村建设、新型城镇化建设、移民搬迁等工作，实施乡村绿化、美化、亮化工程，提升乡村景观，改善文化旅游环境。加快交通干道、重点旅游景区到旅游地的道路交通建设，提升文化旅游的可进入性。鼓励有条件的旅游城市与游客相对聚集文化旅游区间开通旅游公交专线、旅游直通车，方便城市居民和游客到旅游景区消费。完善农村公路网络布局，加快乡镇、建制村硬化路"畅返不畅"整治，提高农村公路等级标准，鼓励因地制宜发展旅游步道、登山步道、自行车道等慢行系统。引导自驾车房车营地、交通驿站建设向特色村镇、风景廊道等重要节点延伸布点，定期发布文化旅游自驾游精品线路产品。加强文化旅游供水供电、垃圾污水处理、停车、环卫、通讯等配套设施建设，提升文化旅游发展保障能力。支持湖南民族地区重点旅游目的地的旅游公共信息服务、公共交通服务、安全保障服务等公共服务设施建设，以及重点景区的道路等基础设施建设。其中主要建设内容包括旅游咨询中心，区域性旅游应急救援基地，游客集散中心、集散分中心及集散点，旅游交通引导标识系统，旅游数据中心等。

二、加强重点景区基础设施建设

集中力量建设一批基础设施完善、吸引力强、服务质量好的新景区，重点支持建档立卡贫困村周边、具备一定条件、通过中央资金扶持能够迅速带动当地居民脱贫致富的景区建设，提高接待能力，增强综合带动作用。主要建设内容包括景区到交通干线的连接路，景区内的道路、步行道、停车场、厕所、供水供电设施、垃圾污水处理设施、消防设施、安防监控设施、解说教育系统、应急救援设施、游客信息服务设施以及环境整治等。

实施"厕所革命"新三年计划，引进推广厕所先进技术。结合乡村实际因地制宜进行厕所建设、改造和设计，注重与周边和整体环境布局协调，尽量体现地域文化特色，配套设施始终坚持卫生实用，反对搞形式主义、奢华浪费。积极组织开展厕所革命公益宣传活动，深入开展游客、群众文明如厕教育。

推动建立文化旅游咨询服务体系。在有条件、游客数量较大的文化旅游区建设游客咨询服务中心，进一步完善文化旅游标识标牌建设，强化解说、信息咨询、安全救援等服务体系建设，完善餐饮住宿、休闲娱乐、户外运动、商品购物、文化展演、民俗体验等配套服务，促进文化旅游便利化。加快推动文化旅游信息平台建设，完善网上预订、支付、交流等功能，推动文化旅游智慧化。

三、加强红色旅游基础设施建设

重点打造一批湖南民族地区红色旅游经典景区，着力改善基础设施条件，完善配套服务设施，加强区域资源整合和产业融合，使其更好地满足开展爱国主义、集体主义和社会主义教育的功能。主要建设内容包括湖南民族地区红色旅游经典景区到交通干线的连接路，景区内道路、步行道、停车场、厕所、供水供电设施、垃圾污水处理设施、消防设施、安防监控设施、展陈场馆、解说教育系统、游客信息服务设施以及环境整治等，国家级抗战纪念设施、遗址的必要维修保护，等等。

第二节 丰富文化内涵，提升旅游产品品质

一、突出文化旅游文化特色

在保护的基础上，有效利用文物古迹、传统村落、民族村寨、传统建筑、农业遗迹、灌溉工程遗产、农业文化遗产、非物质文化遗产等，融入文化旅游产品开发。促进文物资源与文化旅游融合发展，支持在文物保护区域因地制宜适度发展服务业和休闲农业，推介文物领域研学旅行、体验旅游、休闲旅游项目和精品旅游线路，发挥文物资源对提高国民素质和社会文明程度、推动经济社会发展的重要作用。支持农村地区地域特色文化、民族民间文化、优秀农耕文化、传统手工艺、优秀戏曲曲艺等传承发展，创新表现形式，开发一批乡村文化旅游产品。依托文化旅游创客基地，推动传统工艺品的生产、设计等和发展文化旅游有机结合。鼓励乡村与专业艺术院团合作，打造特色鲜明、体现地方人文的文化旅游精品。大力发展乡村特色文化产业。支持在乡村地区开展红色旅游、研学旅游。

二、丰富文化旅游产品类型

对接旅游者观光、休闲、度假、康养、科普、文化体验等多样化需求，促进传统文化旅游产品升级，加快开发新型文化旅游产品。结合现代农业发展，建设一批休闲农业精品园区、农业公园、农村产业融合发展示范园、田园综合体、农业庄园，探索发展休闲农业和文化旅游新业态。结合乡村山地资源、森林资源、水域资源、地热冰雪资源等，发展森林观光、山地度假、水域休闲、冰雪娱乐、温泉养生等旅游产品。鼓励有条件地区，推进文化旅游和中医药相结合，开发康养旅游产品。充分利用农村土地、闲置宅基地、闲置农房等资源，开发建设乡村民宿、养老等项目。依托当地自然和文化资源禀赋发展特色民宿，在文化传承和创意设计上实现提升，完善行业标准、提高服务水平、探索精准营销，避免盲目跟风和低端复制，引进多元投资主体，促进乡村民宿多样化、个性化、专业化发展。鼓励开发具有地方特色的服饰、手工艺品、农副土特产

品、旅游纪念品等旅游商品。

三、提高文化旅游服务管理水平

制定完善文化旅游各领域、各环节服务规范和标准，加强经营者、管理者、当地居民等技能培训，提升文化旅游服务品质。提升当地居民旅游观念和服务意识，提升文明习惯、掌握经营管理技巧。鼓励先进文化、科技手段在文化旅游产品体验和服务、管理中的运用，增加文化旅游发展的知识含量。大力开展专业志愿者支援乡村行动，鼓励专业人士参与乡村景观设计、文化旅游策划等活动。探索运用连锁式、托管式、共享式、会员制、分时制、职业经理制等现代经营管理模式，提升文化旅游的运营能力和管理水平。

第三节 创建文化旅游品牌，加大市场营销

一、培育构建文化旅游品牌体系

树立文化旅游品牌意识，提升品牌形象，增强文化旅游品牌的影响力和竞争力。鼓励各地整合文化旅游优质资源，推出一批特色鲜明、优势突出的文化旅游品牌，构建全方位、多层次的文化旅游品牌体系。建立湖南民族地区文化旅游重点村名录，开展文化旅游精品工程，培育一批湖南民族地区文化旅游精品村、精品单位。鼓励具备条件的地区集群发展文化旅游，积极打造有影响力的文化旅游目的地。支持资源禀赋好、基础设施完善、公共服务体系健全的文化旅游点申报创建 A 级景区、旅游度假区、特色小镇等品牌。

二、创新文化旅游营销模式

发挥政府积极作用，鼓励社会力量参与文化旅游宣传推广和中介服务，鼓励各地开展文化旅游宣传活动，拓宽文化旅游客源市场。依托电视、电台、报纸等传统媒体资源，利用旅游推介会、博览会、节事活动等平台，扩大文化旅游宣传。充分利用新媒体自媒体，支持电商平台开设文化旅游频道，开展在线宣传推广和产品销售等。

第四节　探索推广发展模式，完善利益联结机制

一、探索推广发展模式

支持旅行社利用客源优势，最大限度宣传推介旅游资源并组织游客前来旅游，并通过联合营销等方式共同开发市场的"旅行社带村"模式。积极推进景区辐射带动周边发展文化旅游，形成乡村与景区共生共荣、共建共享的"景区带村"模式。大力支持懂经营、善管理的本地及返乡能人投资旅游，以吸纳就业、带动创业的方式带动农民增收致富的"能人带户"模式。不断壮大企业主导文化旅游经营，吸纳当地村民参与经营或管理的"公司＋农户"模式。引导规范专业化服务与规模化经营相结合的"合作社＋农户"模式。鼓励各地从实际出发，积极探索推广多方参与、机制完善、互利共赢的新模式新做法，建立定性定量分析的工作台账，总结推广旅游扶贫工作。

二、完善利益联结机制

突出重点，做好深度贫困地区旅游扶贫工作。建立健全多元的利益联结机制，让农民更好分享旅游发展红利，提高农民参与性和获得感。探索资源变资产、资金变股金、农民变股东的途径，引导村集体和村民利用资金、技术、土地、林地、房屋以及农村集体资产等入股文化旅游合作社、旅游企业等获得收益，鼓励企业实行保底分红。支持在贫困地区实施一批以乡村民宿改造提升为重点的旅游扶贫项目，引导贫困群众对闲置农房升级改造，指导各地在明晰产权的基础上，建立有效的带贫减贫机制，增加贫困群众收益。支持当地村民和回乡人员创业，参与文化旅游经营和服务。鼓励文化旅游企业优先吸纳当地村民就业。

第五节 整合资金资源，强化要素保障

一、完善财政投入机制

加大对文化旅游项目的资金支持力度。鼓励有条件、有需求的地方统筹利用现有资金渠道，积极支持提升村容村貌，改善文化旅游重点村道路、停车场、厕所、垃圾污水处理等基础服务设施。按规定统筹的相关涉农资金可以用于培育发展休闲农业和文化旅游。根据旅游业发展及财力情况，逐步增加省级旅游产业发展专项资金规模，鼓励各地统筹相关资金加大对文化旅游基地建设的支持力度。制定支持湖南旅游业发展的奖补措施，根据对外开放需要开设旅游对外援助项目，引导旅游业持续健康发展。

二、加强用地保障

将文化旅游项目建设用地纳入国土空间规划和年度土地利用计划统筹安排。在符合生态环境保护要求和相关规划的前提下，鼓励湖南民族地区按照相关规定，盘活农村闲置建设用地资源，开展城乡建设用地增减挂钩，优化建设用地结构和布局，促进休闲农业和文化旅游发展，提高土地节约集约利用水平。鼓励通过流转等方式取得属于文物建筑的农民房屋及宅基地使用权，统一保护开发利用。在充分保障农民宅基地用益物权的前提下，探索农村集体经济组织以出租、入股、合作等方式盘活利用闲置宅基地和农房，按照规划要求和用地标准，改造建设文化旅游接待和活动场所。支持历史遗留工矿废弃地再利用、荒滩等未利用土地开发文化旅游。对旅游项目用地，符合单独选址用地报批条件的，可按单独选址报批；旅游景区内成片的，在不改变土地原用途和功能、保持原貌的前提下，可按原地类管理，通过土地流转方式获得土地经营权；旅游风景区及其周边符合城乡总体规划、土地利用总体规划和其他保护地规划的建设用地区域，在不涉及占用耕地的前提下，可开发建设符合国家规定的产业项目，但禁止变相建设别墅类房地产、高尔夫球场、赛马场等国家产业政策禁止

类项目。旅游景区以外的旅游公共厕所、游客服务中心、旅游停车场、景观绿化等非营利性城市基础设施建设项目，可按划拨方式供地。在符合土地利用总体规划的前提下，允许农村集体经济组织和村民利用集体建设用地自主开发旅游项目；允许利用非耕农用地、林地等集体土地承包权，在不改变土地用途的前提下，以作价出资、投资入股、租赁方式与开发商合作开发旅游项目；对符合土地利用总体规划和保护自然生态环境的旅游项目，在不改变农用地性质的前提下，可通过土地流转方式获得土地经营权。

三、加强金融支持

鼓励金融机构为文化旅游发展提供信贷支持，创新金融产品，降低贷款门槛，简化贷款手续，加大信贷投放力度，扶持文化旅游龙头企业发展。依法合规推进农村承包土地的经营权、农民住房财产权抵押贷款业务，积极推进集体林权抵押贷款、旅游门票收益权质押贷款业务，扩大文化旅游融资规模，鼓励文化旅游经营户通过小额贷款、保证保险实现融资。鼓励保险业向文化旅游延伸，探索支持文化旅游的保险产品。创新旅游投融资机制，鼓励有条件的地方设立旅游产业促进基金并实行市场化运作，推动旅游资源资产证券化试点，支持旅游企业直接上市融资，促进旅游资源市场化配置，引导各类资金参与文化旅游基地建设。鼓励开发性金融为文化旅游项目提供资金支持。开展旅游项目银企对接，推动有市场潜力的重点旅游项目进入金融市场融资。

四、加强人才队伍建设

将文化旅游纳入各级乡村振兴干部培训计划，加强对县、乡镇党政领导发展文化旅游的专题培训。通过专题培训、送教上门、结对帮扶等方式，开展多层次、多渠道的文化旅游培训。各级人社、农业农村、文化和旅游、扶贫等部门要将文化旅游人才培育纳入培训计划，加大对文化旅游的管理人员、服务人员的技能培训，培养结构合理、素质较高的文化旅游从业人员队伍。开展文化旅游创客行动，组织引导大学生、文化艺术人才、专业技术人员、青年创业团队等各类"创客"投身文化旅游发展，促进人才向乡村流动，改善文化旅游人才结构。将旅游业"引智入湘、送智下乡"计划纳入省科技特派员、"三区"科技人才计划，选派旅游科技副县长或旅游科技特派员赴湖南民族地区指导文化旅游示范创建工作。加强旅游智库建设，提升湖南民族地区旅游科研和智力服务水平，争取国家在我省设立以生态旅游和文化旅游为重点研究方向的旅游研发中心或院士工作站。优化高等院校、职业学校的旅游学科和专业设置，大力发展旅游职业教育，加快培养适应文化旅游发展要求的技术技能人才。鼓励在全省职业院校技能竞赛中开设旅游类项目，办好全省导游讲解大赛、全省旅游饭店服务技能大赛等活动，培养旅游行业"湖湘工匠"。

第六节　大力发展民族文化产业

一、强化政策支持，加大建设资金投入力度，加大旅游产业扶持力度

在交通、能源、水利、生态环保、基础设施、农业生产和社会事业等方面项目的安排上，支持湖南民族地区取消县以下（含县）以及集中连片特殊困难地区市州级配套，并享受国家差别化土地政策。适当放宽区域内具备旅游资源优势、有市场需求的部分行业准入限制，对在湖南民族地区开发利用旅游资源项目，予以优先审批核准、优先审批设置旅游资源开发权，可以申请减缴或免缴开发权使用费，加大旅游产业扶持力度。提升旅游产业在湖南民族地区国民经济中的地位，将湖南民族地区旅游产业培育成为有规模、有实力、可持续的重要支柱产业。开发休闲度假产品，建成休闲度假旅游目的地。完善旅游管理体系，提高服务水平，加大对外宣传力度，提高旅游收益，旅游业增长由数量规模型转向质量效益型，旅游业总体实力不断增强。

二、深度开发精品资源

充分营造湖南民族地区重点景区景点的视觉观赏力与游客吸引力，不断延伸服务功能，多层面开发湖南民族地区生态文化旅游、节庆休闲旅游、乡村旅游、红色旅游、医疗养生旅游、科考旅游、自驾车旅游和背包徒步旅游等多类型旅游产品，全面提高湖南民族地区旅游综合服务效益与整体规模效益。对脆弱性、稀缺性旅游资源实行立法保护。加强湖南民族地区可开发资源地居民的生态文明教育，严格开发性项目的环境评估与市场准入管制，确保湖南民族地

区旅游生态景观持续优美、旅游发展环境更加和美、旅游服务产品日趋绝美。支持高星级酒店服务行业、现代电子商务中心、移动办公中心、文化艺术交流中心、健身美体中心、体育集训中心、医疗养生中心快速发展。加强林业生态体系建设，采取人造林、封山育林、低产林改造、绿化建设与修复等综合措施。加大森林、河流、湿地、水库保护和修复力度，强化重点区域地质灾害防治。加强自然保护区建设，通过新建、晋级、范围和功能区调整，形成类型齐全、分布合理、面积适宜、建设与管理科学的自然保护区网络。加强水资源保护和水环境综合治理，推进中小河流综合治理，强化重要水源涵养区和饮用水水源地保护。建立土壤污染防治和修复机制，抓好森林、湿地、湖库等重要生态系统以及生态脆弱地区保护修复。在优化结构、提高效益、降低消耗、保护环境的基础上，积极推进湖南民族地区工业化、城镇化、信息化，适度集中人口、集聚产业，着力提高综合承载能力。不断优化农产品主产区农业产业布局，积极发展高效经济林，促进花卉苗木、中药材、特色水果等农产品生产，推进现代生态农业发展。加强对重点生态功能区保护与建设，依法禁止任何破坏性开发活动，控制人为因素对自然生态系统的干扰，努力实现污染物零排放，不断提高生态环境质量。

三、大力拓展共同市场

强化政府主导、业界作为，全方位发挥湖南民族地区旅游资源的整体优势，推介和提升湖南民族地区文化生态旅游的品牌魅力，注重观光旅游产品控制性开发，加速休闲度假旅游产品规模性开发，推进湖南民族地区旅游产品高规格开发，鼓励节庆、休闲、疗养等旅游产品的创新开发，引导其他旅游产品体系辅助性开发，择机适时推出并上市旅游资源品与权益品期货。科学指导重点景区的旅游发展，加快重点景区及周边区域的环境整治与资源保护工作，高质量完成景区净化工作，打造良好的旅游环境。以改善交通、卫生等基础设施为先导，加强餐饮、住宿、购物等配套设施建设。构建具有吸引力的旅游活动和商品体系。加强村寨之间的旅游公路建设，道路修建按风景道标准进行建设，要构建多样化的旅游交通体系，让道路本身也成为一种风景、一种体验。增进景区之间的联动，便利线路整合和旅游品牌的提升。大力加强市场营销，改变市场知名度弱势的基本状况。完善重点景区的解说系统建设，加强旅游人才队伍建设。对重点景区建设项目给予政策上的优惠和倾斜。

四、共建共享旅游市场

按整体规划、要素互补、单体联动、规范有序的基本原则，消除湖南民族地区行政壁垒与人为障碍，鼓励并支持异地旅行社按有关规定在当地开办分支机构，积极培育核心旅游企业，加快推进区域旅游产业集群化进程。兴建湖南民族地区旅游电子商务平台，全面开放并对接旅游市场与服务，集中发布和推介旅游产品。健全湖南民族地区各主要旅游景区景点的旅游专业气象、地质灾害等监测预警预报系统和紧急救援体系，推进旅行社责任险和游客意外险改革。开展旅游行业服务与管理标准化体系建设，加强湖南民族地区旅游市场的统一监管与联动执法，维护旅游消费者和旅游经营者的合法权益。

五、强化旅游生境保育

组建经济带地质生态保育监察委员会，全面开展边际水体的流域化治理，建立区域动植物保育目录和旅游产品保护目录，实行常年保育与动态监控。建设永久性禁止开发的亚热带物种基因保育特区，对脆弱性、稀缺性旅游资源实行立法保护。建立湖南民族地区协作共享信息平台，整合网络和信息资源，使公民在协作区内能够享受"异地无区别服务"，推进交通、信息、市场、工商监管、信用体系、法制、金融等政策一体化。推动大众创新创业。实施创新驱动战略，引导高校、科研机构与企业深入合作，建设一批高水平的创业园、科技园、孵化器、研发机构、信息平台、服务中介、创新中心，力争在湖南民族地区优势产业领域形成一批产学研战略联盟。加大财政对科技的投入力度，确保科学技术经费投入增长与财政收入增长相适应，支持企业提升自主创新能力，培育形成一批能够引领市场的创新型企业。大力培养和引进创新型人才，支持高等院校建立现代大学制度，进一步完善持久性人才政策和人才引进、评价、培养、使用、激励机制，努力培育和引进一大批创新型优秀人才。加大创新创业政策支持力度，加大财政资金引导力度，完善创业投融资机制，降低创新创业门槛和风险，努力形成有利于创新创业的良好环境。构筑开放开发高地。主动对接"一带一路"、长江经济带、北部湾经济区、西部大开发、湖南民族地区区域发展与扶贫攻坚、"一带一部"、湘黔战略合作、湘西地区开发等国家和湖南省重大发展战略，积极参与国际竞争与区域合作，推进全方位、多层次、宽领域的对内对外开放。依托主城区、火车站、飞机场、经开区，设立综合保税区、海关和外贸口岸，创新通关模式和转关机制，完善综合保税功能，打造集口岸作业、保税物流、保税加工、国际贸易、综合服务等功能于一体的海关特殊监管区和国际经济合作平台。着力发展对外贸易，开拓国际贸易通道，畅通南下广西、广东出海通道，努力把湖南民族地区建成我国西南腹地国际贸易的重要中转地区。全面扩大招商引资，坚持国资、外资、民资并重原则，积极引进央属企业、省属大型国有企业，大力引进产业关联度大、技术含量高、辐射带动力强的重大项目，进一步调整优化产业结构。

湖南民族地区民族文化遗产保护及民族文化产业的构建对增强和提升湖南民族地区文化软实力具有重要的现实意义与战略意义，湖南民族地区民族文化遗产的历史印证、传承教育、艺术鉴赏、科学研究、开发利用、经济助推等诸多价值功能有待进一步研究和挖掘。随着湖南民族地区社会经济的发展，湖南民族地区民族文化遗产资源保护和开发具有了很好的机会。湖南民族地区民族文化遗产保护及民族文化产业的构建应综合运用政策、法律、经济、文化教育、社会等诸方面手段和方法，开展理论研究、申报保护、开发应用的系统性工程建设。

第八章

湖南民族地区文化与旅游融合发展的未来趋势与前景

第一节 湖南民族地区文化与旅游融合发展的未来趋势

一、发展民族文化旅游

（一）湖南民族地区丰富多样的民族传统文化

湖南民族地区分布着土家、苗、侗、瑶、白等世居少数民族，民族传统文化资源丰富，文化元素多样、底蕴深厚。

1. 独特的水运文化

湖南民族地区的沅水等河流在区位上具有北通巴蜀，南抵粤桂，西扼滇黔的优势，是历代军运和商贸的交通要道。湖南民族地区的航线在明清和民国时期达到极盛，木材、桐油、盐、药材、煤、粮食、棉花、矿产以及鸦片等物资每日在河道和码头川流不息；抗战时期，长江航线被毁，酉水航线、辰水航线就成了关系国家安危的"生命航线"。湖南民族地区著名的水运码头、麻阳船、麻阳水手、麻阳号子、沅水号子、洪江商贸诚信守则、杨公信仰、伏波信仰以及与水运有关的神话传说、歌谣戏曲、民风民俗等都见证了当时湖南民族地区水运交通的辉煌。

2. 丰富的文化遗产

从远古时代就有人类在湖南民族地区定居、繁衍，至今已发现的旧石器与新石器遗址多达50多处，先秦时期文化遗址有700多处。湖南民族地区目前已有60多项国家级非物质文化遗产，40多处4A国家级旅游景区、60多处全国重点文物保护单位。靖州斗篷坡遗址、洪江高庙遗址、新晃高坎垅遗址、里耶古城、麻阳九曲湾古铜矿井遗址、沅陵黔中郡遗址、虎溪山西汉墓等古遗址、古墓葬的发掘证明了当时湖南民族地区的生产力水平并不亚于黄河流域和长江流域。浦市桐木垅至罗家村发现了从战国一直延续到唐、宋时期的古墓葬群，被专家称为"沅水文化类群"。唐代的龙兴讲寺、芙蓉楼、元代出土的侯王墓、明清时期的中方荆坪古建筑群、会同高椅民居、通道芋头侗寨、沅陵虎溪书院等历史文物是辉煌的湖南民族地区多民族文化的见证。近现代的文化遗产也十分丰富，著名的有芷江抗日战争胜利纪念坊、"湘西大会战"遗址、"通道转兵"遗址、向警予故居、粟裕故居、滕代远故居、袁隆平杂交水稻实验基地等。湖南民族地区杰出人物为反帝反封建所进行的革命文化，既继承了马克思主义的基本理论，具有坚定的革命性和强烈的政治性，同时在革命的具体实践过程中，又带有浓郁的地方性和民族性。湖南民族地区早期革命家丰厚的马克思主义思想，力图凸显马克思主义的地方化。它与中华文化及各地的红色文化既一脉相承，又有所突破创新。在探索马克思主义地方化的发展轨迹中，一方面继承了中华文化中的优秀文化，另一方面又丰富和发展了整个中华传统文化的体系。

　　3. 和谐共生的多元文化

　　湖南民族地区的多元文化融合，既表现在多民族文化的融合上，也表现在多地域文化的融合上。湖南民族地区的文化是五溪文化、巫傩文化、盘瓠文化等土著文化与湘楚文化、巴蜀文化、云贵文化、岭南文化、吴越文化及中原文化的多元融合。这些文化汇聚于湖南民族地区，并相互影响和融合。明清以来，自东向西的军事和商业移民对于该地域的建设起到了重要作用，此地汇集了江西、安徽、江浙、滇黔及秦晋的诸多文化要素，不仅改变了湖南民族地区的社会状况，而且对这一区域的经济发展产生了深刻的影响。自屈原流放之后，很长的历史时期里湖南民族地区的沅水流域是流放逐臣之所，唐代有刘景先、王昌龄、张镐、戎昱、畅璀、郑炼师，五代后唐有豆庐革，宋代有邵宏渊、王庭、程子山、万俟，南宋有魏了翁。明代有宋昌裔、王襄毅、汪汝成、沈朝焕、邵元善等。汉代伏波将军马援曾披甲率兵于此，死后被尊为水神，湖南民族地区的沅水流域到处可见伏波将军庙。明代著名哲学家王守仁寓居沅陵龙兴讲寺月余，讲授"致良知"心学。众多文化名人的到来，留下了众多绚烂的文化瑰宝，为湖南民族地区增添了中原文化底蕴。湖南民族地区多民族杂居，该区域的各族人民共同创造了世界瞩目、大放异彩的多民族文化，如溆浦辰河目连戏、辰溪辰河高腔、靖州苗族歌鼟、新晃侗族傩戏、沅陵辰州傩戏、辰溪茶山号子、通道侗族芦笙、通道侗戏、溆浦花瑶挑花等。

（二）湖南民族地区民族传统文化创新性保护的紧迫性和重要性

目前，湖南民族地区的经济发展模式仍以高能耗、高排放、高污染的初级加工并输出为主，沿河的高污染源工厂的开设，不符合该地区可持续性经济发展要求，湖南民族地区部分地方出现了饮水水质低、水土保持差、污染严重等一系列问题。这对湖南民族地区文化遗产元素、生态系统以及生活方式造成了巨大破坏。

20世纪50年代，自国家开发湖南民族地区的水利资源以来，建设的主要水利工程达70多处。由于水体受重金属、有机物等污染，影响到鱼类的生长发育，在水库大坝截污的作用下，导致鱼的种类减少，产量下降。20世纪90年代初期，曾爆发过大规模死鱼现象。湖南民族地区因水利工程的修建，导致大部分地区的水位上升，很多古镇被淹没。由于防洪堤坝的修建，改变了原来的生态环境，破坏了原来的风貌，对湖南民族地区的文化遗产造成了巨大的破坏。而且，区域内的文化遗产保护及旅游开发大都处于个案状态，没有形成系统的全局观，区域内各县市的保护政策不一，信息资源不能共享，出现了保护资金的互相争夺，保护技术得不到沟通、旅游开发趋向于同质等现象。

湖南民族地区是国家目前正在大力扶贫攻坚区域的重要组成部分，这里少数民族比较集中，也是贫困人口较多的地区，加强区域内新农村建设，建立绿色生态带，加快旅游业的发展，构建无障碍旅游机制，对促进区域内社会、经济的可持续发展十分重要。文化繁荣兴盛是民族繁荣兴盛的鲜明标志和重要支撑。党的十八大以来，以习近平同志为核心的党中央着力推进社会主义文化强国建设，湖南民族地区的民族传统文化，包括物质文化、精神文化和制度文化正是我们今天进行生态家园建设、全面繁荣社会主义文化的重要资源和基础。

（三）湖南民族地区民族传统文化创新性保护对策

湖南民族地区的发展历史和文化传统有着独特的特点，当前，湖南民族地区民族传统文化资源的开发利用并不是很理想，许多民族传统文化资源面临着消失的困境，缺少科学系统的发展体系，制约了文化资源的开发利用。湖南民族地区民族传统文化蕴含了湖南民族地区少数民族独特的精神价值和民族文化，其价值不可估量。可是，随着社会经济的发展和进步，湖南民族地区民族传统社会也发生了巨大的变化，湖南民族地区少数民族的年轻一代中外出打工甚至在外发展的人逐渐增多，再加上湖南民族地区少数民族民间老艺人的相继去世，湖南民族地区价值巨大的民族传统文化面临着失传的危险。因此，保护和传承湖南民族地区民族传统文化迫在眉睫。各级政府应科学制定与湖南民族地区民族传统文化相关的科教战略与发展战略；建立具有区域特色的湖南民族地区民族传统文化传承形态；建设专业、专职研发队伍；各级立法机关应制定相关法律法规、地方性法规和旅游管理条例，明确湖南民族地区民族传统文化的产权，建立和完善湖南民族地区民族传统文化法律保护体系；各级政府应坚持"重传承、轻市场，保护第一、开发第二，先规划、后建设"的基本原则，建立和完善促进湖南民族地区民族传统文化事业发展的各项政策；应积极挖掘和申报新的遗产项目；应积极抢救性挖掘、保护和传承湖南民族地区民族传统文化；发展湖南民族地区民族传统文化相关产业，提升本区域文化软实力，推动本区域经济社会发展，增强本区域的综合实力。

1. 发展湖南民族地区少数民族经济

经济是文化的基础，要保护和传承好民族传统文化，就必须大力发展民族经济。当前湖南民族地区的民族经济还不太发达，农村有大量的剩余劳动力，湖南民族地区少数民族大多地处山区，生产生活条件极差，环境恶劣，出行困难。因此，大力发展湖南民族地区少数民族经济，一方面能较好地保护湖南民族地区少数民族文化的真实性，促进湖南民族地区少数民族文化得到有效传承、保护与创新，在发展过程中不断吸收、利用符合本民族文化模式的元素，而把不符合本民族文化模式的元素舍弃，促进本民族文化的发展与繁荣；另一方面又可以使湖南民族地区少数民族文化较好地适应游客带来的异文化，满足游客的不同需求，使游客和当地居民建立和谐的关系，不断加强与其他民族的互动交往，构建旅游经济与民族文化的共生路径，为民族传统文化的保护和传承奠定坚实的基础。

2. 加强湖南民族地区民族传统文化的抢救和传承工作

湖南民族地区民族传统文化的保护工作主要是要抓好抢救和传承工作。一是抓好湖南民族地区民族传统文化的抢救，制定抢救方案，采取一切可行措施抢救濒临绝境的文化遗产。二是抓好湖南民族地区民族传统文化传承人的保护，对有一定影响的民族民间老艺人，政府应采取切实可行的保护措施，提供经济援助，改善他们的生活条件，鼓励民族传统文化传承人进行传习活动，尽可能原汁原味地将民族传统文化保存起来，传承下去。三是将湖南民族地区民族传统文化编成教材，列入中小学各个学段课程，从小孩子开始培养他们对湖南民族地区民族传统文化的认同感。四是抓好湖南民族地区民族传统文化的发展和利用，组织传承人研究制作一批产品和作品推向市场。

3. 构建湖南民族地区民族传统文化保护的体系

首先，湖南民族地区民族传统文化的保护是一个系统工程，必须群策群力来进行。要转变民众对湖南民族地区民族传统文化的认识，扭转包括湖南民族地区少数民族年轻一代在内的大众轻视和远离湖南民族地区民族传统文化的现实状况，改变他们对湖南民族地区民族传统文化的认识，并积极投身于开发湖南民族地区民族传统文化的实践，在开发中不断保护湖南民族地区的民族传统文化。其次，湖南民族地区民族传统文化的保护需要各级政府部门的广泛参与。文化部门和民委部门应对湖南民族地区民族传统文化的研究给予更多的指导以及项目和资金的支持。鉴于湖南民族地区民族传统文化研究范围广、研究门类多、研究难度大、研究跨度大，湖南民族地区民族传统文化的研究以联合研究、共同攻关的形式进行更加合适，特别是要考虑到湖南民族地区地方高校和地方学者的参与。湖南民族地区各县市相关政府部门应该把民族传统文化的保护与开发工作建立在整体性的概念之上，促使各县市由相互竞争转为携手合作，资源共享，联合开发，形成具有完善需求链、产品链、服务链的复合型产业。用多形式、多渠道的协作方式进行统一的资源配置、生态保护、政策共享及联合开发利用，为区域内的民族传统文化遗产保护和开发工作建立良好的环境，促进资金、技术、人才的合理流动，形成一个有序的管理系统，达到保护和开发的高效性和全面性。宣传部门应加强对区域内民族传统文化保护的宣传，利用多种渠道宣传和教育，普及民族传统文化保护的知识，激发民众对民族传统文化遗产保护的热爱，利用新闻媒体的力量，通过广播、电视、杂志、网络等对居民进行民族传统文化遗产保护重要性的宣传，使文化遗产保护观念深入人心。旅游管理部门应考虑以民族交往交流交融为纽带，研究湖南民族地区民族传统文化旅游资源的开发利用。从经济、文化、政治等方面实现广泛的融合，全面提升湖南民族地区民族传统文化旅游开发水平，打造民族传统文化旅游名片。环保部门应加大对湖南民族地区水体污染的治理工作，加大水土保持的力度，恢复好被破坏的生态环境。再次，开展调查，完善民主法制，建立相关制度。

　　湖南民族地区民族传统文化保护及无障碍旅游机制的构建对增强和提升湖南民族地区文化软实力具有重要的现实意义与战略意义，湖南民族地区民族传统文化的历史印证、传承教育、艺术鉴赏、科学研究、开发利用、经济助推等诸多价值功能有待进一步研究和挖掘。随着湖南民族地区社会经济的发展，湖南民族地区民族传统文化资源保护和开发具有了很好的机会。湖南民族地区民族传统文化保护及无障碍旅游机制的构建应综合运用政策的、法律的、经济的、文化教育的、社会的等诸方面手段和方法，开展理论研究、申报保护、开发应用的系统性工程建设。

二、发展传统村落文化旅游

　　党的十九大报告指出："文化是一个国家、一个民族的灵魂。文化兴国运兴，文化强民族强。"湖南民族地区少数民族传统村落是少数民族农耕文明的精粹和精神家园，也是少数民族传统文化的重要载体。湖南民族地区少数民族传统村落数量众多，旅游业发展潜力大。湖南民族地区少数民族传统村落蕴藏着丰厚的历史文化信息和自然生态景观资源，通过发展全域旅游，使旅游资源得到深入开发，对湖南省"创新引领开放崛起战略"的实施意义重大。由于社会经济和旅游业的快速发展，作为一种不可再生资源，湖南民族地区少数民族传统村落文化面临着多方面的冲击，湖南民族地区少数民族传统村落许多文化元素正面临着逐渐消亡的危险，在实施乡村振兴战略的时代背景下，加强湖南民族地区少数民族传统村落文化保护与开发刻不容缓。

　　（一）湖南民族地区少数民族传统村落的特征

　　1. 湖南民族地区少数民族传统村落分布特征

　　由于湖南民族地区经济发展水平不高，经济发展速度较缓，城镇化率较低，因此很多传统村落得以在城镇化浪潮中保留下来。湖南民族地区少数民族传统村落空间分布极不均衡，主要走向以张家界武陵源区到桂东县一线为界，此线西南区域传统村落较为密集，此线东北区域传统村落较为散落。其中少数民族传统村落最为集中的区域地处湘西州与怀化市，两州市的传统村落资源占了湖南全省的一半以上，到 2017 年 11 月，湖南省已有 257 个传统村落入选中国传统村落保护名录（第 1 批—第 4 批），其中湘西州 82 个、怀化市 56 个。

湖南民族地区少数民族传统村落区域差距明显、特色各异、成因多样，其中湘西地区地形主要为山地，世居的土家族、苗族、侗族等少数民族，民族文化底蕴丰厚，且重视民风民俗的传承，因而传统村落格局保存较为完整，如怀化市五溪文化厚重，多名人故居和革命历史遗迹，具有较高的保护价值。湘南多丘陵谷地，传统村落古居民大多为客家族群迁移而来，历史上宗族观念深厚，时至今日，尽管传统村落建筑和遗迹保存较好，但传统村落整体格局破坏较为严重。在湖南民族地区少数民族地区，有的传统村落功能格局、风貌形态保存完整，如湘西州古丈岩排溪村；有的传统村落功能不断演变、设计日益优化，如怀化市通道芋头村；有的传统村落居民较多、充满活力，如沅陵荔溪乡明中村；有的传统村落空心化、老龄化现象严重，如溆浦金中村；有的传统村落已编制相关规划、保护工作开展较好，如会同高椅村；有的传统村落不重视文化遗产保护、文化遗产损坏严重，如吉首中黄村。

湖南民族地区少数民族传统村落的空间布局结构还呈带状和点状分布。带状分布如张家界王家坪传统村落集聚带、湘西州凤凰传统村落集聚带、怀化市通道靖州渠水沿线传统村落集聚带、邵阳市绥宁城步巫水沿线传统村落集聚带等。点状分布如张家界市永定区王家坪镇石堰坪村、怀化市通道县双江镇芋头村、湘西州龙山县苗儿滩镇捞车村、湘西州凤凰县麻冲乡老洞村、邵阳市绥宁县关峡苗族乡大园村、城步县长安营乡大寨村、湘西州保靖县夯沙乡夯沙村、怀化市靖州县三锹乡地笋村、湘西州永顺县灵溪镇老司城村等。

2. 湖南民族地区少数民族传统村落格局特征

湖南民族地区少数民族传统村落的选址往往背靠山体，村民们往往认为山体是村落的依靠；在选址时也很看重水，认为有水可使村落充满生气和灵气。因而有的村落两侧多有独立的小型山体，这样就有效地限定了村落的空间，村落也具备了丰富的空间层级与和谐的围合环境。这些村落的建筑风貌大致可以划分为传统建筑和徽派建筑两大类型。传统建筑的建材以木材、石材为主，徽派建筑的建材以白墙灰瓦、马头墙为主。在地形地貌、历史演变、地域文化等多方面因素的影响下，湖南民族地区少数民族传统村落的建筑格局形成以湘北、湘中等地势较为平缓的平原盆地区域为代表的"中心放射围合格局"、以湘南地区家族聚落聚居为代表的"相似基本线性衍生格局"和以湘西山地地区以家住小型院落为代表的"散落不规则集合格局"三大类型。湖南民族地区少数民族传统村落选址体现了当地民众顺应自然、因地制宜的发展原则，体现了传统村落选址的生态性。湖南民族地区少数民族传统村落的选址方式多种多样，但从总体上看，以风水型选址、交通型选址、自然型选址、战略军事型选址这四个类型最为明显。

（1）风水型选址。在历史上，"风水"思想对湖南民族地区少数民族传统村落的选址具有重要影响，背山面水，坐北朝南是湖南民族地区少数民族传统村落的普遍特点。许多传统村落在选址时很讲究"风水"，首先会邀请风水先生对环境进行选择和处理，以达到趋吉避凶的目的。风水先生用罗盘定风水和龙脉，"龙脉"是指村落后山的山脉走势，当地人认为"龙脉"是村落日后是否兴旺发达的根基。风水先生往往选择龙脉十分认真。如辰溪县上蒲溪瑶族乡五宝田村，始建于清代，已经有300多年的历史，目前五宝田村有400多人100余户。五宝田村地处沅水之畔，背靠五宝山，环境优美、民风古朴。整个五宝田村按八卦阵营造、布局合理，四周修建有封火墙和闸子门，以前用来防匪、防盗和防火。现存清代祠堂1座、庙宇2座、石墩木面桥2座、石结构桥2座、古水井3口、水塘5口，具有一定的历史、科学、艺术价值。

（2）交通型选址。除了风水型之外，湖南民族地区少数民族传统村落选址的另一种类型是交通型选址。往往考虑在水运发达的河流岸边选址、在临近码头、港口的地方选址、在官道近地选址。旧时，湖南民族地区少数民族传统村落多选址在官道近地。如龙山贾市是当年酉水支流的重要码头，物质集散地；龙山惹巴拉村东北靠比赛山，西靠笔架山，东南靠董补山。总体格局是三山套三河，三河绕三寨，一桥连三寨。北源的洗车河与东源的靛房河在凉亭桥下交汇，形成了向南流去的捞车河。三河将地势平坦的捞车河古村冲积坝一分为三，形成了捞车、梁家寨、惹巴拉三个土家村寨。再如洪江古商城，地处沅水、巫水汇合处，洪江古商城在春秋起源，盛唐时已达一定规模，明清时处于鼎盛时期。现在如窨子屋、寺院、镖局、钱庄、商号、洋行、作坊、店铺、客栈、青楼、报社、烟馆等明清古建筑保存完好。是怀化保存最好的古建筑群之一。

（3）自然型选址。湖南民族地区少数民族传统村落选址的第三种类型是自然型选址。因为湖南民族地区少数民族地区的山耕文化意识比较普遍，保障生产的自给自足尤其重要，因此选址时常常考虑农业需要的耕地是否足够、水资源是否满足等关系到村落生存和发展的因素。如沅陵荔溪乡明中村，依山傍水坐落在虎叫山下，龙吟山山脚下。这里山青水秀，冬暖夏凉，已有700余年历史。整个古民居由砖、石、土、石灰浆、木头构成，房门上、窗棂上的飞禽走兽栩栩如生。其中的建筑艺术和雕刻艺术专家评价很高。再如湖南省通道侗族自治县芋头古侗寨，始建于明洪武年间（1368—1398），结构造型因山就势，与环境融于一体，具有典型的侗族风格。2001年6月21日，芋头古侗寨被国务院公布为第五批全国重点文物保护单位。

（4）战略军事型选址。湖南民族地区少数民族传统村落选址还常常考虑战略军事的需要。为了抵抗和防御外族的入侵、保护自身疆土，以前湖南民族地区少数民族传统村落往往选址在军事要塞或山势十分险要，易守难攻的位置。如通道侗族自治县水涌村，整个村落背靠渠水河，山林植坡良好，民风古朴，气候宜人，环境优美。水涌村是一个千年历史的自然村庄，地处通道侗族自治县北大门，以前具有一定的战略意义。村落核心聚居区呈现三星伴月，即一龙两水、三元宝的布局。

3. 湖南民族地区少数民族传统村落文化特征

湖南民族地区37个县（区）有多个少数民族分布，其中世居少数民族有苗族、侗族、土家族、回族、白族、瑶族等，其中超过百万人口的民族有苗族、土家族和侗族等，呈现"大杂居、小聚居"的方式，且苗族、侗族、土家族等各民族文化互相交融，呈现出"不同民族，同一地区文化趋同；相同民族，不同地区文化趋异"的特征。甚至同样的一个民族在湖南民族地区的不同地区有着不同的风俗习惯以及不同的文化特性，不同的民族在相同的区域会产生文化上的共鸣。湖南民族地区少数民族传统村落文化不是单一的，既有地方文化、也有外来文化，是多元多样文化的融合，传统村落就是这些文化的根，是了解湖南民族地区少数民族传统村落历史与文化的重要载体。湖南民族地区少数民族传统村落居民在漫长的历史发展过程中，用他们的辛勤劳动创造了丰富多彩的文化，这些传统文化积淀着湖南民族地区少数民族传统村落居民最深沉的精神追求，是这方民众生生不息、发展壮大的动力源泉。湖南民族地区少数民族传统村落文化共性也很鲜明，包括抵御外侮、报效祖国的爱国主义精神；安土重迁、热爱家乡的族群自尊意识；诚实守信、情义为本的为人处世规范；团结和睦、互助协作的社会关系法则；自强不息、勤劳朴实的族群自立之道，等等。这些传统文化是湖湘文化的重要组成部分，也是中华文化宝库中不可缺少的组成部分。

（二）湖南民族地区少数民族传统村落文化保护中存在的问题

1. 传统村落建筑破坏日趋严重

首先，湖南民族地区少数民族传统村落原先大多为木质和砖石结构，但是由于年久失修，有的村落大量房屋被荒置，甚至趋于破败，采光、空间及结构等功能性缺失，使得村民更倾向于营建现代新式住房，这样更加剧了原有建筑的荒置。其次，在乡村危房改造中，有的地方政府部门对传统村落文化遗产的保护与传承工作重视不够，大搞整齐划一的高层住宅模式，一味"撤旧建新"，一些传统村落极具地方特色的传统街巷和历史建筑被拆除。这种盲目高起点、高标准的模式，严重影响了村落的山水生态格局，破坏了原有的乡土景观。再次，有的传统村落居民盲目追求现代生活方式，对原有居住环境感到不满意，就在原址上"拆旧建新"，构成了传统村落文化保护的内部压力。这样，由于这些人为原因，一些传统村落的建筑遭到"自主自建性破坏"，严重影响了传统村落的整体风貌。

2. 传统村落文化生态遭到破坏

近年来，随着我国城镇化进程的快速推进，湖南民族地区少数民族传统村落许多青壮年劳动力涌入城市谋求发展，留下的多为老年人，导致传统村落出现"空心化"现象；而老年人由于乡土观念、经济能力等因素的限制，没有条件或不愿意离开村庄，因此，传统村落人口构成趋于老龄化；另外，由于传统村落物质环境与现代生活之间矛盾的凸显，外出务工的年轻人致富后，大多在城市购置商品房，导致农村房屋闲置、破败，"空心化"现象越来越严重。随着时代的发展，传统村落的文化生态面临着巨大的冲击，传统村落文化开始出现消亡的局面。当今社会网络开放，外来文明对传统村落文化造成了强烈的冲击，外出发展的年轻人受到繁华的都市文化影响，对于家乡古老而传统的文化资源逐渐隔膜，兴趣日减，传统村落文化的传承后继乏力。对于传统村落文化，年轻人知之甚少，仅仅存留在年事已高的长者心中。加上现在传统村落人口流动的频繁打破了原来的血缘、地缘特征，"宗族乡村社会"的村落格局受到冲击，传统村落的文化生态日益遭到破坏。

3. 传统村落文化资源持有者观念落后、保护意识淡薄、市场运作能力较低

由于一些传统村落的文化资源主体的思想观念的保守或落后，原本珍贵的文化资源或许因为在他们的眼里过于习惯熟悉的原因而变得平淡无奇。例如小孩五岁、十岁、十五岁生日滚烂泥田的习俗，在国内外专家学者眼里是瑰宝、是特色。而他们自己却不重视，认为土气，缺乏"只有民族的才是世界"的认识，从而导致现在这一习俗正在逐步消失。文化资源持有者落后的文化意识还体现在品牌意识的缺乏。传统村落的文化资源繁多，具有"寨寨不同风、村村不同俗"的特点。但大多文化资源没有形成品牌、影响范围窄、知名度不高，缺乏经济意识。只有通过广泛宣传、精心策划、发动群众。才能扩大传统村落文化资源的影响力。

4. 传统村落开发不科学

在传统村落开发中缺乏对具体地形地貌的考虑，粗暴照搬理想模式；有的传统村落在开发中置山水格局和生态本底于不顾，随意挖山填水；基础设施新规划中简单照搬外地模式和方法。这些问题产生的原因归根到底是缺乏对目前传统村落具体情况的研读，工作方式简单粗放，破坏了乡村气息。传统村落是乡土性与社会关系的结合体，有的地方因过于担心村民继续使用会对其造成破坏，于是采取对传统建筑和街区等进行标本式静态保留的方式，向外搬迁居民。这种方式忽略了传统村落保护要素与村落之间的天然关系，严重削弱了传统村落的社会文化特色，破坏了田园气息。另外，在传统村落开发中，有的地方存在随意性行为与盲目性做法，忽视传统村落村民追求和谐美好、团结一致、齐心协力、共建美好家园的能力和决心，没有长远规划，为官任期几年，届时调走；领导在任期内，主观臆断，头脑一热，想怎么搞就怎么办，随意性太明显，各行其是，没有形成领导班子接力型保护性开发的持续行为。

5. 传统村落生态文化资源保护政策机制不完善

传统村落生态文化资源保护政策机制不完善主要表现在制度层面、管理层面、操作层面三个层面。制度层面上，组织不健全、法规不完善、政策不落实；管理层面上，缺乏传统村落生态文化资源保护的统筹规划，政府指导不力，社会参与不够；操作层面上，没有专设机构、没有专业队伍、没有专项资金。目前，有些地区已初步形成了民族民间生态文化保护区、民间艺术大师和申报、公示非物质文化遗产名录的工作机制，却没有将其纳入自治条例和行政规章加

以明确规定，使之缺乏法制、政策保障而难以形成长效工作机制。没有将传统村落生态文化资源保护和文化产业发展的相关责任分解到各部门，使各部门的职责不明确，相互配合不默契，难以形成了强大的合力，难以建立政府统一领导、各部门相互合作的部门联动机制，容易形成各自为阵、孤军奋战的局面。最终造成传统村落生态文化资源保护与开发缺乏明确的行政主管部门，导致对传统村落生态文化资源保护与开发的支持存在弱化现象。

6. 传统村落生态文化资源保护与开发政策措施不全面

政策监督机制是政策实践过程中的关键环节，对分析政策执行绩效具有重要作用。由于传统村落生态文化资源保护与开发缺少监督管理机制，有的政策无法落到实处。由于目前缺少政策监督机制，对于传统村落生态文化资源保护与开发中存在重申报轻保护的现象普遍存在。在传统村落生态文化资源的区域性保护、项目性保护和传承人保护的申报方面都比较积极。一旦民族文化的重点区域、重点项目和重要传承人纳入各级政府和有关部门的保护范围之后，往往会出现保护措施不力的现象。除主管部门积极向上争取各种保护经费之外，当地政府并未及时制定相应的保护政策和措施，其他相关部门也缺乏相应的保护措施，使相当一部分保护区域和保护项目缺乏政策支撑和资金支持，导致保护工作难以取得实质性进展，客观上存在重申报轻保护的现象。重宣传轻调研的现象也普遍存在。有关部门普遍重视传统村落生态文化资源保护与开发工作的舆论宣传，对保护和开发成绩的肯定大力宣传，忽略了对保护和开发工作的实地调研的加强，无法准确把握保护和开发工作的现状，对所存在的问题了解和分析不够，难以提出针对性强的对策措施。

（三）湖南民族地区少数民族传统村落传统村落文化保护的路径

1. 湖南民族地区少数民族传统村落文化保护的体系设置

我国的扶贫工作为整个世界的反贫困斗争做出了杰出贡献，相比于其他发展中国家，我国在反贫困事业中所取得的成绩格外突出，这在一定程度上得益于我国"强势"的政府领导。湖南民族地区少数民族传统村落文化保护与旅游扶贫开发的最大问题在于无完整体系支撑，因此设置湖南民族地区少数民族传统村落文化保护与旅游扶贫开发的体系，是传统村落文化保护与旅游扶贫开发的基础。通过对传统村落文化保护与旅游扶贫开发相关问题的分析，建立和完善湖南民族地区少数民族传统村落文化保护与旅游扶贫开发体系应着力以下几个方面，一是科学编制与出台传统村落文化保护与旅游扶贫开发的相关法规及条例，使保障传统村落文化保护与旅游扶贫开发工作有法可依。二是编制传统村落文化保护与旅游扶贫开发的技术指南，引导传统村落文化保护与旅游扶贫开发工作。三是建立专业研究机构，支持传统村落文化保护与旅游扶贫开发工作，从经济、社会、人文等方面进行深入研究。四是建立基金平台，使传统村落文化保护与旅游扶贫开发工作获得资金支持。

2. 积极促进湖南民族地区少数民族传统村落文化产业协同发展

政府在湖南民族地区少数民族传统村落文化产业结构优化过程中应发挥坚守文化价值、推动文化多样性、完善基础设施、制定和实施产业政策的作用。充分发挥传统村落文化资源作用，以文化产业园区为载体，强化文化产业合作对接，推进文化产业集聚和转型升级，提高自主创新能力，构建优势互补、协同配套、联动发展的现代文化产业集聚带。深入挖掘湖南民族地区少数民族传统村落的历史文化、宗教文化、少数民族文化和生态文化资源，注重传承与创新，健全国内国际旅游合作机制，推动区域旅游一体化建设。挖掘湖湘文化、红色文化、民俗文化等特色资源，打造全国旅游知名品牌。以高铁、高速公路为纽带，全方位对接国家旅游战略和黄金旅游线路。着力提升湖南民族地区少数民族传统村落旅游景区景点，构建特色旅游线路。

3. 共建共享湖南民族地区少数民族传统村落旅游市场

按整体规划、要素互补、单体联动、规范有序的基本原则，消除行政壁垒与人为障碍，鼓励并支持异地旅行社按有关规定在当地开办分支机构，积极培育核心旅游企业，加快推进湖南民族地区少数民族传统村落旅游旅游产业集群化进程。科学兴建旅游电子商务平台，集中发布和推介旅游产品。开展旅游行业服务与管理标准化体系建设，加强湖南民族地区少数民族传统村落旅游市场的统一监管与联动执法，维护旅游消费者和旅游经营者的合法权益。加强湖南民族地区少数民族传统村落居民的生态文明教育，严格开发性项目的环境评估与市场准入管制，确保湖南民族地区少数民族传统村落旅游生态景观持续优美、旅游发展环境更加和美、旅游服务产品日趋绝美。

4. 推进多规合一，实现湖南民族地区少数民族传统村落旅游公共服务一体化

随着旅游业的快速发展，对传统村落旅游公共服务水平提出了很高的要求，

提升游客游览体验、打破景区界限、实现传统村落景区化、推进多规合一是促进传统村落旅游公共服务一体化的必由之路。传统村落需从整体上提升公共服务质量，实现传统村落旅游公共服务一体化。全方位对接国家旅游战略和黄金旅游线路，推进金融创新，积极引进股份制商业银行和村镇银行，发展多层次资本市场，形成银行业、证券业、保险业、小额信贷等多层次金融市场体系，为湖南民族地区少数民族传统村落旅游发展提供充足的资金保障。规范和引导湖南民族地区少数民族传统村落旅游市场健康发展，激活旅游消费，稳定旅游市场。大力发展文化创意、教育服务、医疗养老、会展经济聚集，打造湖南民族地区少数民族传统村落旅游品牌。

5. 加快湖南民族地区少数民族传统村落建设步伐

围绕城乡发展一体化，深入推进湖南民族地区少数民族传统村落建设。强化规划引领作用，加快提升湖南民族地区少数民族传统村落饮水安全、电网改造升级、公路、能源、信息、危房改造等基础设施水平。加强资源整合，着力改善农村义务教育、学前教育、高中阶段教育、职业教育及技能培训的基础条件，加快建立新型农村合作医疗可持续筹资机制，加强湖南民族地区少数民族传统村落基层基本医疗和公共卫生能力建设，规范湖南民族地区少数民族传统村落最低生活保障管理，落实统一的城乡居民基本养老保险制度，支持农村养老服务和文化体育设施建设，提升湖南民族地区少数民族传统村落共公服务水平。加快编制湖南民族地区少数民族传统村落规划，推进山水林田路和农村卫生环境综合治理。

6. 突出湖南民族地区少数民族传统村落旅游业态创新，提升传统村落吸引力

湖南民族地区少数民族传统村落旅游扶贫开发是推进传统村落扶贫工作的重要方式。在全域旅游时代，传统村落应创新旅游业态，推出核心旅游产品吸引游客。因此，传统村落要将丰富旅游业态、完善旅游产品结构放在首要位置，构建旅游业态体系，打造传统村落旅游形象，形成更加丰富多元的旅游业态体系。同时，培育新业态和新产品，注重突出旅游住宿的关键要素，提升管理服务水平；进一步植树造林、封山育林、净化水源，使传统村落的生态环境提质升级；保护传统村落的人文生态环境。一是保护传统村落的古建筑、古文物。如古民居、古街巷、古井等。二是保护传统村落文化的传承场所及其设施设备，

包括雕像、绘画等。三是保护传统村落的传统生产生活习俗、生产生活器具及其相应氛围等，使传统村落保持古朴与秀美，提升传统村落吸引力。

7. 发展湖南民族地区少数民族传统村落社会事业

坚持民生优先，让湖南民族地区少数民族传统村落居民共享全面小康成果。强化创业就业服务体系建设，促进社会充分就业。努力提高居民收入，落实收入分配相关政策，逐步缩小城乡、行业和社会成员之间收入分配差距。完善社会保障体系，探索建立城乡全面覆盖的养老和医疗保障体系，重视湖南民族地区少数民族传统村落养老保险和城乡低保，完善社会救助体系。完善住房保障体系，加快推进"两房两棚"改造工程。深入实施精准扶贫，加快构建支撑扶贫的产业体系，着力改善湖南民族地区少数民族传统村落办学条件和水、电、路、气、房等生产生活条件。按照标准化、均等化、法制化要求，建立健全覆盖城乡、普惠可及、保障公平、可持续的基本公共服务体系。加强基础教育的普惠性和公平性，突出职业教育的实用性和标准性，提升高等教育的适应性和创新性，努力办好人民满意教育。完善医疗卫生服务体系，加快地市级区域医疗中心、城市社区卫生服务体系、农村三级卫生服务网络建设，推进公立医院改革，鼓励社会资本办医，巩固完善基本药物制度，不断提高湖南民族地区少数民族传统村落居民健康水平。加快完善城乡体育设施建设，提升湖南民族地区少数民族传统村落居民身体素质和健康水平。全面增强公共文化服务能力，健全公共文化服务体系，加快推进重点文化惠民工程。科学制定人口发展战略，落实生育新政策，促进湖南民族地区少数民族传统村落居民人口长期均衡发展。

党的十九大报告提出实施乡村振兴战略，为湖南民族地区少数民族传统村落文化保护与旅游扶贫开发带来了契机。传统村落是历史文化的活象征，是文化传承的活载体，同时也是脆弱性极差的文化遗产，很容易受到外界因素的影响，因此探索湖南民族地区少数民族传统村落文化保护与旅游扶贫开发的有效模式就显得尤为重要。湖南民族地区少数民族传统村落独特的文化形态，扩展了湖南民族地区少数民族文化的精神，多元共生的民族文化像一个美丽的碎片，散落在湖南民族地区少数民族千万个传统村落之间。保持湖南民族地区少数民族传统村落的完整性、真实性和延续性，留住文化的根，守住民族的魂，让传统村落成为湖南民族地区少数民族村民生存发展的美好家园任重而道远。

三、发展和平文化旅游

（一）湖南民族地区和谐共生的多元文化

文化是人类文明进步的结晶，是推动人类继往开来、与时俱进的强大精神力量。湖南民族地区居住着汉族、土家族、苗族、侗族、瑶族、白族、回族和维吾尔族等40多个民族，在漫长的历史岁月中，多个民族繁衍生息在湖南民族地区，创造了丰富多彩的民族传统文化，留下了珍贵的历史文化遗产，这些民族传统文化中的和平理念作为一种独特的文化，凝聚着湖南民族地区多民族人们的观念、智慧和意志。湖南民族地区文化起源于史前时期，境内发掘的潕水文化类群、靖州斗篷坡遗址、洪江高庙遗址、新晃高坎垅坡遗址等丰富的旧、新石器时代文化遗存为证。流域内居住着汉族、土家族、苗族、侗族、瑶族、白族、回族和维吾尔族等40多个少数民族。在民族分布上表现为土家居北、苗家居中、侗家居南、汉居各地、瑶族散少、多簇杂居的特点。沅水流经的县区山水相连，自然条件相近，经济相融，民族文化丰富多样。由于多民族杂居，湖南民族地区的各族人民共同创造了丰富多彩的民间传说、音乐、舞蹈、戏曲、曲艺、工艺、美术、民俗等民族民间文化艺术，比如沅陵辰州傩戏、辰溪辰河高腔、溆浦辰河目连戏、新晃侗族傩戏、辰溪茶山号子，通道侗族芦笙、通道侗戏、靖州苗族歌鼟、溆浦花瑶挑花等。

从远古时代就有人类在湖南民族地区定居、繁衍，至今已发现的旧石器与新石器遗址多达400多处，先秦时期文化遗址有700多处。靖州斗篷坡遗址、洪江高庙遗址、新晃高坎垅遗址、里耶古城、麻阳九曲湾古铜矿井遗址、沅陵黔中郡遗址、虎溪山西汉墓等古遗址、古墓葬的发掘证明了当时湖南民族地区的生产力水平并不亚于黄河流域和长江流域。浦市桐木垅至罗家村发现了从战国一直延续到唐、宋时期的古墓葬群，被专家称为"湖南民族地区文化类群"。唐代的龙兴讲寺、芙蓉楼、元代出土的侯王墓、明清时期的中方荆坪古建筑群、会同高椅民居、通道芋头侗寨、沅陵虎溪书院等历史文物是辉煌的湖南民族地区文化的见证。湖南民族地区目前已有60多项国家级非物质文化遗产，20多处4A级国家级旅游景区、40多处全国重点文物保护单位。湖南全境有古镇41个，湖南民族地区就有27个，其数量超出湘江流域、资江流域和澧水流域的总和。湖南民族地区近现代的文化遗产也十分丰富，著名的有芷江抗日战争胜利纪念坊、"湘西大会战"遗址、"通道转兵"遗址、向警予故居、粟裕故居、滕代远故居、袁隆平杂交水稻实验基地等。湖南民族地区杰出人物为反帝反封建所进行的革命文化，既继承了马克思主义的基本理论，具有坚定的革命性和强烈的政治性，同时在革命的具体实践过程中，又带有浓郁的地方性和民族性。湖南民族地区早期革命家丰厚的马克思主义思想，力图凸显马克思主义的地方化。它与中华文化及各地的红色文化既一脉相承，又有所突破创新。在探索马克思主义地方化的发展轨迹中，一方面继承了中华文化中的优秀文化，另一方面又丰富和发展了整个中华文化的体系。湖南民族地区革命家的革命思想及其社会实践应根据不同的时代变化、地域特色和民族特点来理解，它是个人、地域、革命实践等多种因素的"合力"共同起作用的结果。在考察湖南民族地区早期无产阶级革命家理论与实践的同时，要结合湖南民族地区的少数民族文化、地域文化、时代特点等逐一分析以粟裕、滕代远、向警予、贺龙等为代表的早期革命家理论。尽量将其理论与实践的发展变化置于当时区域性、民族性的经济政治环境中，以及当时中国共产党提倡的马克思主义中国化、马克思主义地方化的大环境之中，对此进行全方位、立体的剖析和论证，以期更好的还原事物的本来面目。湖南民族地区红色文化遗产是在民主革命时期，由以贺龙等人为代表的湖南民族地区无产阶级革命家、中国共产党人、人民革命军队、先进分子和人民群众共同创造的，留存至今的大量的农村革命根据地建设、红军长征、抗日战争、解放战争各个时期的重要革命纪念地、纪念馆、纪念物及其所承载的革命精神，是极具区域特色的先进文化遗产，由红色物质文化遗产和红色非物质文化遗产构成，其历史印证、传承教育、艺术鉴赏、科学研究、开发利用、经济助推等诸多价值功能有待进一步研究和挖掘。

湖南民族地区的多元文化融合，既表现在多民族文化的融合，也表现在多地域文化的融合。湖南民族地区的文化是五溪文化、巫傩文化、盘瓠文化等土著文化与湘楚文化、巴蜀文化、云贵文化、岭南文化、吴越文化及中原文化的多元融合。这些文化汇聚于湖南民族地区，并相互影响和融合。自屈原流放之后，很长的历史时期里湖南民族地区依然是流放逐臣之所，唐代有刘景先、王昌龄、张镐、戎昱、畅璀、郑炼师，五代后唐有豆庐革，宋代有邵宏渊、王庭、程子山、万俟，南宋有魏了翁。明代有宋昌裔、王襄毅、汪汝成、沈朝焕、邵元善等。汉代伏波将军马援曾披甲率兵于此，死后被尊为水神，湖南民族地区到处可见伏波将军庙。明代著名哲学家王守仁寓居沅陵龙兴讲寺月余，讲授"致良知"心学。众多文化名人的到来，留下了众多绚烂的文化瑰宝，为湖南民族地区增添了中原文化底蕴。

（二）湖南民族地区多民族传统文化中的和平理念

1. 热爱和平、爱国爱家

湖南民族地区多民族人们热爱和平，他们能与任何民族和平共处。湖南民族地区多民族人们顾全大局，和睦相处，认为朋友越多越好，敌人越少越好。这种博爱精神渗透在湖南民族地区多民族人们生活的各个方面。尽管历史上湖南民族地区多民族人们曾遭受种种歧视和镇压，但湖南民族地区多民族人们都能以祖国的利益为重，以宽大的胸怀和气魄来对待其他兄弟民族。湖南民族地区多民族人们具有崇高的爱国主义精神，在抗日战争、解放战争和抗美援朝战争中，湖南民族地区多民族人们子弟积极参军，为争取民族的解放和维护国家的利益作出了重大的牺牲，也做出了重大的贡献。

2. 盘瓠崇拜、图腾信仰

湖南民族地区多民族人们先民崇拜盘瓠、向老官人、蚩尤，还崇拜草，请巫师治病称招草，称放蛊为"草鬼婆"，称中药为草药。明代齐周年《苗疆竹枝词》："盘瓠蛮种自高辛，穴处巢居性率真。跳月不消烦月老，芦笙对对是仙姻。"湖南民族地区多民族人们的传统节日有三月三、四月八、赶秋、六月六、挑葱会、樱桃会。挑葱会一般选择在清明节，青年男女穿得花花绿绿，三五成群，来到山坡上，挑胡葱，唱情歌，找意中人，胡葱成了湖南民族地区多民族人们青年男女的月老，是湖南民族地区多民族人们先民神草文化的重要表现形式。在湖南民族地区多民族人们地区，草标具有特殊意义、神草文化丰富。

历代以来，湖南民族地区多民族人们被视为盘瓠子孙，相继被称为百濮群蛮、槃瓠蛮（又名盘瓠蛮）、五溪蛮（又名黔中蛮、武陵蛮）、苗瑶、苗等。五溪之蛮，包括湖南民族地区多民族人们，尊盘瓠辛女为始祖。《沅陵县乌宿区志》则对此做了较详细记述："西溪河流域讲乡话的人都尊称槃瓠、辛女为始祖。""至今沅江两岸尚有槃瓠祠、辛女庙、辛女山、辛女溪、辛女桥，沅陵棋坪苗族乡还有辛女庵遗址。祠庙内雕有槃瓠、辛女像，逢年过节，境内多民族人们都举行祭祀活动。"辰溪县船溪驿乡岩榴溪还保存有辛女宫，与船溪驿临近的泸溪县境内有以辛女命名的辛女岩、辛女溪、辛女桥。

3. 质朴刚健、顽强进取

质朴，是指湖南民族地区多民族人们不尚奢华、生活朴素。历史上，湖南民族地区多民族人们地区山高坡陡、交通闭塞，生产水平长期落后。由于物质生活的匮乏，磨砺出了湖南民族地区多民族人们特有的山地文化性格，湖南民族地区多民族人们崇尚简朴、反对奢华。在日常生产、生活中，纵然是高山丛林，他们依然是赤脚履险，矫捷如飞。这种刚健勇猛的文化品格在战争中更是表现得淋漓尽致。顽强进取，是湖南民族地区多民族人们性格的又一大特点。无论生活多么艰难，困难多么巨大，湖南民族地区多民族人们从不说个"怕"字。以湖南民族地区多民族人们的"草鞋"文化为例，旧时，湖南民族地区多民族人们无论是春夏秋冬、酷暑严寒，他们脚下都穿一双草鞋；崇山峻岭，山路崎岖，荆棘丛生，碎石如刀，他们还是一双草鞋；狂风暴雨，悬崖峭壁，泥滑路烂，危机四伏，他们仍然是一双草鞋。对于湖南民族地区多民族人们来说，无论生活多么艰辛，他们总是咬紧牙关，挺直脊梁，默默地承受着生活的艰难，顽强地向前迈进。

4. 团结互助、集体至上

湖南民族地区多民族人们把帮助别人看作是应尽的义务，也把接受别人的帮助看作一种权利，把个人和集体融合在一起，借以解决生产和生活中的困难。在生产劳动中，同一家族或村落的人们，互相帮助。如湖南民族地区多民族人们村寨建造房子，就是你建我帮，我建你帮，甚至往往出现一家建房，全村出动，因此一幢房子很快就建造起来了。当一个家庭或个人因灾害造成生活困难，人们将根据经济条件分别赠送数量不等的钱粮衣物，帮助其解决困难。如果经济宽裕而对有困难者不予援助，将受到舆论的谴责。湖南民族地区多民族人们的集体主义观念是十分强烈的。同一村寨往往要求"穿衣同匹布，做活同一处，地方才繁荣，人口才兴旺"。这与湖南民族地区多民族人们的社会背景有关。历史上湖南民族地区多民族人们大多依山为寨，聚族而居，往往几十户或几百户为一寨，实际上是一种氏族血亲集团，它使湖南民族地区多民族人们的集体主义有了重要的社会血缘根基。

5. 尊老爱幼、热情好客

湖南民族地区多民族人们有崇尚礼仪，从善如流的习惯，由此而形成了尊老爱幼、热情好客的社会风尚。湖南民族地区多民族人们有谚语："逢小要爱小,逢老要尊老,小爱老,敬老得寿,老爱小,爱小得福,处处讲礼貌,才成好世道。"① 这一谚语深刻反映了湖南民族地区多民族人们是一个很讲礼节,很注重道德风尚的群体。湖南民族地区多民族人们对于长辈老人特别尊重。无论是谁,遇到走村串寨的老人,只要进到自己的屋里来,给老人让座、敬茶、点烟,问寒问暖,热情接待,使老人感到像到了自己的家一样。人们在路上遇见,不论认识与否,都相互亲切地打招呼。若是遇上家族或亲戚,要按辈分称呼,不能随便直呼其名,否则将被视为无礼而受到耻笑、斥责。爱幼,也是湖南民族地区多民族人们的一种美德。爱幼,一般是指父母对子女的教育、管教,使之成人。所谓"成人"就是子女长大了务正业,做好事。所以,养育子女成人,是做父母的优良品德。如果做父母的不把自己的子女抚养成人,那就是缺德的行为,人们就要加以谴责。爱幼,当然还包括社会上的人们对孩子的爱护和管教。

6. 恋爱自由、婚姻自主

湖南民族地区多民族人们男女青年有以歌为媒、自由恋爱的传统。通过对歌,双方若有意,就互赠礼品作为定情信物。过年、三月三、四月八、五月端午、六月六、八月中秋、九月重阳、十月年、还傩愿、以及赶场、扯猪草、挑野菜、摘野果等,都成了湖南民族地区多民族人们青年男女谈情说爱的良机。不仅恋爱自由,而且婚姻自主。他们用歌声倾诉爱慕之情,寻觅理想的伴侣。

湖南民族地区多民族人们青年男女虽恋爱自由,但十分注意伦理道德。其一要问姓氏、婚否。若是同姓,则以兄弟姐妹相称,不能嬉戏;对已有对象或订了婚的人,只要知情,一般不去夺人所爱。其二是歌词联姻。要是词不达意,讲话粗鲁下流,会遭到对方讥笑,而拒之门外。其三是文明聚会。情侣相邀约会,对坐交谈唱歌,双方必须保持相当的距离。其四是互赠信物。经多次聚会,彼此了解,才互赠信物以表心意。如屈原《离骚》中所写:"解佩以结言兮,令蹇修以为礼。"其五是海誓山盟。除明察暗访,还要吃血酒或打碗折草盟誓,方道出真情实意,结成终身伴侣。仅是谈恋爱过程,就有此五道关口,通过"五关"之后才禀知父母。婚姻虽十分自主,但很讲究道德观念。湖南民族地区多民族人们有一定的习惯法规,并代代相传,成为人们的行为准则。如办了"订

---

① 沅陵县史志办. 沅陵方志文丛（内部资料）[M]. 2009.

婚酒"，一诺千金，不得反悔。订婚或结婚以后，谁要夺其心爱，犯其妻妾，则举刀相向；若将不轨的男女捉来，公众令其学鸡叫、犬吠，然后公议重罚。因此，历来湖南民族地区多民族人们男女社交自由而婚姻秩序井然。由于恋爱自由，婚姻自主，所以湖南民族地区多民族人们的家庭温馨和谐，夫妻相敬如宾。

（三）湖南民族地区多民族传统文化中的和平理念体现的当代价值

1. 湖南民族地区多民族传统文化中的和平理念是中华文明几千年以来的核心价值诉求之一

湖南民族地区多民族传统文化中的和平理念影响着湖南民族地区多民族人们的社会生活、生产的每一个细节，影响着湖南民族地区多民族人们的生存状态，它贯串于湖南民族地区多民族的历史、文化、政治、经济发展的进程之中，并深深影响着湖南民族地区多民族的发展，蕴涵着丰富的精神价值、文化价值、旅游价值、经济价值等。湖南民族地区多民族历史悠久，源远流长。湖南民族地区多民族传统文化中的和平理念也伴随着湖南民族地区多民族发展走过了几千年的历史，它记载着湖南民族地区多民族间和平相处的历史，具有深厚的文化内涵，体现在湖南民族地区多民族传统文化生活的方方面面，其文化底蕴深厚、古朴，蕴含着非常丰富的文化意义，这种和平理念是湖南民族地区多民族人民智慧与文明的结晶，是连接民族情感和促进团结和谐的精神纽带。随着经济的发展和人们生活水平的不断提高，许多人对民族传统文化的需求也日益增加，少数民族文化旅游成为一种备受青睐的旅游形式。湖南民族地区多民族传统文化中的和平理念是一种独特的民族传统文化资源，吸引着越来越多的乡土文化旅游者。如果宣传工作做到位，可为湖南民族地区多民族文化旅游的开发提供素材，并成为旅游项目。因此，开发湖南民族地区多民族传统文化中的和平理念文化对乡土旅游具有很大的发展潜力和前景。我们应当把湖南民族地区多民族传统文化中的和平理念文化纳入旅游资源大力开发，开展一系列旅游活动，以促进当地经济文化繁荣。

湖南民族地区多民族传统文化中的和平理念文化不仅是湖南民族地区多民族文化的精华之一，也是湖南民族地区开发旅游文化资源打造"节会搭台、文化唱戏"的重要载体。开发湖南民族地区多民族传统文化中的和平理念文化能够推动当地旅游经济发展、造福当地百姓、繁荣民族文化。湖南民族地区多民族传统文化中的和平理念也可以使不同民族加强团结，不断增强共同的国民意识，这是各民族发展的生命力之所在。湖南民族地区多民族传统文化中的和平理念的培育是各民族加强理解和沟通，建立广泛的政治、社会、经济和文化联系的基础，能为实现"平等—团结—互助""和而不同""合和而一"的民族关系奠定牢固的心理意识基础。湖南民族地区多民族传统文化中的和平理念与中国和平发展外交思想有着本质的内在统一性，在传统与现代的呼应中，湖南民族地区多民族传统文化中的和平理念具有重要的研究价值。

2. 湖南民族地区多民族传统文化中的和平理念体现了"和为贵"的理念

湖南民族地区多民族传统文化中的和平理念是和平共处思想的表征之一。新中国成立以来，和平共处一直被奉为中国外交的基础，争取较长时期的和平国际环境既是中国和平发展的前提，又是中国和平发展的目标。被视为人类国际关系史上一个伟大创举的和平共处原则为人类的和平与发展事业做出了重要贡献，也在当前世界和平与发展的维护中仍然发挥着重要作用。中国始终坚持以和平为宗旨的外交政策，中国首倡的和平共处外交原则为世界接受并广泛认同。中国的以和平共处为基调的外交思想继承了中国传统文化中的"和为贵"理念。湖南民族地区多民族传统文化中的和平理念与儒家强调的"和为贵""和者也，天下之达道也"等理念高度一致，本质上是一种内向型的和平文化，与西方外向型、进攻性的战略文化存在较大差异。湖南民族地区各民族历来是热爱和平的民族，渴望和平、追求和谐，湖南民族地区多民族传统文化中的和平理念也是湖南民族地区多民族人们的精神特征之一。

3. 湖南民族地区多民族传统文化中的和平理念继承和发展了"忠恕之道"的理念

中国未来的经济社会发展离不开世界，中国的繁荣富强有利于世界的繁荣与进步。多年来，中国共产党和中国政府与人民为了争取世界的和平环境进行了不懈努力，通过自身的发展，为世界的和平与发展增添了积极因素，也有力地促进了人类文明的进步，体现了中国和平发展的战略思想。这种"共同发展"的外交思想也是中国和平发展战略在实现和平的基础上对发展观念的创新，继承了中国传统文化"忠恕之道"的理念。湖南民族地区多民族传统文化中的和平理念继承和发展了"忠恕之道"的理念。并正以积极的姿态运用"忠恕之道"来促进世界各国的"共同发展"。

4. 湖南民族地区多民族传统文化中的和平理念体现了"和而不同"的理念

文明多样性一方面是整个人类社会的基本特征，另一方面也是人类文明进步的重要动力。湖南民族地区多民族传统文化中的和平理念是湖南民族地区文明多样性的重要内容之一。中国的和平发展道路主张维护世界多样性，提倡国际关系民主化和发展模式多样化。湖南民族地区多民族传统文化中的和平理念的内容之一是主张世界上的各种文明、不同的意识形态、社会制度和发展模式应彼此尊重，加强不同文明的对话和交流，在竞争比较中取长补短，在求同存异中共同发展，使人类更加和睦，让人类社会更加丰富多彩。

和平与发展是当今不可阻挡的历史潮流和世界的主题。和平事关世界各国人民的福祉与根本利益。湖南民族地区各民族通过长期交往交流交融，形成了"你中有我、我中有你"而又各具个性的共同体。湖南民族地区多民族传统文化中源远流长的和平理念有利于各民族间形成一种血缘相亲、你我共融的民族关系格局。湖南民族地区各民族在长期的交往交流交融历史实践中，逐步形成的和平理念具有向心性、多层次性和主动性特点。一方面，湖南民族地区各民族吸收借鉴、发展民族传统文化中的和平理念，坚持本民族特性，保持并强化民族传统文化中的和平理念，在我国参与"和谐世界"建设中，湖南民族地区多民族传统文化中的和平理念有利于推动国际和平事业的发展。另一方面，湖南民族地区多民族传统文化中的和平理念也是湖南民族地区各民族自我完善发展的强大推力，有利于湖南民族地区各民族在交往中加深了解，在交流中取长补短，在交融中和谐共赢。

四、发展红色文化旅游

发展红色旅游，既可以学习革命历史知识，又可以加强青少年思想政治教育。湖南民族地区红色旅游景区众多，其独特的红色文化资源引起了人们的瞩目。

（一）红色旅游的内涵与发展

红色旅游，是指以中国共产党领导人民在革命和战争时期建树丰功伟绩所形成的纪念地、标志物为载体，以其所承载的革命历史、革命事迹和革命精神为内涵，组织接待旅游者开展缅怀学习、参观游览的主题性旅游活动。湖南民族地区山水迤逦，景色秀美。红色旅游依托的是特殊的文物遗迹类旅游资源，是以观光旅游为主体的旅游活动，既具备一般休闲游憩产业的特点，又带有严肃的政治特点。发展红色旅游，从精神内涵方面看，可以学习革命历史知识，接受革命传统教育和振奋精神、增加旅游阅历；从政治内涵方面看，红色旅游是加强青少年思想政治工作的新途径；从物质内涵来看有助于打破地区封闭格局，加快开发开放，还有助于改善生态环境，造就秀美山川。红色旅游起源于20世纪六七十年代。20世纪90年代后期，各革命圣地和纪念地的当地政府看到其发展旅游的巨大潜力，从而一个崭新的旅游品牌——"红色旅游"逐渐兴起。2004年"红色旅游"浪潮席卷大江南北，成为重要的一项旅游产品。2004年12月，《2004—2010年全国红色旅游规划纲要》的出台，标志着发展红色旅游正式成为国家政策。

（二）发展红色旅游的意义

红色旅游是反映中华民族革命英烈们为保护民族、振兴中华而勠力同心、同仇敌忾的团结奋斗精神，承载着中华民族的历史传统与民俗文化、共产党人的光辉业绩与革命精神，生动地融入了国人的思想意识形态。发展红色旅游"是巩固党的执政地位的政治工程"，"是弘扬伟大民族精神、加强青少年思想道德教育、建设社会主义先进文化的文化工程"，"是促进革命老区经济社会发展、提高群众生活水平的经济工程"，"是贯彻落实党的十九大精神、提高建设社会主义先进文化能力的重要举措，也是新时代宣传思想政治教育创新的一个好形式，是一件利党利国利民的实事好事"。

（三）湖南民族地区红色旅游发展案例分析——以通道县为例

湖南民族地区分布着侗、汉、苗、瑶等民族，历史悠久，文化遗产十分丰富，多民族风情典型，是文化的融合之地，又是红色文化的分布地。如，通道转兵是一个重要的历史事件，具有独特的历史意义。1934年12月，中央红军长征途经通道境内时，曾召开一次生死攸关的重要会议，史称"通道会议"。中央军委按照通道会议的精神，放弃了北上湘西与红二、六军团会合的原定方针，改向敌人力量薄弱的贵州进军，使蒋介石在湘西消灭红军的企图破灭。通道会议在危急关头，挽救了党，挽救了红军，挽救了中国革命，为遵义会议的胜利召开，创造了关键性的前提条件。"通道转兵"，反映红军长征的艰难历程和不屈不挠英勇顽强的大无畏革命精神，反映了毛泽东同志等老一辈无产阶级革命家的成长经历和丰功伟绩，以及他们的伟大人格、崇高精神和革命事迹。恭城书院是一处令人景仰的红色圣地，是毛泽东的转运福地。是湖南省首批30个红色旅游重点景区之一，在中国革命的伟大征途中，先辈们形成的以井冈山精神、延安精神、西柏坡精神为代表的伟大革命精神和伟大民族精神是值得我们后辈永远珍惜的宝贵财富。恭城书院是中国工农红军"通道转兵"会议的会址。2005 年初"恭城书院"被列入全国 30 条红色旅游精品线路之一，成为"贵阳—凯里—镇远—黎平—通道—桂林"旅游线上的一个重要景点；同时，它也以"通道会议纪念地"之名列为湖南省首批公布的 30 个红色旅游重点景区之一。目前，通道县有国内旅行社 6 家，4 家门市部，星级宾馆 3 家，社会旅馆和酒店 40 余家，农家乐 25 家，客房 991 间，总床位达 1840 余张；拥有上百家各种类型的旅游餐饮个体经营单位；客运车辆 180 余台，旅游商品 56 种，娱乐网点 15 家。初步具有了食、住、行、游、购、娱旅游产业发展体系，但远不能适应未来发展需要。

近年来通道县红色旅游的持续发展，成为美丽乡村建设的一个助推器。很多地方把红色旅游作为富民支柱产业来培育。很多红色景区的群众开办宾馆饭店、编制红色文化产品，推销本地的特色商品，收益颇丰。旅游业投入产出效益好，倍增效应显著，将广泛吸引国内外投资商和社会游资前来通道投资发展旅游业。通过发展旅游业，能提供大量的就业机会，吸纳部分富余劳动力从事旅游及相关行业的服务，既能缓解就业压力，增加当地居民的收入，又使旅游业成为加强精神文明建设、爱国主义教育和革命传统教育的窗口。发展红色旅游产业有利于改善景区居民生存环境，有利于红色文物的保护和再次开发。特别是与休闲、观光旅游相结合的红色旅游产业建设均不是以牺牲自然环境为代价，作为无烟产业，能在生态环境和谐统一的同时达到富民强县的战略目标。

（四）发展红色旅游理论分析——以通道县为例

1. 优势分析

通道县具有丰富的红色旅游资源。通道转兵是一个重要的历史事件，具有独特的历史意义。通道县旅游资源丰富，侗族风情、生态资源、红色文化三大板块交相辉映。近年来，通道县确立了"生态立县，旅游兴县"的发展战略，举全县之力加强旅游基础设施建设。成功打造了万佛山·侗寨国家级风景名胜区、万佛山丹霞地貌国家自然遗产、皇都侗文化村、龙底漂流国家级 3A 级景区以及皇都、芋头古侗寨为代表的百里侗文化长廊等经典景区品牌，中国工农红军长征"通道会议"纪念地——恭城书院入列全国第二批红色经典景区。"通道侗民族风情""龙底生态漂流"先后被列入"新潇湘八景"和"百姓喜爱的湖南百景"。先后被评为全国绿化模范县、全国生态示范县、中国民间芦笙文化艺术之乡、中国大学生最喜欢的旅游目的地、全国最佳休闲旅游县。完全符合最美潜力景区排行榜的评选标准，即基础设施的完整性、安全性、舒适性、便捷性；近年来投资巨大，全力开发市场的老景区和新景区；旅游资源丰富，特点鲜明；具有较大的发展潜力，具备成为国内一流景区的各项基本条件。

通道对外交通骨架已经形成。南有桂林空港可依托，西、北有贵州黎平和怀化芷江两个支线空港可利用。焦柳铁路南北穿过通道，境内设有县溪、牙屯堡两站。G209 与建设中的包茂高速纵贯全境。S221 东北与邵阳的绥宁县相连，通黎公路西与贵州的黎平县相通。包茂高速的开通将进一步改善对外交通情况，届时通道全境南北贯通，将极大程度上改善通道至桂林、怀化及凤凰等地的联系。近年来景区接待设施不断完善，接待能力较强，档次结构和布局体系合理；特色化、精细化、品牌化的饮食服务也日益显现，特色化购物在各旅游目的地初具雏形；通道县旅游基础条件的极大改善都为红色旅游的发展奠定了基础。

2. 劣势分析

通道县红色旅游景区管理部门条块分割严重，管理秩序混乱。多数景区的旅游管理体制和经济运行机制落后，缺乏相应的管理经验，市场化程度低，市场竞争力不足，难以适应当今社会旅游市场的快速发展需求。在红色旅游目的地的发展上，普遍存在特色不够突出、红色和旅游的结合不够明显、产品种类单一等问题。同时没有对资源进行很好的整合，各自孤立发展，导致了旅游项目缺少特色，趋同化现象严重。资金短缺是制约通道县红色旅游发展的重要原因。资金的短缺直接导致基础设施配套不完善，尤其是接待服务设施不足，且缺乏行业规范性。

3. 机会分析

中央政府历来对发展红色旅游给予高度重视和大力支持，制定了一系列的政策措施，为红色旅游发展创造了优良的政策环境。随着旅游市场的不断发展，滋长了旅游者多元化的旅游需求。特色旅游和专项旅游也越来越受到旅游者的青睐。而红色旅游是缅怀先烈，教育今人，带有浓重的怀旧色彩，这也正符合旅游者的偏好，所以它有着广阔的发展前景。红色旅游的客源变化受政治性纪念日、纪念节日因素影响明显，红色旅游的客源呈现出波浪式的起伏运动，一般 5 年一个小高潮，10 年一个中高潮，同时节假日的增加也势必会导致形成新一轮旅游大热潮。

4. 威胁分析

通道县的红色旅游景点分布于山区，自然环境脆弱，经济发展水平相对低下。随着国内旅游市场发展的日趋成熟，人们的旅游需求也越加严格，这对于经济基础较为薄弱、基础设施和服务设施还不是很完善的通道县而言无疑是一种挑战。通道的客源有三。一是长沙市民及长期旅居长沙的外地人口。在这方面，通道可以作为面向长沙的湘西南农家乐大本营，大城市的消费能力非常突出，长沙一地就可以给通道带来丰厚的旅游回报；二是依托张家界、凤凰旅游圈。张家界和凤凰作为全国知名的旅游地，每年要接纳成百上千万旅游者，其中相当一部分可以转化为通道的潜在客源，如果高速公路竣工，完全可以将张家界、凤凰、通道连成一体，推出专线的旅游项目，所以，在政府层面，要加强和张家界、凤凰等地的协同，将通道的旅游广告做到张家界和凤凰，使更多的旅游者知道通道、认识通道，并希望去通道旅游；三是依托桂林、阳朔旅游圈。由桂林入湘，可以经过著名的龙胜梯田进入通道，这也是非常具有潜力的旅游线路。从客源上来看，通道县红色旅游客源市场上也存在一定的萎缩现象。另外，通道县的交通也不便。主要表现在进入通道非常困难，通道距离主要中心城市距离偏远，怀化到通道坐火车的时间较长，县溪和双江连接的交通并不便利，使通道两大核心区各自为政，无法形成合力。

（五）红色旅游可持续发展的对策

1. 培养旅游人才，提高整体素质

竞争日趋激烈，人才已成为旅游业可否持续和健康发展的重要因素。旅游人才培养可分四个层次：一是在职培养高层管理人员，可委托有关旅游高等院校在不脱离岗位前提下代为培养；二是吸收专业人才，可以依托省内高校开设的旅游营销、旅游管理、导游、景观设计等专业大量吸收优秀的旅游毕业生；三是引进专业人才，可以在全国甚至是全球范围内公开招聘优秀旅游营销人才、旅游高层管理人才；四是对一般中层干部培养，可用"派出去""请进来"的办法进行培养，派一些工作人员出去学习先进地区的工作方法、经验。

2. 整合红色资源，塑造整体形象

可根据红色旅游景点分布广泛、各具特色的特点，运用政府引导和市场机制两种手段进行有效整合，使红色旅游景点规模化、品牌化，并通过适合游客心理、游客需求和旅游审美的形态表达出来。其次，要把红色旅游资源与其他自然和人文旅游资源有机结合，组成具有鲜明时代感，融传统教育和现代休闲为一体的综合型特色产品进行大力宣传促销。最后，有效利用旅游与红色资源的结合点，要合理开发，加强规划，逐步发展，充分发挥红色旅游资源的社会效益与经济效益。

3. 加强宣传促销，提升品牌效应

要加大宣传力度，借助各种旅游展会、媒体宣传会等平台宣传旅游资源。加强宣传可以起到奇效。旅游是典型的注意力经济、形象产业，旅游形象就是财富，旅游形象的提升需要大力进行宣传促销。红色旅游景区要广泛利用报纸、杂志、电视、网络等新闻媒体宣传，积极参加各种旅游交易会、推介会、展销会等进行促销，举办红色旅游文化节等各种活动进行宣传促销，并大力开发特色红色旅游产品和线路。另外，不要坐等高速公路的修通，当前中国旅游，背包游、自助游、自驾游正如火如荼，这些旅游的一个特点，就是喜欢行前人所未行，到传统旅游者去的少的地方旅游。而从丽江、稻城、肇兴等地的发展来看，背包客的到来极大地扩大了当地的知名度，尤其是在海外的知名度，并直接导致团队游客的大批涌入，所以，要结合背包游、自助游的特点，为这些旅游者提供更多的信息、资源支持，使他们成为宣传红色旅游的排头兵。

4. 加大资金投入，完善配套设施

针对基础设施配套不完善、旅游服务设施严重不足等问题，应加大资金投入。筹集资金可考虑以下渠道：一方面依托湖南省红色旅游总体规划和重点项目建设项目争取在规划、资金上的扶持；另一方面地方政府可以采取多方融资，借力开发的办法，多方融通和筹集资金，鼓励和吸引社会各界将资金投向旅游业。

5. 加强区域协作，共享发展成果

红色旅游要想做大做强，必须加强区域合作。红色旅游发展要用开放的思路，走开放型发展之路。一方面要加快县内旅游资源整合，另一方面也要与周边地区加强互动。要积极主动地与红色旅游资源丰富的省、市进行区域协作开发，学习对方先进的管理经验和技能，共同开拓红色旅游客源市场，针对各个地区的特色来进行联合宣传促销，实现资源共享、信息共用、市场共建、利益共谋，提升红色旅游在全国的影响，使得红色旅游真正能成为旅游金字招牌。

6. 开发保护并重，持续永续发展

在对红色旅游进行开发时，对景区的建筑也要修旧如旧，要绝对禁止在其周围建厂，砍伐森林。在开发利用红色旅游资源时，要遵循"保护性开发"的原则，在开发中保护，在保护中开发，注重维护原生性。最后还要运用正确的历史观和科学的发展观来对待这些珍贵的红色资源，准确把握红色和旅游的结合，适度开发利用，取得社会、经济、生态效益三丰收。

第二节　湖南民族地区文化与旅游融合发展的前景分析

在漫长历史过程中，湖南民族地区形成了以土家族、苗族、侗族、瑶族等民族文化为特色的多民族地域性文化，民俗风情浓郁，民间工艺和非物质文化遗产十分丰富。各民族团结和睦，社会和谐稳定。湖南民族地区是湖南省扶贫攻坚主战场之一，集革命老区、民族地区、贫困地区于一体，是少数民族聚集多、贫困人口分布广的地区，涉及 102 个少数民族乡县。湖南民族地区有丰富的特产资源、地理标志资源、民族工艺品资源，具有发展文化旅游的资源优势。如何利用旅游资源优势，将资源优势转化为经济优势，是当前湖南民族地区文化与旅游融合发展的关键问题。

湖南民族地区大多地处山地、森林以及高湿度地区，一些行政村分布于边远山区，山高坡陡路险，生产生活条件恶劣。"八山半水半分田，一分道路和庄园"是这些地方自然地理特色的真实写照。山地面积比例大，耕地面积比例小，人均耕地面积尤其是高产稳产面积少。并且，大多地处山区，气候复杂多变，日照时间短缺，农田水利设施落后，自然灾害频繁发生，投入产出比例失衡。群众生活条件艰苦，湖南民族地区农村人口占总人口的比例高，而农村人口中又有相当一部分人生活在交通不便、信息闭塞的边远山区。加上冰冻、山洪、滑坡和旱灾等自然灾害频繁发生，而人们抵御灾害能力弱，导致湖南民族地区因灾返贫的现象比较严重。这对当地人民提高生产技能、获取就业机会和增加收入的能力产生了巨大负面影响。缺乏与外界的接触以及语言沟通的障碍使得少数民族群众获取非农就业机会、市场开发与投资方面的相关信息较少，因而很难从中受益。湖南民族地区村庄离集镇大多路途遥远，出村离乡道路崎岖险陡。区位条件差严重制约这些地区与外界之间尤其是经济发达地区之间的人员往来、物资交流和信息沟通，无形中增加了资源配置的成本，对湖南民族地区文化与旅游融合发展起到了天然屏障的作用。

湖南民族地区旅游业，在自然因素方面，主要以世界自然遗产、世界地质公园、世界生物圈保护区、国家级风景名胜区、国家地质公园、国家级自然保护区、国家级生态示范区、国家森林公园、国家湿地公园等重点旅游景区为依托；在人文因素方面，主要以非物质文化遗产、物质文化遗产、少数民族文化遗产为依托。特色旅游业主要有民族文化旅游、农业生态旅游等。从旅游资源来看：由于湖南民族地区地处中国第二阶梯向第三阶梯过渡地带，区内自然景观类型多样，拥有高山峡谷地貌、峰林地貌、喀斯特地貌、丹霞地貌等诸多地貌类型，其旅游资源几乎涵盖了《旅游资源分类、调查与评价》（GB /T18972 - 2003）标准中的所有陆地类型，湖南民族地区区旅游资源具有几个显著的特征：一是具有原生态的自然山水。区内森林覆盖率达53％，是我国亚热带森林系统核心区、长江流域重要的水源涵养区和生态屏障。这里生态保存良好，空气洁净，是庞大而奇异的古生物基因库、天然植物园、动物园及药材宝库，奇山秀水绚丽多姿，自然景观引人入胜，被誉为大陆的天然氧吧、生态休闲天堂。二是具有多样化的地域文化。湖南民族地区地域文化是楚文化、蜀文化、陕晋文化、徽商文化与黔贵文化交融的表现。三是具有原始性的民族风情。由于与外界相对封闭，这里的民族风情极具原始性，如湘西地区广布的"赶尸、蛊毒、辰州符"三大绝技、巫术、傩戏、走阴等古老而神秘。从旅游发展现状来看，湖南民族地区大致形成张家界、吉首、怀化三个区域旅游中心，从各地旅游产业发展情况来看，张家界旅游产业稳居片区首位，在全省乃至全国都具有比较优势。其余地方旅游产业规模相当，但各地都具有较大的后发优势。湖南民族地区如何抓住机遇，选择正确的文化旅游发展政策，促进文化与旅游融合发展是当前湖南民族地区面临的重要问题之一。

当前，各级政府均认识到了文化产业在推动当地经济社会发展方面的重要作用，纷纷加大投入，促进文化产业的快速发展。将内生增长方式建立在圈域生态、在文化资源科学保护和合理利用的基础上，通过体制机制创新，整合生态、文化和其他产业资源，借助于旅游产业发展平台，发挥特色资源的综合效益，实践内生增长方式的全新内涵，创新管理体制、经营机制和投融资体制，形成支持内生增长方式的原动力；通过建立健全激励机制形成合作和利益机制，优化产业结构，促进湖南民族地区文化与旅游融合发展。加强民族文化资源的保护力度，正确处理民族文化的传承保护与开发利用的关系，是确保湖南民族地区可持续发展的重大举措。要确保少数民族文化发展资金增长比例应与国家经济发展增速相匹配。正确处理资源利用与环境保护的关系，构建生态与产业双赢格局，追求包括生态、经济、社会三大效益在内的绿色效益最大化，努力实现人与自然和谐相处、协调发展。尤其是在生态环境容量和资源承载能力范围内，建设生态友好和负责任的旅游业，把旅游开发对环境造成的负面效应减到最低限度。生态质量与其他方面（包括景观质量）发生冲突时，以生态质量优先。以先进思想文化和优秀民族文化引领和促进建设与发展，充分挖掘文化深厚底蕴，大力彰显文化独特个性，全面提升文化创新能力，高度自觉运用文化的效能和力量，不断给予经济以推动、精神以鼓舞、生活以欣悦、社会以和谐，积极探索将文化资源转化为产业优势，将精神力量释放为发展能量，使文化成为湖南民族地区涌动活力与魅力、迸发张力与动力的不竭源泉。以人为本，惠及民生，是发展旅游经济的根本出发点和落脚点。有针对性开发旅游富民惠民项目，培植增收致富产业，建设宜居、宜业、宜观、宜游、宜闲城乡。切实保证各族人民群众对旅游发展的公平参与权，设计合理分配机制，扩大旅游就业容量，让当地居民分享旅游发展的成果，使旅游利益相关者的关系更加和谐。

总之，湖南民族地区文化与旅游融合发展是一个系统工程，它需要充分考虑外部约束条件和内部优势，最大限度地整合各种资源，开发多元化的文化旅游产品，发展民族文化旅游，实施特色民族村镇和古村镇保护与发展工程，形成一批文化内涵丰富的特色旅游村镇和跨区域旅游网络，进一步开发少数民族特殊医疗的康体健身旅游、科普旅游和红色旅游，大力支持休闲度假养生、农业生态及会展等旅游项目，形成有效带动群众就业和增收的支柱产业。湖南民族地区文化与旅游融合发展要与这一地区的社会经济发展相适应，加强对少数民族文化遗产的挖掘和保护，抢救、整理和展示少数民族非物质文化遗产，弘扬民族传统文化，扶持体现民族特色和国家水准的重大民族文化产业项目，建设具有浓郁民族特色的少数民族文化产业园区和民族传统体育基地。湖南民族地区文化与旅游融合发展要大力支持具有浓郁民族风情和地方民俗文化特色手工艺品、特色旅游纪念品发展，重点支持具有非物质文化遗产认证的手工艺发展，推进民族手工艺传承与创新，对非物质文化遗产传承人发展工艺品业给予优惠政策和优先支持，要与其他社会发展情况统筹兼顾，以文化旅游产业为主导，构建湖南民族地区文化与旅游融合发展模式，推动湖南民族地区区域经济的整体发展，进而促进湖南民族地区社会经济的可持续发展。

结　语

文化和旅游共融共生，不可分割。习近平新时代中国特色社会主义思想内涵十分丰富，为文化和旅游融合发展提供了强大的思想指导和重要的理论支撑。习近平总书记发表了一系列关于文化和旅游工作的重要论述，科学回答了有关文化建设和旅游发展的一系列方向性、根本性、全局性问题，为我们提供了根本遵循。湖南民族地区文化和旅游融合要发展必须以习近平新时代中国特色社会主义思想为指导，不断提升文化旅游的质量；坚持以提升效率和效益为主攻方向，凝聚社会共识，坚定文化自信；传承传统文化，创造现代文化；丰富人们的精神生活和精神消费，满足人民对美好生活的需要。湖南民族地区文化和旅游融合发展需要注重以下几点。

（一）坚守意识形态红线，始终把培育和弘扬社会主义核心价值观放在首要地位

推进湖南民族地区文化和旅游融合，必须坚守意识形态红线，始终把培育和弘扬社会主义核心价值观放在首要地位，贯彻落实到湖南民族地区文化和旅游工作的各个方面。

一是继续强化对艺术创作的引导。坚持正确方向，坚持把社会效益放在首位、努力实现社会效益与经济效益相统一，进一步强化对文化旅游的管理。一方面从生产角度，通过湖南民族地区政策资金倾斜性扶持，引导文艺工作者的创作方向，努力推出更多讴歌党、讴歌祖国、讴歌人民、讴歌英雄的优秀艺术作品。另一方面从评价角度，通过不断健全和完善评价体系，提升社会主义核心价值观的评价比重，立典型、树榜样，营造湖南民族地区文化艺术创作领域风清气正的氛围。

二是在湖南民族地区旅游领域强化文化普及的阵地建设。旅游业是游客在时间和空间上的转移，旅游景区等接待游客的主要设施既是满足游客游览需求的主要场所，也应该是文化普及、社会主义核心价值观宣扬的主要阵地。要下大力气将湖南民族地区旅行社、旅游景区、旅游饭店建设成为传播社会主义核心价值观的主要阵地；及时修订湖南民族地区景区评定标准、星级饭店评定标准，增加和完善弘扬社会主义核心价值观的评分内容；加强文明旅游宣传引导，加大对旅游从业人员尤其是导游和领队的培训，提升从业人员素质。

三是充分挖掘利用旅游实践的艺术创作源泉。改革开放40多年来，旅游业从无到有，从小到大，在湖南民族地区留下了生动而深刻的产业实践。艺术创作不能脱离生活，应该更加扎根生活、扎根人民，旅游实践恰好是一片艺术创作的处女地，要挖掘好利用好，推出一批接地气的艺术精品。

（二）夯实文化和旅游融合发展基础

兵马未动，粮草先行。推进湖南民族地区文化和旅游融合，必须夯实资源和公共服务基础。而夯实资源基础在于摸清家底，全面掌握资产情况，为下一步保护、开发、利用、传承、创新、转化做好铺垫；公共服务则是实现广大人民群众对文化旅游资源获得、利用、共享、转化的服务基础。

一是加强湖南民族地区文化旅游资源普查，摸清家底。适时启动文化资源和旅游资源普查，建立资源库，将湖南民族地区文化旅游资源分类归纳、登记造册，切实摸清家底。在此基础上，将文化资源和旅游资源交叉重合部分整理名录，有针对性地开展湖南民族地区文化和旅游融合工作。没有交叉的部分，继续强化原有品牌和产品建设。对利益相关者，尤其是市场参与主体、消费受众、中介机构等进行摸底调研，切实掌握现阶段资源利用现状、存在问题和发展趋势，精准把脉，对症下药，构建湖南民族地区文化旅游资源全面准确、健康有效的资产负债表。

二是强化湖南民族地区文化旅游资源保护与科学开发利用。文化资源和旅游资源是湖南民族地区文化旅游发展的基础，保护好资源就是保护好湖南民族地区文化和旅游融合发展的根本。努力探索符合湖南民族地区实际的非物质文化遗产保护和传承之路、旅游资源的保护和科学利用之路，让资源不闲置、不过载，切实发挥出资源的政治、生态、文化和经济作用。要正确认识理解保护和利用的关系，不能唯保护论，也不能过度开发，要创新保护方式，坚守生态红线和资源红线，严格落实湖南民族地区文化旅游景区最大承载量制度，构建资源保护利用的良性循环，将绿水青山变成金山银山。

三是着力补齐公共服务短板。湖南民族地区文化旅游要抓重点、补短板、强弱项、求实现，加快构建覆盖城乡、便捷高效、保基本、促公平的湖南民族地区文化旅游服务网络。将湖南民族地区文化旅游公共服务设施纳入湖南民族地区社会民生的大盘子中，推动城乡规划充分考虑游客等流动人口的需求并进行相应配给。继续推进湖南民族地区基本公共文化服务标准化、均等化建设，推进湖南民族地区基层综合性文化服务中心建设，推进游客中心建设，扎实推进厕所革命，打造国家级旅游风景道和旅游交通体系，强化游客权益保障，提升湖南民族地区文化旅游服务水平。

（三）以供给侧结构性改革为主线，不断提升湖南民族地区文化和旅游产业的发展质量和效益

一是要繁荣文化产业。制定促进湖南民族地区文化产业发展的政策，抓好已出台政策的落实。大力实施"文化＋"战略，加大与金融合作力度，大力发展数字文化产业，培育新型文化业态，发展湖南民族地区特色文化产业。

二是要繁荣旅游产业。完善湖南民族地区现代旅游综合治理机制，创新文化旅游模式，坚持特色化、差异化发展。持续推进旅游景区度假区建设，不断提升旅游产品的供给规模和质量。持续开展旅游"双创"活动，提升旅游就业。大力实施"旅游＋"战略，促进旅游投资主体多元化，培育和引进有竞争力的旅游骨干企业和大型旅游集团，发挥政府投资的撬动作用，引导更多资本进入旅游业。

三是要繁荣文化事业。继续加强对艺术创作的规划引导，建立实践是艺术创作源泉的长效机制。着力推进现实题材创作，打造传播弘扬社会主义核心价值观的牢固阵地。强化旅游和文化的社会功能，发力脱贫攻坚，推动乡村旅游扶贫、文化扶贫工作。大力发展红色文化旅游。

参考文献

[1] 杨振之. 新时代文化与旅游的融合发展 [N]. 中国旅游报, 2019 – 03 – 19（A04）.

[2] 谭伟平，刘克兵. 论湖南和平文化资源的整合与旅游开发 [J]. 求索, 2011（12）.

[3] 谭业. 桑植红色旅游资源与民族文化整合研究 [J]. 湖南环境生物职业技术学院学报. 2009（9）.

[4] 鲁颂. 桑植民歌 [J]. 上海音乐学院学报, 1985（2）.

[5] 聂君. 湖南少数民族人口过半县享受民族优惠政策探析 [J]. 北方民族大学学报（哲学社会科学版）, 2017（3）.

[6] 彭晓燕. 湖南民族地区旅游业可持续 [J]. 西部经济管理论坛, 2014（7）.

[7] 田光辉，田敏. 八排瑶耍歌堂的起源与变迁 [J]. 黑龙江民族丛刊, 2013，（6）.

[8] 石开忠. 侗族鼓楼 [M]. 贵阳：华夏文艺出版社, 2001.

[9] 汪兴. 侗族风雨桥的文化内涵 [J]. 中共铜仁地委党校学报, 2011（4）.

[10] 崔广彬. 旅游文化视阈中的旅游纪念品开发 [J]. 文化学刊, 2010（1）.

[11] 冼光位. 侗族通览 [M]. 南宁：广西人民出版社, 1995.

[12] 刘宝明. 侗族鼓楼文化的分析 [J]. 民族论坛, 1989（1）.

[13] 冰河. 侗族鼓楼与风雨桥特征浅论 [J]. 西南民族学院学报, 2001（6）.

[14] 罗廷华，王胜先. 侗族历史文化习俗 [M]. 贵阳：贵州人民出版社, 1989.

[15]《侗族简史》编写组. 侗族简史 [M]. 贵阳：贵州民族出版社, 1985.

［16］孙宝根. 红军长征在湖南［J］. 老年人, 2015（1）.

［17］夏远生. "惊回首, 离天三尺三": 在湖南的长征与湖南人的长征
［J］. 新湘评论, 2016（1）.

［18］真言. 红军长征在湖南学术讨论会综述［J］, 湖南党史通讯. 1986（1）.

［19］徐仁立. 论红色旅游的思想政治教育功能及其现实［J］. 学校党建与
思想教育, 2009（17）.

［20］刘建平、刘向阳. 区域红色文化遗产资源整合开发探析［J］. 湘潭大
学学报（哲学社会科学版）, 2006（5）.

［21］李国斌. 湖南红军长征相关文物保护单位9月底前对外开放［N］.
新湖南, 2016 - 03 - 14.

［22］刘建平, 刘向阳. 南岳衡山抗战文化遗产的保护与利用研究［J］. 衡
阳师范学院学报, 2011（5）.

［23］黄得意, 李耀华. 湖南着力打造红色旅游升级版［EB/OL］. 湖南新
闻网, 2015 - 03 - 10.

［24］邓岳朝. 论"一带一路"倡议下的湘茶产业发展［J］. 茶叶通讯,
2016（6）.

［25］王冰. 新时期湖南茶产业及其发展探索［J］. 农业考古, 2013（10）.

［26］许泽群. 湖南打造千亿湘茶产业［N］. 中国经济时报, 2014 - 10 - 23.

［27］木羽子. 茶产业链物联网信息服务系统开发与技术应用［J］. 安徽科
技, 2013（2）.

［28］王新军. 商洛茶产业发展现状及其对策［J］. 商洛学院学报, 2013（4）.

［29］覃正爱. 壮大安化黑茶产业的调查与思考［J］. 湖南农业科学, 2013（9）.

［30］李小明. 浅析茶产业与旅游资源市场融合途径［J］. 福建茶叶, 2016（1）.

［31］邓懿珊. 武陵山片区"三位一体"茶产业协作发展模式探研［J］.
农学学报, 2016（1）.

［32］游碧竹. 全力提升湖南旅游文化品位［J］. 湖南社会科学, 2003（5）.

［33］董佼. 试论旅游发展中文化的重要性［J］. 焦作大学学报, 2008（10）.

［34］陈意如. 中国道路与湖南民族地区全面建成小康社会［J］. 商, 2016（7）.

［35］李静. 文化提升大理旅游品位的点睛之笔［J］. 大理文化, 2009（5）.

［36］叶春华. 常德市文化产业发展研究［D］. 长沙: 湖南大学, 2009.

[37] 孟鹰, 余来文. 国内外文化产业理论演变综述 [J]. 商业时代, 2008 (6).

[38] 王衍用. 文旅融合让文化消费更时尚 [N]. 中国文化报, 2018 - 05 - 26.

[39] 陈元九. 湘西地区中国共产党红色遗产问题初论 [J]. 怀化学院学报, 2018 (1).

[40] 彭珊珊. 红军长征湖南段红色文化遗产廊道旅游开发研究 [D]. 湘潭: 湘潭大学, 2010.

[41] 谭业. 桑植红色旅游资源与民族文化整合研究 [J]. 湖南环境生物职业技术学院学报, 2009 (9).

[42] 田光辉, 杨庚梅, 李颖. 文旅深度融合助推全域旅游发展研究——基于怀化的实证分析 [J]. 怀化学院学报, 2018, 37 (9).

[43] 田光辉, 赵畅, 潘芙萍. 乡村振兴背景下少数民族传统村落文化保护与旅游扶贫开发研究——以湖南武陵山片区为例 [J]. 智库时代, 2018 (1).

[44] 田光辉. 湖南武陵山片区少数民族传统村落建筑文化研究——以沅陵瓦乡人传统村落为例 [J]. 怀化学院学报, 2017, 36 (10).

[45] 田光辉. 武陵山片区民族传统文化保护及无障碍旅游机制构建研究 [J]. 黑龙江民族丛刊, 2017 (1).

[46] 田光辉. 沅水流域多民族传统文化中的和平理念研究 [J]. 三峡论坛 (三峡文学·理论版), 2017 (1).

[47] 田光辉. "一极两带" 背景下精品生态文化旅游经济带建设研究——基于湖南省怀化市的调查 [J]. 现代商业, 2016 (18).

[48] 田光辉, 田敏. 充分挖掘区域特色, 促进民族文化旅游产业发展 [J]. 贵州民族研究, 2015, 36 (12).

[49] 田光辉. 对湖湘文化融入湖南高校文化建设的思考 [J]. 怀化学院学报, 2015, 34 (3).

[50] 田光辉. 湖湘多民族文化对湖南高校文化建设的影响研究 [J]. 民族论坛, 2015 (2).

[51] 田光辉, 田敏. 创新思路注重特色, 探索瑶区特色村寨发展新路子 [J]. 贵州民族研究, 2014, 35 (5).

[52] 田光辉. 少数民族农村人口闲暇生活方式对健康的影响研究——以武

陵山片区为例 [J]. 贵州民族研究, 2013, 34 (5).

[53] 姜又春. 节会旅游与侗族民间节会的知识产权保护 [J]. 广西民族大学学报 (哲学社会科学版), 2013 (3).

[54] 石佳能. 建立湘黔桂三省坡侗族文化生态保护实验区的若干思考 [J]. 文史博览 (理论), 2008 (7).

[55] 胡勇胜. 论红色文化传承与红色旅游协同发展的对策——以湖南地区为例 [J]. 传承, 2015 (5).

[56] 刘建平, 王昕伟, 衣少娜. 论红色文化传承与红色旅游协同发展的对策——以湖南地区为例 [J]. 红色文化资源研究, 2017 (12).

[57] 邓三好, 杨德会, 孙仲平. 发展红色文化产业的几点思考——以湖南省湘西州为例 [J]. 山东农业工程学院学报, 2014 (9).

[58] 张万鋆 李怀国. "张家界" 舞起湖南全域旅游发展龙头 [N]. 中国商报, 2018 – 08 – 31.

[59] 戴斌. 开创文化和旅游融合发展新时代 [J]. 新经济导刊, 2018 (6).

[60] 雒树刚. 以习近平新时代中国特色社会主义思想为指导努力开创文化和旅游工作新局面 [J]. 时事报告, 2018 (8).

[61] 姚丽娟, 石开忠. 侗族地区的社会变迁 [M]. 北京: 中央民族大学出版社, 2005.

[62] 湖南省怀化地区地方志编撰委员会. 怀化市地方志 [M]. 北京: 生活·读书·新知三联书店, 1992.

[63 张胜冰. 产业化视角下的文化资源开发: 问题及其解决方案 [J]. 中国海洋大学学报 (社会科学版), 2008 (3).

[64] 耿相新. 传统文化资源出版产业化前瞻 [J]. 编辑之友, 2010 (2).

[65] 陈辉; 马丽. 传统文化资源产业化发展路径分 [J]. 科技创业月刊, 2012 (3).

[66] 刘志光. 东方和平主义: 对中华文明与和平文化的省思 [J]. 南京政治学院学报, 2007 (5).

[67] 蔡德贵. 中国和平文化 [J]. 学术月刊, 2003 (2).

[68] 朱晨, 季潇文, 彭韬. 和平文明是人类的共同追求——坦塔威博士在联合国大会 "和平文化" 议题高级别全会上的讲话 [J]. 中国穆斯林, 2009 (1).

［69］陈怀凡．国际上的"和平文化"运动［J］．当代世界，2006（4）．

［70］石希欣．论和平文化研究的创新和发展［J］．怀化学院学报（社会科学），2006（9）．

［71］刘长英．论芷江和平文化主题式旅游开发［J］．怀化学院学报，2006（12）．

［72］叶德兰．女性主义与和平文化［J］．浙江学刊，2005（6）．

［73］石希欣．充分挖掘和平文化资源促进经济社会协调发展［J］．新闻天地（论文版），2005（1）．

［74］肖栋梁．论中国和平文化的国际意义［J］．怀化学院学报，2004（3）．

［75］田官平，张华，舒婷．芷江县发展文化旅游的SWOT分析及对策探讨［J］．怀化学院学报，2006（10），

［76］秦麟征．从战争文化走向和平文化［J］．国外社会科学，2000（1）．

［77］李向平．作为文化理念的和平学［J］．上海大学学报，1997（4）．

［78］戴德铮，阮建平．国际格局与世界和平［J］．世界经济与政治，2001（3）．

［79］夏立发．论芷江受降的文化意义［J］．怀化学院学报，2006，25（9）．

［80］张衢．沅水流域城市起源与发展研究［D］．长沙：湖南师范大学，2003．

［81］周红．沅水流域古镇形态及建筑特征研究［D］．武汉：武汉理工大学，2011．

［82］罗庆华．基于线性文化遗产视域下的沅水流域古镇保护研究［J］．华中建筑，2012（9）．

［83］彭晓燕．湖南民族地区旅游业可持续发展的长效生态环境补偿机制研究［J］．西部经济管理论坛，2014，25（3）．

［84］文连阳，吕勇．民族地区文化旅游资源社会效益估算：湖南湘西州的案例［J］．西南民族大学学报（人文社科版），2016，37（6）．

［85］费孝通．乡土中国［M］．上海：上海人民出版社，2006．

［86］石启贵．湘西苗族实地调查报告［M］．长沙：湖南人民出版社，1986．

［87］陈寿朋，杨立新．论生态文化及其价值观基础［J］．道德与文明，2005（2）．

［88］王斌，陈慧英．鄂西生态文化旅游圈旅游全要素协同发展体系研究

[J].经济地理, 2011 (12).

[89] 欧林.张家界生态文化旅游资源的开发与评价 [D].长沙:湖南师范大学, 2012.

[90] 张婧.圈住了"城市", 再圈"生态" [N].中国经济导报, 2009 - 01 - 10.

[91] 吴云超.湘西乡村旅游发展研究 [D].北京:北京林业大学, 2011.

[92] 徐菊凤.旅游文化与文化旅游:理论与实践的若干问题 [J].旅游学刊, 2005 (4).

[93] John Fraser. The rural landscape [M]. The Johns Hopkins University Press, 1998.

[94] Richard Butter. Tourism and recreations in rural areas [M]. Chichester: Wiley, 1998.

后　记

　　党的十九大报告提出，我们要建设的现代化是人与自然和谐共生的现代化，要创造更多物质财富和精神财富以满足人民日益增长的美好生活需要。湖南民族地区受大自然的惠泽与恩赐，旅游资源独特，文化优势明显，具有加快发展文化旅游的良好潜质和广阔前景。湖南民族地区要通过文化和旅游融合发展开启文化旅游惠民新篇章，让湖南民族地区分散的产业要素在统一规划的产业大旗下优化聚集。坚持文旅融合，厚植文化底蕴，可不断深挖和凝聚湖南民族地区"文旅融合"比较优势，不断做大做强文化旅游产业，让文化旅游发展成果惠及湖南民族地区民众，实现经济效益和社会效益"双丰收"。文化是旅游的灵魂，旅游是文化的载体。湖南民族地区文化旅游资源既要保护好，又要"活"起来，要用文化提升旅游项目和旅游产业的品质内涵，用旅游传播文明，用旅游彰显文化自信。旅游是修身养性之道，中华民族自古就把旅游和读书结合在一起，崇尚读万卷书行万里路。文化旅游是人民生活水平提高的一个重要指标，已成为新时代人民群众美好生活和精神文化需求的重要内容。文化旅游是综合性产业，是拉动经济发展的重要动力，也为整个经济结构调整注入活力。文化旅游是促进社会和谐的重要领域，是文化建设的重要载体，是文化交流的重要纽带。湖南民族地区文化旅游行业要贯彻落实好以人民为中心的发展理念，遵循游客至上、服务至诚的旅游业核心价值观，持续提高人民群众文化旅游的获得感。随着文化旅游的发展，"绿水青山就是金山银山，冰天雪地也是金山银山"取得了有目共睹的成就，文化旅游产业在扶贫、教育、就业等领域发挥了重要作用，通过在农家乐、民宿、景区、历史文化街区、美丽乡村建设、在线旅游平台的投资与运营，文化旅游有效带动了农民致富和乡村振兴。从本质上说，旅游是一种文化体验、文化认知与文化分享的重要形式。而文化又需要通过旅游这一载体加以传承和创新。本书主要对湖南民族地区文化与旅游融合发展进行研究，以让人们对湖南民族地区文化旅游有更具体的认识。湖南民族地区未来文化旅游的市场空间巨大，推动文旅产业高质量发展势在必行，充分挖掘湖南民族地区的文化价值，发挥好生态资源优势，做好文旅融合大文章，可让世人能够更加全面而深刻地认识到湖南民族地区文化之美、生态之美、风光之美、人居之美。由于笔者水平有限，书中缺点和错误在所难免，恳请读者和专家批评指正。

作者

2019 年 7 月